21世纪高等职业教育精品教材·电子商务专业

电子商务基础与实务

Dianzi Shangwu Jichu Yu Shiwu

（第二版）

胡振威 主 编
陈回花 赵立响
秦 李 吕世国 副主编

东北财经大学出版社
Dongbei University of Finance & Economics Press
大连

图书在版编目（CIP）数据

电子商务基础与实务 / 胡振威主编. —2版. —大连：东北财经大学出版社，2021.3（2022.11重印）

（21世纪高等职业教育精品教材·电子商务专业）

ISBN 978-7-5654-4138-7

Ⅰ. 电… Ⅱ. 胡… Ⅲ. 电子商务-高等职业教育-教材 Ⅳ. F713.36

中国版本图书馆CIP数据核字（2021）第033351号

东北财经大学出版社出版

（大连市黑石礁尖山街217号 邮政编码 116025）

网 址：http://www.dufep.cn

读者信箱：dufep@dufe.edu.cn

大连东泰彩印技术开发有限公司印刷 东北财经大学出版社发行

幅面尺寸：185mm×260mm 字数：337千字 印张：16

2021年3月第2版 2022年11月第2次印刷

责任编辑：郭海雷 王 斌 责任校对：齐 心

封面设计：张智波 版式设计：钟福建

定价：35.00元

教学支持 售后服务 联系电话：（0411）84710309

如有印装质量问题，请联系营销部：（0411）84710711

第二版前言

商务部2020年5月发布的《中国电子商务报告2019》指出，在世界经济增速放缓、全球化和自由贸易化进程中风险和不确定因素增多的情况下，中国经济克服内外诸多困难挑战，在高质量发展的道路上继续奋力向前。以电子商务为代表的数字经济取得长足进步，在推动国内经济社会发展方面发挥了重要作用。

2019年，中国电子商务市场规模持续引领全球：网民规模超9亿人；互联网普及率达64.5%；全国电子商务交易额达34.81万亿元；电子商务从业人员达5 125.65万人。党中央、国务院高度重视电子商务发展，在国务院各部委的大力推动下，跨境电商、农村电商、生活服务电商、丝路电商在稳外贸、促消费、助扶贫、扩就业以及“一带一路”建设等方面作用不断增强。电子商务正逐步成为居民消费的主要渠道和经济增长的关键动力。《中华人民共和国电子商务法》以及一系列相关配套政策法规的出台，进一步促进了电子商务市场健康发展环境的形成。大数据、5G、人工智能、区块链、物联网、云计算等新兴技术在电商领域的应用，又极大地推动了电子商务向几乎所有领域深入发展。

可以肯定地说，电子商务日新月异的发展，不断渗透并改变着我们的生产经营活动和日常生活。电子商务相关知识与技能是21世纪大学生必须掌握的，而不仅仅是电子商务专业学生才需要学习的。一本好的与时俱进的电子商务基础知识教材，对引导学生向电子商务纵深学习打好基础，既必要也至关重要。鉴于此，我们在第一版教材的基础上，根据电子商务发展的最新情况，在广泛听取用书师生和有关专家的意见后，进行了科学适度的修订。与第一版教材相比，修订后的教材有如下三个特点：

第一，注重吸收新的技术发展应用成果。本版教材在继续比较系统地阐述电子商务的方法和原理的基础上，吸收了最新的互联网技术、商务模式、大数据应用等成果，例如5G技术、直播营销等，将之介绍给读者，使他们了解电子商务最新发展态势。

第二，注重与相关专业的兼容。电子商务专业与市场营销、物流管理、国际贸易等专业密不可分，这些专业同样在技术、模式、理念等方面不断创新与发展，它们与电子商务专业同属一个专业群，互相之间融合、渗透，你中有我，我中有你。因此，本次修订时，在内容上我们充分考虑这些专业的发展状况，注重与之有机衔接，以期达到帮助学习者建立完整知识、能力结构的目的。

第三，注重体现最新的法律法规和政策精神。2018年之后，国家又陆续颁布实施了一系列促进电子商务健康发展的法律法规和政策，如《中华人民共和国民法典》

《中华人民共和国电子签名法》(2019年修正)、《优化营商环境条例》等，教材根据这些法律法规和政策精神，对相关内容进行了修订。

在组织本次修订时，我们根据相关教师的研究方向，对编写和修订的任务分工进行了适当调整。调整后的分工情况为：由湖北财税职业学院胡振威担任主编，湖北生物科技职业学院陈回花和湖北财税职业学院赵立响、秦李、吕世国担任副主编，湖北财税职业学院罗玲、罗世璇参加了编写。秦李、陈回花负责修订后教材的整理和统稿工作。具体修订分工如下：胡振威负责第1章、陈回花负责第2章、秦李负责第3章和第4章、赵立响负责第5章、吕世国负责第6章、罗玲负责第7章和第8章、罗世璇负责第9章和第10章。

本教材可作为全国高等职业院校电子商务专业和相关专业的教学用书，也可作为社会各类在职人员的培训用书及自学人员的参考用书。

由于编者水平有限，教材中难免有疏漏或不妥之处，恳请广大专家和读者们不吝指教，提供宝贵修改意见！

编　者

2020年11月

目　录

第1章 电子商务概述

学习目标

□知识目标：

1.掌握电子商务的概念；

2.理解电子商务的作用；

3.理解当前电子商务发展阶段；

4.熟悉电子商务发展特点。

□技能目标：

能够收集整理资料，据此分析目前国内外电子商务发展的现状与前景。

【导入案例】

“双 11”预售战开启，李佳琦多方数据稳坐榜首！

10月20日零点起，2020年天猫“双11”购物狂欢节正式开启，当天，淘宝头部直播间表现亮眼，其中“口红一哥”李佳琦、“带货女王”薇娅的直播间观看量更是遥遥领先。

从数据来看，李佳琦开播时间自10月20日下午6点30分起，至次日凌晨2点结束，直播时长为7.5小时；而薇娅开播时间自10月20日下午6点53分起，至次日凌晨2点35分，直播时长约为7小时42分钟。二者的直播时间可以说是相差无几。

与此同时，李佳琦直播间更是在零点前观看人次率先过亿。数据显示，李佳琦直播间本次直播观看PV（观看人次）为1.62亿，位居第一。点赞数为2.55亿，评论数达2.43万。薇娅直播间观看PV略逊一筹，为1.42亿，点赞数为1.19亿，评论数为1.50万。

另外，从胖球数据获悉，本次“双11”预售前两日，薇娅的销售总额为48.01亿元，略领先李佳琦43.27亿元的销售总额，从GMV（网站成交金额）数值上来看，几乎难分胜负。不过，如果将商品数量的因素考虑进去，从坑产（GMV/商品数）的排名来看，李佳琦为2 196万元，薇娅为2 069万元，前者高出后者100多万元，形成了明显的领先优势。

知瓜数据显示，薇娅的销售总额为55.93亿元，李佳琦的销售总额为51.36亿元；平均坑产上李佳琦为2 607万元、薇娅为2 390万元。

灰豚数据显示，李佳琦的销售总额为40.3亿元，薇娅的销售总额为39.71亿元；平均坑产上李佳琦为2 067万元、薇娅为1 719万元。

由此可知，无论数据出自哪一个平台，最后都得出了相近的结论：在GMV数值上李佳琦和薇娅这两位淘宝头部主播难分伯仲，而在坑产和效率上李佳琦则明显高出一截。我们在佩服二者货真价实的带货能力时，更惊叹于“双11”直播带货的超凡影响力。

预售战开启的第一天，GMV成绩已经如此惊人，“双11”不愧是一年中的消费力巅峰，而好戏才刚刚开始。

资料来源 佚名.“双11”预售战开启，李佳琦多方数据稳坐榜首！[EB/OL]. [2020-11-11]. http: //sh.xinhuanet.com/2020-10/23/c_139462110.htm.

电子商务的快速发展给我们的日常生活带来了极大的便利，也为国家产业结构转型升级、拉动经济增长做出了突出的贡献。在本章中，我们将通过学习，初步认知电子商务。

1.1 电子商务的内涵

1.1.1 电子商务的定义

近年来，电子商务的迅猛发展已经引起了人们的普遍关注，但人们对电子商务还没有形成一个统一规范的认识。不同的专家学者、企业、社会组织以及政府机构对电子商务从不同的角度做出了不尽相同的描述，可以说是众说纷纭，莫衷一是。因此，如果要对电子商务有一个科学的理解，应该对各种不同的说法进行科学的比较、概括。

1.世界电子商务会议关于电子商务的定义

1997年11月，国际商会在巴黎举行了世界电子商务会议，从商业角度提出了电子商务的概念：电子商务是指实现整个贸易活动的自动化和电子化。电子商务涵盖的业务包括：信息交换、售前售后服务（如提供产品和服务的细节、产品使用技术指南、回复顾客意见）、销售、电子支付（如使用电子资金转账、信用卡、电子支票、电子现金等）、运输（包括商品的发送管理和运输跟踪，以及可以电子化传送的产品）、组建网上企业等。

2.加拿大电子商务协会关于电子商务的定义

加拿大电子商务协会认为，电子商务是通过数字通信进行商品和服务的买卖以及资金的转账，它包括公司内利用电子邮件（E-mail）、电子数据交换（EDI）、文件传输、传真、电视会议、远程计算机联网所能实现的全部功能（例如市场营销、金融结算、销售和设备谈判）。

3.IBM公司对电子商务的定义

IBM公司在1997年首次提出了电子商务的概念，其给电子商务下的定义是：电子商务是在Internet的广阔联系与传统信息技术系统的丰富资源相互结合的背景下，应运而生的一种在Internet上展开的相互关联的动态商务活动，电子商务有广义和狭义之分。狭义的电子商务称作电子交易，主要是利用Web提供的通信手段在网上进行的交易。而广义的电子商务是包括电子交易在内的，利用Web进行的全面的商业活动，如市场调查分析、财务核算、生产计划安排、客户联系、物资管理等，所有这些活动都涉及企业的内外业务。

广义的电子商务除电子交易以外，还包含利用网络环境进行的其他商务活动，商品管理、客户管理、市场分析、商务决策和组建虚拟企业等各个方面。

首先，电子商务是一种采用最先进的信息技术的商务方式。

其次，电子商务的本质是商务。

最后，广义的电子商务包括的范围很广，既包括电子数据交换，也包括互联网电子商务；既包括网上信息查询、网络营销、网上广告等明显的电子商务活动，也包括企业资源计划、供应链管理、客户关系管理等企业信息化领域的诸多方面。这是以IBM公司为代表的主流观点。

狭义的电子商务我们一般也将其称为电子交易，是指通过Internet进行的商务活动。在大多数情况下，我们一般所说的电子商务概念就是狭义的电子商务。

美国政府在《全球电子商务纲要》中比较笼统地指出，电子商务是指通过互联网进行的各项商务活动，包括广告、交易、支付和服务等活动，这是狭义的电子商务，类似的还有英特尔公司对电子商务的定义：电子商务 = 电子市场+电子交易+电子服务。

电子商务包含两个方面：一是商务活动，二是电子化手段。它们之间的关系是：

商务活动是核心，电子化手段是工具。电子商务的主要服务功能是真正意义上的完善的电子商务，能够提供交易全过程所需的各种服务。其概括起来应具有广告宣传、咨询洽谈、网上订购、网上支付、电子账户、服务传递、意见征询、交易管理等各项功能。

1.1.2 电子商务的特点

1.交易虚拟化

通过以Internet为代表的计算机互联网络进行的贸易，贸易双方从贸易磋商、签订合同到支付，无须当面进行，均通过计算机互联网络完成，整个交易完全虚拟化。

2.交易成本低

（1）距离越远，网络上进行信息传递的成本相对于信件、电话、传真的成本而言就越低。

（2）买卖双方通过网络进行商务活动，无须中介者参与，减少了交易的有关环节。

（3）电子商务实行“无纸贸易”，可减少90%的文件处理费用。

（4）卖方通过互联网络进行产品介绍、宣传，可以减少相关费用。

3.交易效率高

电子商务克服了传统贸易方式费用高、易出错、处理速度慢等缺点，极大地缩短了交易时间，使整个交易非常快捷与方便。

4.交易透明化

买卖双方从交易的洽谈、签约以及货款的支付、交货通知等整个交易过程都在网络上进行。通畅、快捷的信息传输可以保证各种信息之间互相核对，有效防止了伪造信息的流通。

1.2 电子商务的产生背景与发展过程

1.2.1 电子商务的产生背景

电子商务最初起源于计算机的电子数据处理技术，从科学计算向文字处理和商务统计报表处理应用的转变。字处理软件和电子表格软件的出现，为标准格式（或格式化）商务单证的电子数据交换开发应用提供了强有力的工具。政府或企业的采购，企业商业文件的处理，从手工书面文件的准备和传递转变为电子文件的准备和传递；随着网络技术的发展，电子数据资料的交换又从磁带、软盘等电子数据资料物理载体的寄送转变为通过专用的增值通信网络的传送，近年来更转移到通过公用的Internet进行传送。

银行间的电子资金转账技术与企事业单位间电子数据交换技术相结合，产生了早期的电子商务或称电子商贸（Electronic Commerce，EC）。信用卡、自动柜员机、零售业销售终端和联机电子资金转账技术的发展，以及相应的网络通信技术和安全技术的发展，使今天网上持卡购物（Business to Consumer，B to C）与企业之间网上交易（Business to Business，B to B）这两种模式的电子商务得到飞速的发展。

1991年，美国政府宣布互联网向社会公众开放，允许在网上开发商业应用系统。1993年，万维网（World Wide Web，WWW）在互联网上出现，这是一种具有处理数据图文音像超文本对象能力的网络技术，使互联网具备了支持多媒体应用的功能。1995年，互联网的商业业务信息量首次超过了科教业务信息量，这既是互联网此后爆炸性发展的标志，也是电子商务从此大规模发展的标志。

小资料

《商贸物流发展“十三五”规划》重点工程之一——电子商务物流工程

依托铁路、公路、水运、航空、邮政、供销合作网络，完善电子商务物流布局，构建连接城乡、覆盖全国、面向国际的电子商务物流体系。加快电子商务物流服务、作业、技术、包装、单据、信息等标准建设，提升揽收、仓储、运输、分拣、配送、投递等环节的处理能力，开发专业化、个性化服务，满足差异化需求，提升用户体验。支持探索产品源头的物流包装解决方案，减少二次包装，推广使用可降解的胶带、环保填充物，可再生纸张和环保油墨印刷的封装物品等物料辅料，推进包裹包装箱的可循环技术创新和循环再利用管理模式创新，完善包裹包装回收体系，实现包装减量化、绿色化和可循环利用。支持具备条件的第三方机构开展面向消费者的电子商务物流信用评价。

资料来源　商务部. 商贸物流发展“十三五”规划［EB/OL］.［2020-03-24］. http：//www.mofcom.gov.cn/article/b/g/201703/20170302540213.shtml

1.2.2　电子商务的发展阶段

1.EDI电子商务阶段

电子商务最早产生于20世纪60年代的美国运输业。当时的贸易商在使用计算机处理各类商务文件时发现，人工输入到一台计算机中的数据中，有70%是来源于另一台计算机的输出文件，在输入数据时，由于过多的人为因素，影响了数据的准确性。因此，人们开始尝试在贸易伙伴之间的计算机上进行数据自动交换。

1968年，美国运输业的多家公司联合成立了运输数据协调委员会（TDCC），专门进行电子通信标准的研究开发，并于1975年发布了第一个EDI标准。1978年，美国成立了全国EDI委员会——X12委员会，并于1981年颁布了第一个全国性EDI标准。实际上，实用性的EDI电子商务是在20世纪80年代才得到较快发展的。这一时期的EDI电子商务，主要是通过一个被称为VAN（增值网）的专用网络，交易双方将询价单、报价单、订购单、收货通知单、货物托运单、保险单、转账发票等报文数据，以规定的标准格式，在双方的计算机系统上，进行端对端的数据传送。

EDI电子商务实现了“无纸贸易”，大大提高了工作效率，减少了由于人工失误带来的损失。到了20世纪90年代，EDI技术已十分成熟，在国际贸易、海关业务、金融领域等得到了大量的应用，在外贸业务中甚至提出了“没有EDI就没有订单！”的口号。但是，由于EDI对技术、设备、人员的要求较高，使用价格也极为昂贵，所以，EDI电子商务实际上仅限于在先进国家与地区以及大型企业范围内应用，还有许多国家与地区以及大多数的中小企业难以使用EDI开展电子商务活动。

2.Internet电子商务阶段

自20世纪90年代开始，Internet和计算机网络技术的蓬勃发展，为在Internet上开展电子商务奠定了基础。特别是20世纪90年代中期，Internet迅速普及，逐步从大学、科研机构走向企业和百姓家庭，其功能也从信息共享演化成一种大众化的信息传播工具，加之计算机网络技术也取得了突破性进展，这一切都促使Internet电子商务获得快速发展。

1.2.3 我国电子商务的发展历程

1.认识电子商务阶段（1990—1993年）

我国自20世纪90年代开始开展EDI的电子商务应用，从1990年开始，国家计委、科委将EDI列入“八五”国家科技攻关项目，1991年9月由国务院电子信息系统推广应用办公室牵头，会同国家计委、科委、外经贸部等8个部委局，发起成立“中国促进EDI应用协调小组”。同年10月成立“中国EDIFACT委员会”并加入亚洲EDIFACT理事会。我国政府、商贸企业以及金融界认识到电子商务可以使商务交易过程更加快捷、高效、成本更低，肯定了电子商务是一种全新的商务模式。

2.广泛关注电子商务阶段（1993—1998年）

这一阶段，电子商务在全球范围内迅猛发展，引起了各界的广泛重视，我国也掀起了电子商务热潮。从1994年起，我国部分企业开始涉足电子商务，并取得了喜人的成绩。以现代信息网络为依托的中国商品交易中心（CCEC）、中国商品订货系统（CGOS）等电子商务系统也陆续投入运营；1995年，中国互联网开始商业化；1996年6月，中国公用计算机互联骨干网（CHINANET）工程建成开通；1997年6月，中国互联网络信息中心（CNNIC）完成组建，开始行使国家互联网络信息中心职能；1998年3月6日，我国国内第一笔Internet网上电子商务交易成功；1998年10月，国家经贸委与信息产业部联合宣布启动了以电子贸易为主要内容的“金贸工程”，这是一项推广网络化应用、开发电子商务在经贸流通领域的大型应用试点工程。因而，1998年甚至被称为中国的“电子商务年”。政府、商家和消费者都意识到，电子商务的兴起，既面临着机遇也面临着诸多的挑战。如何探索一条适合中国国情的电子商务发展模式，是政府、商家和消费者共同关注的问题。发展电子商务需要政府的推动和企业的积极参与，一是要有完善的信息基础设施，政府对此给予了高度的重视，从20世纪90年代初开始，相继实施了“金桥”“金卡”“金关”等一系列“金字工程”；二是要有安全可靠的保障措施，需要建立必要的法律法规和技术标准；三是要克服文化障碍，提高消费者的网上购物意识。

3.电子商务应用发展阶段（1999年至今）

在这个阶段中，国家信息主管部门开始研究制定中国电子商务发展的有关政策法规，启动政府上网工程，成立国家计算机网络与信息安全管理中心，开展多项电子商务示范工程，为实现政府与企业间的电子商务奠定了基础，为电子商务的发展提供了安全保证，为在法律法规、标准规范、支付、安全可靠和信息设施等方面总结经验，逐步推广应用。同时，企业的电子商务蓬勃发展，1999年3月阿里巴巴网站诞生；同年5月8848网站推出并成为当年国内最具影响力的B2C网站；2000年6月，中国金融认证中心（CFCA）成立，专为金融业务各种认证需求提供证书服务。2001年，我国正式启动了国家“十五”科技攻关重大项目“国家信息安全应用示范工程”。此后，《中华人民共和国电子签名法》《电子支付指引》以及《中华人民共和国电子商务法》相继颁布和实施，进一步从法律和政策层面为电子商务的发展保驾护航。在此阶段，支付宝、微信支付等第三方支付平台的兴起，带动了网上支付的普及，为电子商务应用提供了保障；阿里巴巴、淘宝网、京东商城、拼多多等电子商务平台的诞生与飞速发展，使得网络购物成为人们日常消费习惯；短视频、直播带货的异军突起，使得网络营销手段不断丰富；社交电商、跨境电商、农村电商的规模的不断壮大，进一步推动着电子商务向纵深发展。

1.3　电子商务的作用与影响

电子商务的作用可以分为直接作用和间接作用两个部分。

电子商务的直接作用包括：

第一，节约商务成本，尤其节约商务沟通和非实物交易的成本；

第二，提高商务效率，尤其提高地域广阔、交易规则相同的商务效率；

第三，有利于进行商务（经济）宏观调控、中观调节和微观调整，可以将政府、市场和企业乃至个人连接起来，将“看得见的手”和“看不见的手”连接起来，既可克服“政府失灵”又可克服“市场失灵”，既为政府服务又为企业和个人服务。

电子商务间接作用包括：

第一，促进整个国民经济和世界经济高效化、节约化和协调化；

第二，带动一大批新兴产（事）业的发展，例如，信息产业、知识产业和教育事业等；

第三，物尽其用、保护环境，有利于人类社会可持续发展。作为一种商务活动过程，电子商务将带来一场史无前例的革命。

其对社会经济的影响会远远超过商务的本身，除了上述影响外，它还将对就业、法律制度以及文化教育等方面带来巨大的影响。电子商务将引领人类真正进入信息社会。

课堂讨论

本章导入案例中提及了“双11”，想必大多数同学都有网购的经历，请你举例谈一谈电子商务的出现给你的生活带来了哪些便利。

1.4 电子商务的发展特点及趋势

1.4.1 全球电子商务的发展特点

当前，全球电子商务呈现以下几个特点：

1.市场规模不断扩大

截至2019年年底，全球电子商务发展取得了新进展。全球网络零售交易额达3.535万亿美元，占全球零售总额的14.1%，同比增长20.7%，比全球零售总额增速高出16.2个百分点。亚太地区是全球电子商务发展的密集区，中国仍是全球最大的电子商务市场。eMarketer发布的2017—2023年全球零售及网络零售相关数据及预测数据见表1-1。

表1-1 2017—2023年全球零售及网络零售相关数据及预测数据 单位：万亿美元

年份	全球零售总额	总额增速	全球网络零售额	网络零售增速	网络零售占总额比重
2017	22.974	6.2%	2.382	28.0%	10.4%
2018	23.956	4.3%	2.928	22.9%	12.2%
2019	25.038	4.5%	3.535	20.7%	14.1%
2020e	26.074	4.1%	4.206	19.0%	16.1%
2021e	27.243	4.5%	4.927	17.1%	18.1%
2022e	28.472	4.5%	5.695	15.6%	20.0%
2023e	29.763	4.5%	6.542	14.9%	22.0%

2.移动电商快速发展

近年来，移动电商实现了快速增长，尤其在亚太地区的新兴经济体中，移动电商购物已经成为主要的消费渠道。2019年，全球App下载量创下了2 040亿次的新纪录，其中，全球购物App下载量超过54亿次。同时，用户平均每天使用购物App的时长持续增加，其中，新兴市场的购物App日均使用时长增长更为明显，如印度尼西亚增长了70%以上，印度增长了50%。随着移动互联网和智能手机的持续普及，移动电商成为电子商务发展的主流。

3.社交电商成为新渠道

社交媒体和电子商务平台相互融合，社交电商成为全球电子商务发展的新动力。一方面，社交平台不再是单一的交流平台，正在逐步演变成电子商务平台。据统计，全球数字消费者在社交媒体和通信软件上的日均时长为2小时23分，有31%的人使用社交媒体的动机是寻找和购买商品。如Facebook是全球90%以上经济体排名第一的社交媒体平台，其电子商务转化率达到25%。另一方面，电子商务平台也开通了社交功能，以增加购物转化率和购物黏性。如亚马逊在全球线上零售活动中占有近40%

的份额，通过社交媒体转入亚马逊平台进行购物，转化率达3.67%，社交电商有效提升了流量转化率，推动了全球电子商务的快速发展。

4. 数据分析作用日益显现

电子商务中具有海量的交易数据和大量有趣的业务关系，在典型的购物篮分析中，它可以帮助进行许多商业决策。越来越多的电子商务企业早已超越了与大数据和传统分析打交道的第一阶段。企业开始需要形成锐化的见解，电子商务企业的营销人员已经不再满足于仅仅获得一线消费者的一般性的统计数据（例如，消费者的住址、年龄分段、性别比例）。电子商务企业想要进一步了解更多能够诱发消费者的购买行为的复杂的元素。基于大数据挖掘的电子商务推荐系统通过对客户的访问行为、访问频度、访问内容等信息进行挖掘，提取客户的特征，获取客户访问模式，据此创建个性化的电子商店，主动向客户提供商品推荐，帮助客户便捷地找到感兴趣的商品。

1.4.2　我国电子商务的发展特点

当前，我国电子商务发展正在进入密集创新和快速扩张的新阶段，日益成为拉动我国消费需求、促进传统产业升级、发展现代服务业的重要引擎。今天，我国电子商务竞争的关键词已从拼货品、拼价格、拼快递速度转变为拼融合、拼生态、拼创新和拼数据。具体而言，我国电子商务的发展具有以下几个特点：

1. 我国电子商务仍然保持快速增长态势

我国近年来的电子商务交易额增长率一直保持快速增长势头。截至2020年6月，我国网络购物用户规模达7.49亿，占网民整体的79.7%；手机网络购物用户规模达7.47亿，占手机网民的80.1%。其中，仅2020年上半年，我国网上零售额就达51 501亿元，同比增长7.3%，其中实物商品网上零售额43 481亿元，同比增长14.3%，高于社会消费品零售总额同比增速25.7个百分点，占社会消费品零售总额比重已达到25.2%。2020年“双11”当天全网实现销售额3 328亿元，11月1—3日实现销售额1 921亿元，“双11”期间合计实现销售额5 249亿元，同比增长28%，更让人们看到我国网络零售市场发展的巨大潜力。毫无疑问，电子商务正在成为拉动国民经济快速可持续增长的重要动力和引擎。

2. 企业、行业信息化快速发展，为加快电子商务应用提供了坚实基础

近年来，在国家大力推进信息化和工业化融合的环境下，我国服务行业、企业加快信息化建设步伐，电子商务应用需求变得日益强劲。不少传统行业领域在开展电子商务应用方面取得了较好成绩。农村信息化取得了可喜的成绩，创新电子商务应用模式，涌现出一批淘宝店，一些村庄围绕自身的资源、市场优势，开展特色电子商务应用。传统零售企业纷纷进军电子商务。其他行业如邮政、旅游、保险等也都在已有的信息化建设基础之上，着力发展电子商务。

3. 电子商务服务业迅猛发展，初步形成功能完善的业态体系

从电子商务交易情况来看，近年来出现了一些新的发展趋势。一是发展模式不断演变。B2B与B2C加速整合，并由信息平台向交易平台转变。二是零售电子商务平台化趋势日益明显。具体包括三种情况：追求全品类覆盖的综合性平台；专注细分市场的垂直型平台；大型企业自营网站逐渐向第三方平台转变。三是平台之间竞争激烈，市场日益集中。阿里巴巴、京东商城等为第一梯队，拉开了与其他中、小型电子商务企业的差距。从支撑性电子商务服务业来看，近年来出现了不少重大的变化。比如，各方面的功能日益独立显现，呈现高度分工的局面；新一代信息技术在电子商务服务中得到快速应用，除了物联网技术外，大数据正逐渐让数据挖掘发挥其精准营销功能；电子商务平台的功能日益全能化。从辅助性电子商务服务来看，围绕网络交易派生出一些新的服务行业，如网络议价、网络模特、网店运营服务与外包等。

4.跨境电子交易获得快速发展

在国际经济形势持续不振的环境下，我国中、小外贸企业跨境电子商务逆势而为，近年来保持了30%的年均增速。有关部门正加紧完善促进跨境网上交易对平台、物流、支付结算等方面的配套政策措施，促进跨境电子商务模式不断创新，出现了一站式推广、平台化运营、网络购物业务与会展相结合等模式，使得更多中国制造产品得以通过在线外贸平台走向国外市场，有力推动了跨境电子商务向纵深发展。本书将在第10章介绍跨境电子商务的具体发展情况。

此外，电子商务发展环境不断改善。全社会电子商务应用意识不断增强，应用技能得到有效提高。相关部门协同推进电子商务发展的工作机制初步建立，围绕电子认证、网络购物等主题，出台了一系列政策、规章和标准规范，为构建良好的电子商务发展环境进行了积极探索。

本章小结

电子商务已成为我国重要的社会经济形式和现代流通方式，全面地渗透到生产、流通、消费等各个领域，改变着传统经营管理模式和生产组织形态。我们可以通过本章的学习，掌握电子商务的定义和特点，从本质层次上来认识电子商务，了解电子商务的产生和发展，认识电子商务产生的必然性和标志，对电子商务未来发展趋势和前景做出判断。

基本训练

一、选择题（单项选择）

1.联合国国际贸易程序简化工作组对电子商务的定义："采用电子形式开展商务活动，它包括在供应商、客户、政府及其他参与方之间通过任何电子工具，如EDI、Web技术、电子邮件等共享非结构化或结构化商务信息，并管理和完成在商务活动、管理活动和消费活动中的各种交易。"这一定义有一个严重不足，即（　　）。

A.没有交代用何种技术手段或工具

B.没有说明电子化的含义

C.没有直接、鲜明地提到互联网——当今电子商务所依托的最根本的网络平台

D.没有点出社会上哪些人群和组织，成为参与对象

2.“电子商务是指交易当事人或参与人利用计算机技术和网络技术（主要是互联网）等现代信息技术所进行的各类商务活动”。根据上述说法，以下说法正确的是（　　）。

A.电子商务是买卖双方的贸易活动

B.未来的电子商务可以通过构成信息高速公路的无数网络中的任一网络进行买卖

C.利用各类电子信息网络进行的广告、设计、开发、推销、采购、结算等贸易活动也可纳入电子商务活动的范畴

D.电子商务就是通过电子手段对企业的生产、销售、库存、服务以及人力资源等环节实行全方位的控制

3.电子商务将对人类社会产生重要的影响，以下叙述正确的是（　　）。

A.改变了人类的兴趣爱好

B.改变了人们的工作环境和生活方式

C.改变了市场需求

D.改变了人们的社会地位

4.电子商务将对人类社会产生重要的影响，以下叙述正确的是（　　）。

A.改变了人们的社会地位和经济条件

B.改变了市场需求

C.改变了人类的兴趣爱好

D.改变了市场的准入条件

5.不属于电子商务应用的是（　　）。

A.电子商店　　B.电子交易所　　C.网上聊天　　D.电子招投标

二、简述题

1.如何理解电子商务的含义？

2.简述电子商务兴起的背景。

三、案例分析题

全球最大的在线网络零售商——亚马逊公司从1995年7月份起开始运作其图书销售网站，目前业务范围已经扩展到电器、玩具和游戏、DVD光盘和其他多种商品，还提供拍卖及问候卡片等服务。谈及亚马逊，公司的创办人贝索斯说：“我们要创建一个前所未有的事物。”

1994年，贝索斯浏览网页时看到“美国互联网用户数以每年大约2 300%的速度增长”的消息，他意识到：一个以互联网为中心构建的信息时代，其中蕴藏着巨大的商业机会。随后，贝索斯用了大约两个月的时间研究了网络销售业的前景，计划在网络上开一个“万货商店”，他以自家车库为基地，搭建了全美第一家网络零售网站——亚马逊，开启他的电商传奇之旅。

在选择以什么商品品类作为切入点时，贝索斯也不是以自己最喜欢为标准。他详细分析了12个品类，最终从用户熟悉度、市场规模、竞争格局、标准化等维度出发，

选择了图书作为切入点。

1995年7月16日，亚马逊的电子商务网站Amazon.com正式开张营业。仅用了三周时间，其营业额就攀升至1万美元。到了同年10月，亚马逊的订单数达到每天100份，不到一年，亚马逊的订单数量达到每小时100份。上线三年后，亚马逊就被《福布斯》杂志评为世界上最大的网上书店。没有固定的繁华店铺，没有面对面的亲切笑容，只以无店铺运行，截至2021年，亚马逊的市值约为1.62万亿美元。

分析上述案例，你认为电子商务企业的特点有哪些？该案例带给你哪些启示？

第2章 电子商务主要模式

学习目标

□知识目标：

1.了解电子商务的分类；

2.理解电子商务的基本框架结构。

□技能目标：

1.能够从电子商务的形态上进一步认识电子商务；

2.能够对目前国内电子商务企业进行准确分类。

【导入案例】

开店速度全国第一 盒马争取年内覆盖武汉主城区

2020年11月1日，“双11”启动的第一天，阿里巴巴集团董事会主席兼首席执行官张勇在武汉街头吃了一碗热气腾腾的热干面，在黄鹤楼参加了“天猫双11风尚之夜”时尚盛典。11月2日，他参加了阿里巴巴华中总部奠基并发表“感谢武汉，阿里与武汉风雨同担、未来共创”的致辞。

在致辞中，张勇表示，武汉一直是阿里巴巴发展战略要点，现在武汉市很多居民都住着在“盒区房”，在使用盒马的服务，就在11月1日，盒马也在武汉开出了第21家门店。将来，在阿里巴巴华中总部和产业社区上，也会有阿里巴巴新零售，包括盒马在内的新零售商业落地，能够为武汉市场、武汉消费者提供全新的服务。

11月1日开业的武汉盒马循礼门店是盒马在武汉的第21家门店。疫情之下，这是盒马在武汉新开的第三家门店。该店覆盖武汉最传统的江汉路步行街、汉正街、汉口江边等，是老汉口居民的主要居住地，也是疫情后武汉最早恢复烟火气的地方。到2020年年底，盒马在武汉还将再开3家门店，争取早日覆盖武汉主城区。

自2018年4月28日首家门店落地武汉以来，盒马加速布局武汉。门店数量仅次于上海、北京，与深圳持平，开店速度更是全国第一。目前，武汉主城区“盒区房”覆盖率超过30%。盒马已经覆盖武汉主城区4 000个小区，覆盖用户人群超过600万人。

11月1日，适逢“双11”首日，武汉盒马循礼门店开业现场人头攒动，当天客流量已经达到疫情前的平均水平。

一方面，消费在复苏，另一方面，盒马在武汉也不断加紧供应链建设。10月底，武汉已经有40多家农业企业与盒马达成意向，共建“盒马村”。

“盒马村”指的是根据订单为盒马种植农产品的村庄，是阿里巴巴数字农业基地的典型代表，也是当下农村转型、发展的新样本。自2019年以来，湖北武汉、孝感、汉川三地已出现多个“盒马村”。

在疫情的影响下，全国各省、区、市不同程度地遭遇农产品滞销。受益于产、供、销数字化带来的农业确定性和高效，“盒马村”的产品在疫情中无一滞销，还帮助山东、四川、浙江等多个省份滞销村庄的农产品卖进了全国盒马门店。

资料来源 张珺. 武汉盒马开店速度全国第一［N］. 武汉晚报，2020-05-15.

生鲜电商与线下实体店的结合，是一个必然趋势。线上与线下企业从对抗逐渐走向相互渗透并探索新零售模式，将成为生鲜电商发展的趋势。本章将在介绍电子商务的模式分类、电子商务的一般框架的基础上，简要说明B2B、B2C和C2C模式。

2.1 电子商务的模式分类

2.1.1 按照交易对象分类

按照参与主体以及客户类型的不同，电子商务可划分为以下几种模式：B2B、

B2C、B2G、C2G、ABC以及C2B2S。目前来看，B2B、B2C、C2C是电子商务的主要形式，其中B2B市场份额较大的是阿里巴巴，B2C市场份额较大的是天猫商城、京东和亚马逊。

2.1.2　按照商务活动内容分类

按照电子商务活动内容的不同可进行如下划分：有形商品电子商务和无形商品电子商务（数字化产品）。具体包括：

1.信息和娱乐产品

纸质信息产品（报纸、杂志、书籍）、产品信息（产品说明、用户手册、销售培训手册）、图形图像（照片、卡片、日历、海报）、音频产品（音乐唱片、语音）、视频产品（电影、电视节目）。

2.象征、符号

订票（音乐会、航班、旅馆、体育比赛）、财务工具（支票、电子货币、信用卡、有价证券）。

3.过程和服务

政府服务（表格、福利金支付）、电子消费（信件、传真、电话）、商业价值创造过程（订货、签约、盘点）、拍卖和电子化市场、远程教育、远程医疗、其他交互式服务与娱乐。

2.1.3　按照开展电子交易的信息网络范围分类

1.本地电子商务

本地电子商务通常是指利用本城市内或本地区内的信息网络实现的电子商务活动，电子交易的地域范围较小。本地电子商务系统是利用Internet、Intranet或专用网将下列系统联结在一起的网络系统：第一，参加交易各方的电子商务信息系统，包括买方、卖方及其他各方的电子商务信息系统；第二，银行金融机构电子信息系统；第三，保险公司信息系统；第四，商品检验信息系统；第五，税务管理信息系统；第六，货物运输信息系统；第七，本地区EDI中心系统（实际上，本地区EDI中心系统是联结各个信息系统的中心）。本地电子商务系统是开展远程国内电子商务和全球电子商务的基础系统。

2.远程国内电子商务

远程国内电子商务是指在本国范围内进行的网上电子交易活动，其交易的地域范围较大，对软硬件和技术要求较高，要求在全国范围内实现商业电子化、自动化，实现金融电子化，交易各方具备一定的电子商务知识、经济能力和技术能力，并具有一定的管理水平和能力等。

3.全球电子商务

全球电子商务是指在全世界范围内进行的电子交易活动，参加电子交易各方通过网络进行贸易，涉及有关交易各方的相关系统，如买方国家进出口公司系统、海关系统、银行金融系统、税务系统、运输系统、保险系统等。

2.2 电子商务的基本框架

电子商务的基本框架是实现电子商务从技术到一般服务层所应具备的完整的运作基础。它的一般框架如下：

2.2.1 宏观网络基础设施

1.信息高速公路

网络层指网络基础设施，即所谓的“信息高速公路”。信息高速公路是实现电子商务最底层的基础设施。正像公路系统由国道、城市干道、辅道共同组成的一样，信息高速公路也是由骨干网、城域网、局域网这样层层搭建才使得任何一台联网的计算机都能够随时同整个世界连为一体。当然，根据不同的用途，网络还可以分为互联网、局域网、增值网。我国的信息高速公路基本已经建成，并且覆盖全国。

2.数字城市

“数字城市”的概念分广义和狭义两种。广义的“数字城市”概念，即城市信息化，是指通过建设宽带多媒体信息网络、地理信息系统等基础设施平台，整合城市信息资源，实现城市经济信息化，建立城市电子政府、电子商务企业、电子社区，并通过发展信息家电、远程教育、网上医疗，建立信息化社区。

狭义的“数字城市”工程，是指利用“数字城市”理论，基于3S（地理信息系统GIS、全球定位系统GPS、遥感系统RS）等关键技术，深入开发和应用空间信息资源，建设服务于城市规划、城市建设和管理，服务于政府、企业、公众，服务于人口、资源环境、经济社会的可持续发展的信息基础设施和信息系统。其本质是建设空间信息基础设施并在此基础上深度开发和整合应用各种信息资源。

数字城市技术支持包括多方面的技术：多媒体技术、数据库技术、网络传输技术、信息系统技术、安全与认证技术、系统集成和应用技术、开发技术、空间建模技术等。

数字城市的内容可概括为四个方面：数字化、网络化、智能化、可视化。

数字城市的实施有三个阶段：城市基础数字化阶段，政府、行业、企业的数字化及应用阶段，数字城市的综合应用阶段。

2.2.2 企业电子商务业务的内外部环境

1.企业开展电子商务的外部环境

（1）我国网民规模及互联网普及率。如图2-1所示，中国互联网络信息中心（CNNIC）第46次《中国互联网络发展状况统计报告》的数据显示，截至2020年6月，我国网民规模达9.40亿人，占全世界网民的1/5，较2020年3月增长3 625万人，互联网普及率达67.0%，较3月份提升2.5个百分点。我国手机网民规模达9.32亿人，较3月份增长3 546万人，网民使用手机上网的比例达99.2%。

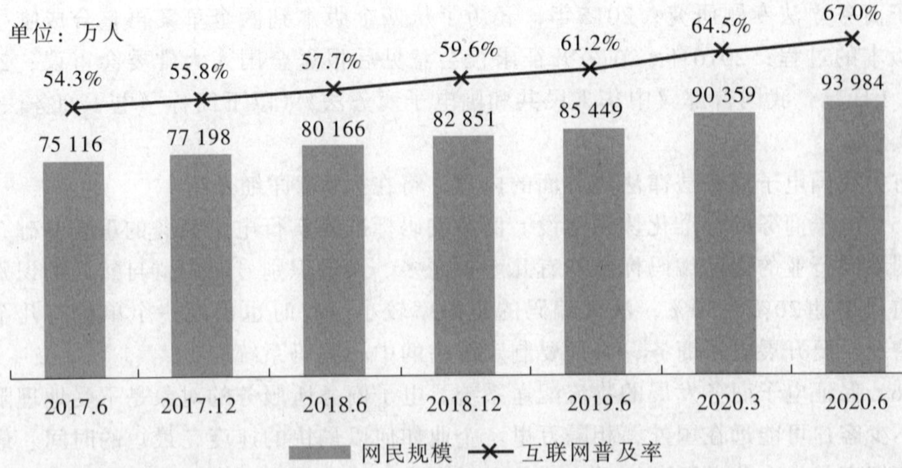

图2-1　2017—2020年我国网民规模及互联网普及率

（2）金融电子化水平。支付和结算是交易的重要一环，因此电子商务的发展需要高品质、高效的金融电子化服务相配合。1985年，中国银行发行了国内第一张银行卡。目前，我国几乎所有的银行卡都可以进行网上支付。2016年，中国互联网金融协会按照中国人民银行相关部署积极推进行业信息共享，规划建设了“互联网金融信用信息共享平台”，共享平台首批接入蚂蚁金服、陆金所、京东金融、宜人贷等多家大型互联网平台机构，依法有序纳入网络借贷、网络小贷、互联网消费金融等业态信用信息，所覆盖债权人达到同行业50%以上。2017年年末，经国务院批准，人民银行组织部分实力雄厚的商业银行和有关机构共同开展数字人民币体系（DC/EP）的研发，当前已进入试点测试阶段。

（3）网络安全保障。目前电子商务安全体系的发展已逐步完善，现有网络安全产品和服务已经从基础网络安全领域延伸到云服务、大数据、物联网、工业控制、5G等不同应用场景，实现了对基础设备、基础技术、安全系统、安全服务等多个维度的全面覆盖。虽然在目前的技术层面上，网络安全仍存在一些不足，但在政策制定层面，《中华人民共和国民法典》《中华人民共和国数据安全法（草案）》等相关法律法规的陆续出台，推动我国网络安全法律体系持续完善，为保障网络安全，维护网络空间主权和国家安全、社会公共利益，保护公民、法人和其他组织的合法权益，网络早已不再是法外之地。

（4）电子商务的法律规范。电子商务是一种全新的商业交易模式，在数字化的虚拟市场中实现交易。原有的适用于书面合同贸易方式的法律，并不适合电子方式的网上交易。进行电子商务活动，必须要有一套新的法律、法规、政策、道德伦理规范等来约束和管理，使之能有序进行。

2005年4月1日，《中华人民共和国电子签名法》（以下简称《电子签名法》）正式施行，与《电子签名法》相配套，同样于2005年4月1日实施的还有《电子认证服务管理办法》；2013年年底，国家正式启动电子商务法立法工作；2014年，开展了16

项电子商务立法专题研究；2015年，经历了从四个版本到两个草案再整合成唯一的送审版本的过程；2016年，在公开征求社会意见后报送全国人大常委会审议；2019年1月1日起，我国首部《中华人民共和国电子商务法》（以下简称《电子商务法》）正式实施。

有关我国电子商务法律法规方面的内容，将在第9章详细介绍。

（5）电子商务的标准化体系建设。商品编码标准是实行电子商务的重要基础，而在中国不同行业的商品编码标准却有几十种之多。人员识别号码中，自然人的识别号码的重码率达20%~30%，法人编码的重码率较小，有时也出现一个单位有几个编码的情况。要开展电子商务，必须要制定统一的中心编码系统。

（6）保证电子商务发展的物流配送系统。电子商务所服务的对象是不受地理限制的，不少客户可能远在国外，相隔万里。企业如何以最快的速度、最短的时间、最低的成本把商品从企业送到顾客手中，是吸引顾客的一个重要因素。目前我国的物流配送系统相对滞后，成为电子商务发展的"瓶颈"。

（7）商家信誉问题。电子商务的应用领域基本分两类：企业间交易和个人消费者与企业之间的交易。就其发展过程来看，它又必然经历一个从简单的商情查询到网上购物和实现交易的阶段。建立通畅快速的购物网络并不困难，但建立成熟可靠的消费体系和互相信任的市场运作方式，绝不是一蹴而就的事。当传统的购物方式引发的各种纠纷还在"3·15"消费者权益日频频曝光的环境下，消费者如何信任互不照面的网上交易？这是我们必须面对的问题。

2.企业开展电子商务业务的内部环境

（1）企业领导的重视程度。推行电子商务将不可避免地涉及观念和习惯的转变，涉及企业的业务流程、机构体制和职责权利的变革。因此要加快中国企业电子商务的发展，首先应该让企业的经营者们转变观念、提高认识，增强他们实施电子商务的积极性和主动性。企业领导对电子商务的重视程度，直接决定着电子商务业务能否成功开展。随着信息化、网络化的不断普及，越来越多的传统企业已经认识到，以网络化、知识管理、全球化为主要特征的新经济是不可逆转的趋势。

（2）企业信息化水平。无论是企业与企业之间的电子商务，还是企业与消费者之间的电子商务，都需要企业在业务活动和管理工作中实行信息化管理。企业的信息化程度决定了电子商务开展的可能性。近年来，工业和信息化部推动实施《中国制造2025》，落实《国务院关于积极推进"互联网+"行动的指导意见》，制定"十三五"促进中小企业发展规划，不断提升信息化与工业化融合发展水平，推动"互联网+中小微企业创新创业培育行动"等计划的实施，利用互联网和信息通信技术，推动企业成为技术创新的主体，大力提升中小企业的发展质量和核心竞争力，把着力提升中小企业"两化"融合能力，更好发挥在产业链和创新链中的作用放在更加突出的位置。

（3）人员素质。开展电子商务需要有一大批具有责任心、懂业务的专业技术与管理人员，如电子商务师、电子商务经理、网站开发策划人员、网站设计制作人员及网络管理员等。我国电子商务领域的专业技术人才的培养方兴未艾，对从业人员进行电子商务知识方面的培训十分重要。电子商务人才基本上分为以下几类：

技术型电子商务人才是基础性电子商务人才，其特点是精通电子商务技术，掌握电子商务技术的最新进展，同时具备足够的现代商务知识，善于理解商务需求，懂得“如何做”电子商务，能够以最有效的技术手段予以实施和满足需求。

商务型电子商务人才，是电子商务人才的主体，其特点是精通现代商务活动，充分了解和理解商务需求，同时具备足够的电子商务技术知识，懂得电子商务“能做什么”，善于提出满足商务需求的电子商务应用方式。

战略型电子商务人才，是高层次电子商务人才，其特点是通晓电子商务全局，具有前瞻性思维，懂得“为什么要做”电子商务，熟知至少一个行业或一种模式的电子商务理论与应用，能够从战略上分析和把握其发展特点和趋势。

2.2.3　电子商务平台

电子商务平台又称门户站点，是企业为合作伙伴、客户等提供的访问企业内部各种资源的统一平台，是建立在Internet上进行商务活动的虚拟网络空间和保障商务顺利运营的管理环境，是协调、整合信息流、物流、资金流有序、关联、高效流动的重要场所。通过这一平台，企业的原材料提供商可以获取企业当前的原材料库存情况，以及近期生产计划，从而优化自身的资源调配和生产调度；而企业的客户也可以通过这一窗口，了解企业各档次、各种类产品的详细资料并且获得企业提供的随时的咨询服务等。

从广义的角度看，电子商务平台是企业电子商务系统的一个组成部分。

2.2.4　信息流、资金流、物流、商流

电子商务的任何一笔交易，都包含以下四种基本的“流”，即信息流、资金流、物流和商流。

（1）信息流既包括商品信息的提供、促销营销、技术支持、售后服务、企业内部管理等内容，也包括诸如询价单、报价单、付款通知单、保单、转账通知单等商业贸易单证，还包括交易方的支付能力、支付信誉、商业信誉等。

（2）资金流主要是指资金的转移过程，包括付款、转账、兑换等。

（3）物流主要是指商品和服务的配送和传输渠道，对于大多数商品和服务来说，物流可能仍然经由传统的经销渠道或者其他物流模式，然而对有些商品和服务来说，可以直接以网络传输的方式进行配送，如各种电子出版物、信息咨询服务等。

（4）商流是电子商务活动中商品所有权的流动。对于每个交易主体来说，它所面对的是一个电子市场，它必须通过电子市场选择交易的内容和对象。

2.2.5　电子商务的应用

电子商务可提供网上交易和管理等全过程服务。因此，它具有网络营销、客户关

系管理、电子支付、安全认证、物流与供应链管理等多项功能。

1.网络营销

网络营销是以互联网为媒体，以新的方式、方法和理念实施营销活动，更有效地促进个人和组织交易活动的实现。

2.客户关系管理

客户关系管理是指企业为提高核心竞争力，利用相应的信息技术以及互联网技术来协调企业与顾客间在销售、营销和服务上的交互，从而提升其管理方式，向客户提供创新式的、个性化的客户交互和服务的过程。

3.电子支付

电子支付（Electronic Payment）是指电子交易的当事人，包括消费者、厂商和金融机构，使用安全的电子支付手段，通过网络进行的货币支付或资金流转。

4.安全认证

电子商务安全认证是以电子认证证书（又称数字证书）为核心的加密技术，它以PKI技术为基础，对网络上传输的信息进行加密和解密、数字签名和签名验证。

5.物流与供应链管理

物流与供应链管理，指使供应链运作达到最优化，以最少的成本，令供应链从采购开始到满足最终客户的所有过程。

2.2.6　国家政策及法律规范

国有国法，家有家规。作为一个新兴行业，也必须要有一定的法规来规范市场，规范人们的行为。美国政府在发布的“全球电子商务的政策框架”中，在法律方面作了专门的论述。1996年，联合国国际贸易法委员会通过了《电子商务示范法》。目前在我国，政府注意力主要放在信息化基础建设方面，针对电子商务的法律法规还有待进一步健全。个人隐私也需要进一步界定。

政策法规要考虑各国的不同体制和国情，而这同Internet和电子商务的无国界形式有冲突，这就要求加强国际合作。

国家政策包括围绕电子商务的税收制度、信息的定价、信息访问的收费、信息传输成本、隐私保护问题等，需要政府制定政策。其中税务制度如何制定是一个至关重要的问题。例如，对于咨询信息、电子书籍、软件等无形商品是否征税，如何征税；对于汽车、服装等有形商品如何通过海关，如何征税；税收制度是否应与国际惯例接轨，如何接轨等，若处理得不好将严重制约电子商务的发展。

2.2.7　技术标准和网络协议

技术标准定义了用户接口、传输协议、信息发布标准等技术细节。它是信息发布、传递的基础，是网络信息一致性的保证。就整个网络环境来说，标准对于保证兼容性和通用性是十分重要的。正如有的国家是左行制，有的是右行制，不同国家110伏和220伏的电压标准不同，会给电器使用带来麻烦，今天在电子商务中也遇到了类似的问题。因此，我们应开发统一的标准。

目前，许多企业和厂商，以及国际组织都意识到技术标准的重要性，正致力于联合起来开发统一的国际技术标准，例如，EDI标准、TCP / IP协议、HTTP协议、SSL协议、SET协议、电子商务标准等。

2.3 B2B模式（B to B）

2.3.1 B2B的含义

企业对企业（Business to Business，B to B或B2B）的电子商务指的是企业与企业之间依托互联网等现代信息技术手段进行的商务活动。这种模式是电子商务中历史最长、发展最完善的商业模式，能迅速地为企业带来利润和回报。它的利润来源于相对低廉的信息成本带来的各种费用的下降，以及供应链和价值链整合的好处。目前，它的贸易金额是消费者直接购买的10倍。它的应用方有通过EDI网络连接会员的行业组织、基于业务链的跨行业交易集成组织，以及网上及时采购和供应营运商等。

这种模式的交易方主要有：用户（购买商）、交易中心（销售商）、供应商（或制造商）、运输商（配送中心）、银行及认证机构（CA）和支付网关。

以销售计算机为例，其交易过程如下：

（1）客户在销售商的网站上提交一份订购计算机的订单。

（2）销售商接到订单后，立即向计算机供应商传递一个查询请求。

（3）计算机供应商查询计算机库存数据，如果当前库存数量能完成这个订单，计算机供应商进行应答，产生一个供货时间表。

（4）销售商向运输商的计算机系统提交一个查询请求。

（5）运输商的系统首先核对自己的运输能力，然后提供一个运输这台计算机的时间表。

（6）计算机销售商向客户的系统发出订单确认。

（7）销售商根据用户时间表、供货商时间表、运输商时间表向供货商发出发货通知。

（8）销售商向运输商发出运输通知。

（9）用户向银行发出付款通知，银行确认付款信息的真实性。

（10）银行确认后开始付款，银行划账后通知销售商货款已到。

2.3.2 B2B流程

企业间电子商务通用交易过程可以分为以下4个阶段：

（1）交易前的准备。

这一阶段主要是指买卖双方和参加交易各方在签约前的准备活动。首先，买方根据自己要买的商品，准备购货款，制订购货计划，进行货源市场调查和市场分析，反复进行市场查询，了解各个卖方国家的贸易政策，反复修改购货计划和进货计划，确定和审批购货计划。再按计划确定购买商品的种类、数量、规格、价格、购货地点和交易方式等，尤其要利用Internet和各种电子商务网站寻找自己满意的商品和商家。其次，卖方根据自己所销售的商品，召开商品新闻发布会，制作广告进行宣传，全面进行市场调查和市场分析，制定各种销售策略和销售方式，了解各个买方国家的贸易政策，利用Internet和各种电子商务网络发布商品广告，寻找贸易伙伴和交易机会，扩大贸易范围和商品所占市场的份额。其他参加交易各方如银行金融机构、信用卡公司、海关系统、保险公司、税务系统、运输公司也需要为电子商务交易做好准备。

（2）交易谈判和签订合同。

这一阶段主要是指买卖双方对所有交易细节进行谈判，将双方磋商的结果以文件的形式确定下来，即以书面文件形式和电子文件形式签订贸易合同。电子商务的特点是可以签订电子商务贸易合同，交易双方可以利用现代电子通信设备和通信方法，经过认真谈判和磋商，将双方在交易中的权利、所承担的义务、对所购买商品的种类、数量、价格、交货地点、交货期、交易方式和运输方式、违约和索赔等合同条款，全部以电子交易合同做出全面详细的规定，合同双方可以利用电子数据交换（EDI）进行签约，可以通过数字签名等方式签名。

（3）办理交易进行前的手续。

这一阶段主要是指买卖双方签订合同后到合同开始履行之前办理各种手续的过程，也是双方贸易前的交易准备过程。交易中要涉及有关各方，即可能要涉及中介方、银行金融机构、信用卡公司、海关系统、保险公司、税务系统、运输公司等，买卖双方要利用EDI与有关各方进行各种电子票据和电子单证的交换，直到办理完可以将所购商品从卖方按合同规定开始向买方发货的一切手续为止。

（4）交易合同的履行和索赔。

这一阶段是从买卖双方办完各种手续之后开始，卖方要备货、组货，同时进行报关、保险、取证、信用认证等，卖方将所购商品交付给运输公司包装、起运、发货，买卖双方可以通过电子商务服务器跟踪发出的货物，银行和金融机构也按照合同处理双方收付款、进行结算、出具相应的银行单据等，直到买方收到自己所购商品，完成整个交易过程。索赔是在买卖双方交易过程中出现违约时，需要进行违约处理的工作，受损方可以向违约方索赔。

2.3.3 B2B模式细分

（1）综合式的B2B。

综合式的B2B是面向中间交易市场的B2B。这种交易模式是水平 B2B，它是将各个行业中相近的交易过程集中到一个场所，为企业的采购方和供应方提供了一个交易的机会，这类网站自己既不是拥有产品的企业，也不是经营商品的商家，它们只提供一个平台，在网上将销售商和采购商汇集到一起，采购商可以在其网上查到销售商的有关信息和销售商品的有关信息。目前国内主要的综合式B2B网站有阿里巴巴（http：//www.1688.com）、慧聪网（http：//www.hc360.com）等。

（2）垂直型的B2B。

垂直型的B2B是面向制造业或面向商业的，垂直B2B可以分为两个方向，即上游和下游。生产商或零售商可以与上游的供应商之间形成供货关系；生产商与下游的经销商可以形成销货关系。简单地说，这种模式下的B2B网站类似于在线商店，这类网站其实就是企业网站，是企业直接在网上开设的虚拟商店，通过这样的网站可以大力宣传自己的产品，用更快捷、更全面的手段让更多的客户了解自己的产品，促进交易。或者也可以是商家开设的网站，这些商家在自己的网站上宣传自己经营的商品，目的也是用更加直观便利的方法促进、扩大商品交易。国内也有不少垂直型的B2B网站，如中国化工网（http：//china.chemnet.com）、我的钢铁网（http：//www.mysteel.com）等。

2.4 B2C模式（B to C）

2.4.1 B2C的含义

企业对消费者（Business to Customer，B to C或B2C）的电子商务指的是企业与消费者之间依托互联网等现代信息技术手段进行的商务活动。

2.4.2 B2C的细分

（1）无形产品的B2C模式。

①网上订阅模式。

网上订阅模式指的是企业通过网页安排向消费者提供网上直接订阅，消费者直接浏览信息的电子商务模式。网上订阅模式主要被商业在线机构用来销售报刊、有线电视节目等。

②付费浏览模式。

付费浏览模式指的是企业通过网页安排向消费者提供计次收费性网上信息浏览和信息下载的电子商务模式。付费浏览模式让消费者根据自己的需要，在网站上有选择地购买一篇文章、一本书的内容或者参考书的一页。在数据库里查询的内容也可付费获取。另外，一次性付费参与游戏娱乐也是很流行的付费浏览方式之一。

③广告支持模式。

广告支持模式是指在线服务商免费向消费者或用户提供信息在线服务，而营业活动全部用广告收入支持。此模式是目前最成功的电子商务模式之一。由于广告支持模式需要上网企业的广告收入来维持，因此该企业网页能否吸引大量的广告就成为该模式能否成功的关键。而能否吸引网上广告主要靠网站的知名度，知名度又要看该网站被访问的次数。广告网站必须对广告效果提供客观的评价和测度方法，以便公平地确定广告的计费方法和计费额。

④网上赠与模式。

网上赠与模式是一种非传统的商业运作模式，是企业借助国际互联网用户遍及全球的优势，向互联网用户赠送软件产品，以扩大企业的知名度和市场份额。通过让消费者使用该产品，让消费者下载一个新版本的软件或购买另外一个相关的软件。由于所赠送的是无形的计算机软件产品，而用户是通过国际互联网自行下载，因而企业所投入的分拨成本很低。因此，如果软件确有其实用特点，那么应该很容易让消费者接受。

（2）实物商品的B2C模式。

实物商品指的是传统的有形商品，这种商品和劳务的交付不是通过电脑的信息载体，而是通过传统的方式来实现。虽然目前在互联网上所进行的实物商品的交易仍不是十分普及，但还是取得了很大的进步，网上成交额有增无减。

网上实物商品销售的特点主要是网上在线销售的市场扩大了。与传统的店铺市场销售相比，网上销售可以将业务伸展到世界的各个角落。

2.5 C2C模式（C to C）

个人对个人的电子商务（Customer to Customer，C to C或C2C）是指买方是消费者，卖方也是消费者，即消费者对消费者的交易模式，其类似于现实商务交易中的跳蚤市场。典型的C2C类型是拍卖网站。C2C的特点是消费者与消费者讨价还价进行交易。在C2C模式中，电子交易平台供应商扮演着举足轻重的作用。首先，电子交易平台提供商往往还扮演监督和管理的职责，负责对买卖双方的诚信进行监督和管理，负责对交易行为进行监控，最大限度地避免欺诈等行为的发生，保障买卖双方的权益。其次，电子交易平台提供商还能够为买卖双方提供技术支持服务。具体包括：帮助卖方建立个人店铺，发布产品信息，制定定价策略等；帮助买方比较和选择产品以及电子支付等。正是由于有了这样的技术支持，C2C的模式才能够短时间内迅速为广大普通用户所接受。最后，随着C2C模式的不断发展和成熟，电子交易平台供应商还能够为买卖双方提供保险、借贷等金融类服务，更好地为买卖双方服务。目前著名的C2C电商平台有eBay（http：//www.ebay.com）、淘宝网（http：//www.taobao.com）、闲鱼App。

2.5.1 C2C的交易过程

以拍卖网站为例：

（1）交易者登录拍卖网站。

（2）卖方发布拍卖商品的信息，确定起拍价和竞价阶梯、截止日期等信息。

（3）买方查询商品信息，参与网上竞价。

（4）买卖双方成交，买方付款，卖方交货，交易完成。

2.5.2 C2C的优缺点

C2C的优点是商品种类多，基本覆盖了目前市场上的所有流通商品；缺点是其全面开放的互联网特性，使得网络上假货横行，尽管网站采取一定的措施（信用评价系统），但还是无法从根本上避免此类问题的发生。

本章小结

本章我们主要学习了如下内容：(1) 电子商务模式分类。(2) 电子商务的一般框架模型。(3) B2B电子商务、B2C电子商务、C2C电子商务三类典型电子商务模式的含义，重点分析了三种电子商务模式所涉及的关键环节、参与对象、基本业务流程、交易流程及其特色，并通过案例分析了三种电子商务模式的交易过程、运营重点及难点。

基本训练

一、选择题（单项选择）

1.企业进行电子报关属于电子商务的（　　）模式。

A.B2C　　B.C2C　　C.B2G　　D.B2B

2.网上采购中，（　　）为卖方和买方提供了一个快速寻找机会、快速匹配业务和快速交易的电子商务社区。

A.电子交易平台　　B.门户网站　　C.ERP系统　　D.SCM系统

3.（　　）电子商务模式是我国最早产生的电子商务模式。

A.B2C　　B.B2B　　C.C2C　　D.B2G

4.B2C电子商务模式的特点：在这种网络交易过程中，商品的流向是（　　），类似于电子化的零售商务。

A.从企业到个人消费者　　B.从企业到企业

C.从个人消费者到企业　　D.从企业到政府采购

5.B2B电子商务模式的特点：在这种网络交易过程中，商品的流向是（　　），类似于电子化的批发商务。

A.从企业到个人消费者　　B.从企业到企业

C.从个人消费者到企业　　D.从企业到政府采购

二、简述题

1.电子商务交易模式有哪几种？哪种模式在整个电子商务市场中所占比例最大？

2.浏览阿里司法拍卖平台，归纳一下竞买商品的流程。

三、案例分析题

特斯拉中国本土化再突破 入驻天猫开设官方旗舰店

4月16日，特斯拉（Tesla）宣布入驻天猫，首次在中国第三方平台开设官方旗舰店。从建造上海超级工厂，推出国产版Model 3，再到与“国民应用”天猫合作，这也是特斯拉在中国本土化布局的再一次突破。据统计，平均每周有近5万人在淘宝上搜索“特斯拉”。

目前，特斯拉在华业务涵盖了制造、销售、售后等完整服务，所开设的天猫旗舰店，将成为其与客户互动的窗口之一。

据悉，特斯拉官方旗舰店已正式营业，消费者可以通过天猫预约试驾Model S、Model X及Model 3等车型，以及购买Model 3实体钥匙、家用充电安装包等特斯拉原厂配件和本土化精品周边。

入驻天猫后，特斯拉“入乡随俗”，连做8天淘宝直播，期间送出特斯拉儿童版电动车、Model 3 48小时试驾权、充电券等权益。

特斯拉上海工厂从破土到竣工、整车交付仅用一年时间，在2020年3月，特斯拉Model 3车型在中国市场销量突破万台，加之2020年4月份特斯拉推出的国产Model 3长续航版，中国有望成为特斯拉全球最大的市场。

此次，特斯拉与天猫的强强联手，将增加特斯拉在电商数字化市场中的触点，同时，作为行业领军企业，特斯拉入驻天猫，也将开启汽车新零售未来想象力。

新冠肺炎疫情期间，天猫迎来实体商业及国际品牌入驻潮。自2020年3月份以来，已有特斯拉、宜家、Prada、乔治·阿玛尼等12 000个品牌亮相天猫，全球企业数字化进程全面加速。

资料来源　胡亦心. 特斯拉中国本土化再突破 入驻天猫开设官方旗舰店［EB/OL］.［2020-04-16］. https：//www.chinanews.com/auto/2020/04-16/9158756.shtml.

请思考：

1.何谓电子商务？如何理解“电子”与“商务”的关系？

2.请思考特斯拉官网电商平台与天猫有何不同。

3.为什么特斯拉要入驻天猫开设官方旗舰店？

第3章 网络技术基础

学习目标

□知识目标：

1. 了解Internet的概念与构成；
2. 了解Internet的基本应用；
3. 熟悉TCP/IP协议。

□技能目标：

1. 掌握Internet的接入方法；
2. 掌握设置IP地址的方法；
3. 能够进行域名的申请。

【导入案例】

“墨子号”实现基于纠缠的无中继千公里量子保密通信

中国科学院院士、中国科学技术大学教授潘建伟及其同事彭承志、印娟等组成的研究团队，联合牛津大学Artur Ekert、中科院上海技术物理研究所王建宇团队以及微小卫星创新研究院、光电技术研究所等相关团队，利用“墨子号”量子科学实验卫星，在国际上首次实现千公里级基于纠缠的量子密钥分发。该实验成果不仅将以往地面无中继量子保密通信的空间距离提高了一个数量级，并且通过物理原理确保了即使在卫星被他方控制的极端情况下依然能实现安全的量子通信，取得了量子通信现实应用的重要进展。6月15日，研究团队在《自然》杂志上在线发表了题为《基于纠缠的千公里级安全量子加密》的研究论文。《自然》杂志发布了题为“基于卫星的远距离安全通信”的新闻稿加以推介。

基于“墨子号”的前期实验工作和技术积累，研究团队通过对地面望远镜主光学和后光路进行升级，实现了单边双倍、双边四倍接收效率的提升。“墨子号”过境时，同时与新疆乌鲁木齐南山站和青海德令哈站两个地面站建立光链路，以每秒2对的速度在地面超过1 120千米的两个站之间建立量子纠缠，进而在有限码长下以每秒0.12比特的最终码速率产生密钥。在实验中，通过对地面接收光路和单光子探测器等方面进行精心设计和防护，保证了公平采样和对所有已知侧信道的免疫，所生成的密钥不依赖可信中继、并确保了现实安全性。结合最新发展的量子纠缠源技术，未来卫星上可望每秒产生10亿对纠缠光子，最终密钥成码率将提高到每秒几十比特或单次过境几万比特。

《自然》杂志审稿人称赞该工作“展示了一项开创性实验的结果”，“这是朝向构建全球化量子密钥分发网络甚至量子互联网的重要一步”，“……不依赖可信中继的长距离纠缠量子密钥分发协议的实验实现是一个里程碑”。

该研究工作得到了中科院、国家自然科学基金委、科技部、安徽省、上海市等方面的支持。

资料来源　中国科学院.“墨子号”实现基于纠缠的无中继千公里量子保密通信［EB/OL］.［2020-06-21］. http：//www.cas.cn/syky/202006/t20200616_4750091.shtml.节选.

电子商务的开展需要强大的网络技术的支持。本章将对从事电子商务活动所必须掌握的网络技术基础进行介绍，包括Internet的概念与特点、Internet的构成、Internet的接入方法、Internet的基本服务、TCP/IP协议、域名的基本知识及其申请等。

3.1 Internet概述

3.1.1 Internet的发展历程

1.计算机网络及Internet的起源

计算机网络（Computer Network）是利用通信线路和通信设备，把分布在不同地理位置的具有独立功能的多台计算机、终端及其附属设备互相连接，按照网络协议进行数据通信，由功能完善的网络软件实现资源共享和网络通信的计算机系统的集合。它是计算机技术与通信技术相结合的产物。

Internet（因特网），又译为互联网，由“国际的（International）”和“网络（Network）”组成，其最初起源于ARPANet（阿帕网）。阿帕网是20世纪60年代末至70年代初，由美国国防部资助，ARPA（Advanced Research Projects Agency）承建的一个网络，目的是通过这个网络把美国的几个军事及研究用计算机主机连接起来，形成一个新的军事指挥系统。这个系统由一个个分散的指挥点组成，当部分指挥点被摧毁后，其他指挥点仍能正常工作，而这些分散的点又能通过某种形式的通信网取得联系。在互联网面世之初，由于建网是出于军事目的，参加试验的人又全是熟练的计算机操作人员，个个都熟悉复杂的计算机命令，因此，没有人考虑过对互联网的界面及操作加以改进。

2.Internet的第一次快速发展

Internet的第一次快速发展出现在20世纪80年代中期。当时，网络技术取得巨大进展，涌现出大量的利用以太网和工作站组成的局域网，奠定了建立大规模广域网的基础。1981年，美国国家科学基金会（National Science Foundation，NSF）提出了发展NSFNet的计划，设计开发具有五个超级计算机中心的大网络——NSFNet，把全国大学和学术机构已经建成的一批地区性网络连接起来。

最初，NSFNet曾试图用ARPANet作为其通信干线，但这个决策没有取得成功。由于ARPANet属于军用性质，并且受控于政府机构，所以要从ARPANet起步，把它作为Internet的基础并不是一件容易的事情。1982年，在ARPA资助下，加州大学伯克利分校将TCP/IP协议嵌入UNIXBSD4.1版中，极大地推动了TCP/IP应用的进程。1983年，TCP/IP成为ARPANet的标准通信协议，标志着真正意义上的Internet出现了。1988年年底，NSF把全国建立的五大超级计算机中心用通信干线连接起来，组成全国科学技术网NSFNet，并以此作为Internet的基础，实现同其他网络的连接。

采用Internet（互联网）的名称是在MILnet（由ARPANet分离出来的网络）实现和NSFNet连接后开始的。随后，其他联邦部门的计算机网络相继并入Internet，如能源科学网Esnet、航天技术网NASAnet、商业网COMnet等。NSF超级计算机中心则一直肩负着扩展Internet的使命。

Internet的扩张不但带来量的改变，同时亦带来质的某些变化。由于多种学术团体、企业研究机构甚至个人用户的进入，Internet的使用者不再限于“纯粹”的计算机专业人员。新的使用者发现，加入Internet除了可共享NSF的巨型计算机外，还能进行相互间的通信，而这种相互间的通信对他们来讲更有吸引力。于是，他们逐步把Internet当作一种交流与通信的工具，而不仅仅只是共享NSF巨型计算机的运算能力。

3.Internet的第二次飞跃

Internet历史上的第二次飞跃应当归功于Internet的商业化。在20世纪90年代以前，Internet的使用一直仅限于研究领域和学术领域，商业性机构进入Internet一直受到这样或那样的法规或传统问题的困扰。例如，美国国家科学基金会颁发的Internet使用指南（Acceptable Use Policies）就这样说："NSFNet主干线仅限于如下使用：美国国内的科研及教育机构把它用于公开的科研及教育目的，以及美国企业的研究部门把它用于公开的学术交流。任何其他使用均不允许。"其实，这类指南有许多模糊不清的地方。例如，企业研究人员向大学的研究伙伴通过Internet发出一份新产品的介绍，以帮助该伙伴掌握该领域的最新动向，这一行为很难确定属于学术交流还是商业广告。到了20世纪90年代初，Internet已不是全部由政府机构出钱，出现了一些私人投资者。正是这些私人资金的加入，使得在Internet上进行商业活动有了可能。

1991年，General Atomics、Performance Systems International、UUnet Technologies 3家公司组成了"商用互联网协会"（Commercial Internet Exchange Association），宣布用户可以把它们的Internet子网用于任何的商业用途。因为这3家公司分别经营着自己的CERFnet、PSInet及Alternet网络，可以在一定程度上绕开由美国国家科学基金会出钱的Internet主干网络NSFNet而向客户提供Internet联网服务。一石惊起千层浪，其他Internet的商业子网也看到了Internet用于商业用途的巨大潜力，纷纷做出类似的举措。1991年年底，专门为NSFNet建立高速通信线路的Advanced Network and Service Inc.公司也宣布推出自己的名为CO+RE的商业化Internet骨干通道。Internet商业化服务提供商的接连出现，使工商企业终于可以堂堂正正地从"正门"进入Internet。

4.Internet的完全商业化

商业机构一踏入Internet这一陌生的世界，很快就发现了它在通信、资料检索、客户服务等方面的巨大潜力。于是，世界各地无数的企业及个人纷纷涌入Internet，带来了Internet发展史上一次质的飞跃。到1994年年底，Internet已连通全世界150多个国家和地区，连接着3万多个子网，320多万台计算机主机，直接的用户超过3 500万，成为世界最大的计算机网络。

看到Internet的"羽翼已丰满"，NSFNet意识到已经完成了自己的历史使命。1995年4月30日，NSFNet正式宣布停止运作，代替它的是由美国政府指定的3家私营企业：Pacific Bell、Ameritech Advanced Data Services and Bellcore以及Sprint。至此，Internet的商业化彻底完成。

3.1.2 Internet的概念与特点

从概念上讲，Internet是由多个网络互联而成的一个单一而庞大的网络集合，即它是建立在计算机网络之上的网络。在组织结构上，Internet是基于共同的通信协议（TCP/IP），通过路由器（Router）将多个网络连接起来所构成的一个新网络，它将位于不同地区、不同环境、不同类型的网络互联成为一个整体。在逻辑上，它是独立的和统一的，也就是说，对用户而言，Internet是一个统一的网络。

今天，Internet已与全球多数国家和地区的用户连通，从而形成了世界范围内的通信网络。相对于其他网络，Internet有许多鲜明的特点。

1.全球信息传播

Internet为世界各地的人们提供了双向信息交换的途径，既可以从网上即时获得社会生活各方面的最新信息，也可以实现针对某一问题的远程讨论。Internet通信的高效率和低成本，为企业在Internet上寻找新的市场，进行商品交易，开展产品调查和用户调查提供了极大的方便。

2.信息容量大、时效长

由于计算机存储技术的发展提供了近乎无限的信息存储空间，Internet现已成为一个涉及政治、经济、科研、文化、教育、体育、娱乐、企业产品广告、招商引资信息等各个方面内容的全球最大的信息资源库。信息一旦进入发布平台，即可长期存储，长效发布。

3.检索使用便捷

与一般媒体相比，Internet上的信息检索更为方便，传输速度也更为迅速。通过网络搜索引擎，可以很容易地检索出全球大部分生产销售某种产品的厂商，并实现与厂商的直接接触。光纤技术的运用使得信息的发送与检索瞬间即可完成。

4.灵活多样的入网方式

灵活多样的入网方式是Internet获得高速发展的重要原因，任何计算机只要采用TCP/IP协议与Internet中的任何一台主机通信就可以成为Internet的一部分。Internet所采用的TCP/IP协议成功地解决了不同硬件平台、不同网络产品和不同操作系统之间的兼容性问题。因此，无论是大型机、小型机，还是微机、工作站都可以运行TCP/IP协议并与Internet进行通信，这是网络技术的一个重大进步。目前TCP/IP已经成为事实上的国际标准。

3.1.3 Internet的构成

1.网络硬件

构成网络的硬件主要包括集线器、路由器、交换机、服务器、客户机、调制解调器等设备。

（1）集线器（Hub）。集线器的主要功能是对接收到的信号进行再生整形放大，以扩大网络的传输距离，同时把所有节点集中在以它为中心的节点上。它工作于OSI（开放系统互联参考模型）参考模型第一层，即“物理层”。集线器与网卡、网线等传输介质一样，属于局域网中的基础设备，它采用共享型模式，发送数据时都是没有针对性的，而是采用广播方式发送，就是有一个端口在向另一个端口发送数据时，其他端口就处于“等待”状态，可以理解为集线器内部只有一条通道（即公共通道），然后在公共通道下方就连接着所有端口，因此如果同一时间有大量设备进行并发数据传输，效率会变得极低。

（2）路由器（Router）。路由器是Internet的主要节点设备。路由器通过路由决定数据的转发。路由器在工作时能够按照某种路由通信协议，查找设备中的路由表。如果到某一特定节点有一条以上的路径，则预先确定的路由准则基本是选择最优（或最经济）的传输路径。为了便于在网络间传送报文，路由器总是先按照预定的规则把较大的数据分解成适当大小的数据包，再将这些数据包分别通过相同或不同路径发送出去。当这些数据包到达目的地后，再把分解的数据包按照一定顺序包装成原有的报文形式。

（3）交换机（Switch）。交换机是一种用于电（光）信号转发的网络设备。它可以为接入交换机的任意两个网络节点提供独享的信号通道。最常见的交换机是以太网交换机，其他常见的还有电话语音交换机、光纤交换机等。交换机有多个端口，每个端口都具有桥接功能，可以连接一个局域网或一台高性能服务器或工作站。交换概念的提出改进了共享工作模式，交换机中有一张地址表，如果知道目标地址在何处，就把数据发送到指定地点，如果不知道就发送到所有的端口，这样过滤可以帮助降低整个网络的数据传输量，提高效率。

（4）服务器（Server）。服务器是一种存储器共享型的多用户处理机，它从多机的角度提供业务所需的计算、联网、数据库管理和各类接口服务。服务器可分为Web服务器、E-mail服务器、数据库服务器、DNS服务器等。

（5）客户机（Client）。客户机是一种单用户工作站，它从单机的角度提供与业务应用有关的计算、联网、访问数据库和各类接口服务。

（6）调制解调器（Modem）。调制解调器是把数字信号变成模拟信号，再把模拟信号变成数字信号的设备，多用于连接个人计算机主机与对外拨号网络系统的电话线，或者在接收端服务器主机对外连接模拟信号线路时使用。除此之外，调制解调器还可以用于其他的用途：可以当作传真机来传送资料，也可以当作电话应答机来使用。随着光纤到户的普及，普通调制解调器已经由光调制解调器（Optical Modem）替代，以实现光信号与电信号之间的转换。

2.网络操作系统

网络操作系统是网络用户与计算机网络之间的接口，是使网络上各计算机能方便而有效地共享网络资源，并为网络用户提供所需的各种服务的软件和有关规程的集合。在现今的Internet中，最流行的网络操作系统主要有Windows Server、UNIX、Linux等。

（1）Windows Server操作系统。Windows Server是Microsoft公司开发的网络操作系统。这是一个基于NT架构的网络操作系统，在经历了Windows NT 1.0-5.0等多个版本演变后形成，其版本从Windows Server 2000到目前的Windows Server 2019。Windows Server采用了先进的客户机/服务器系统结构，提供了强大的系统功能和丰富的网络服务。

①用户界面简单。Windows Server采用了Windows家族一致的图形用户界面和完全相同的操作方法，容易浏览和检索，使用非常方便。

②支持多种硬件平台和多种网络协议。Windows Server可以与多种服务器操作系统进行互操作，其中包括NetWare、UNIX、LAN Manager等。Windows Server具有很强的网络能力，并提供开放的网络系统接口，支持TCP/IP协议，并有增加或删除驱

动程序和协议的能力。

③联网性能好。Windows Server为用户信息化提供一个完备的、能够快速建构各种连接解决方案的系统平台，使用户网络更加易于规划、部署、管理和使用。Windows Server包含了许多新功能和改进功能，以确保用户所在的组织和用户保持连接状态。其中包括XML Web服务、联网和通信、Enterprise UDDI服务、Windows媒体服务等。

④安全性高。Windows Server吸收了原有的Windows系列操作系统的优点。通过一系列新功能和改进功能，其可靠性和性能都得到了增强，系统更安全，为用户提供了一种高级的、可靠的安全网络环境。

（2）UNIX操作系统。UNIX操作系统最早是在20世纪60年代后期由贝尔实验室开发的，是一个具有不同硬件平台的多用户操作系统，具有多种不同的版本。目前它的商标权由国际开放标准组织所拥有，只有符合单一UNIX规范的UNIX系统才能使用UNIX这个名称，否则只能称为类UNIX。著名的苹果公司移动操作系统iOS就属于类UNIX的商业操作系统。

UNIX系统的主要特点表现在：

①多用户的分时操作系统，即用户在不同的终端上，进行交互式的操作，就好像各自单独占用主机一样。

②可移植性好。硬件的发展是极为迅速的，迫使依赖于硬件的基础软件特别是操作系统不断地进行相应的更新。由于UNIX几乎全部是用可移植性很好的C语言编写的，其内核极小，模块结构化，各模块可以单独编译。所以，一旦硬件环境发生变化，只要对内核中有关的模块作修改，编译后与其他模块装配在一起，即可构成一个新的内核，而内核上层完全可以不动。

③可靠性强。经过多年的考验，UNIX系统是一个成熟而且比较可靠的系统。在应用软件出错的情况下，虽然性能会有所下降，但工作仍能可靠进行。

④开放式系统，即UNIX具有统一的用户界面，使得UNIX用户的应用程序可在不同环境下运行。此外，其核心程序和系统的支持软件大多都用C语言编写。

（3）Linux操作系统。Linux操作系统是UNIX在微机上的完整实现，它性能稳定、功能强大、技术先进，是目前最流行的微机操作系统之一。现在智能手机上流行的Android就是以Linux内核的构建为基础的。

Linux是由芬兰的Linus Torvalds发明设计的。从一开始，作者就确立了免费和公开源代码的原则，因此通过Internet在全世界范围得到大批程序员和爱好者的关注和帮助。经过数年的集体努力，缺陷被不断修补，配套软件大量产生，终于成为一个相当完善的操作系统。

Linux适应于多种硬件平台，它的稳定性好，很少出现在某些操作系统上常见的死机现象。它符合UNIX的标准，这使UNIX下的许多应用程序可以很容易地移植到Linux下。Linux还具有强大的网络功能。它支持TCP/IP协议，支持网络文件系统NFS、文件传送协议FTP、超文本传送协议HTTP、点对点协议PPP、电子邮件传送和接收协议POP/IMAP和SMTP等。

3.网络

（1）局域网（LAN）。局域网（Local Area Network）是指在一个有限地理区域内，将负责数据处理的通信及电子设备互联在一起的通信网络。一般是方圆几千米以内。局域网可以实现文件管理、应用软件共享、打印机共享、工作组内的日程安排、电子邮件和传真通信服务等功能。局域网是封闭型的，可以由办公室内的两台计算机组成，也可以由一个公司或校园内的上千台计算机组成。局域网专用性非常强，具有比较稳定和规范的拓扑结构。常见的局域网拓扑结构包括：星形、树形、总线形、环形等。

（2）广域网（WAN）。广域网（Wide Area Network）是指覆盖范围广、以数据通信为主要目的的数据通信网。一般来说，超过局域网范围的网络，就叫作广域网。我们也可以把广域网络看作局域网和局域网之间的结合，即把局域网连接起来，形成的更大范围的网络。广域网一般是指距离在几十千米或几百千米以上规模的计算机网络。因此，一个省份、一个国家的网络都是广域网，而把所有国家的广域网连接起来，就是我们所说的互联网了。

广域网与局域网之间，既有联系又有区别。局域网强调的是资源共享，广域网着重于数据通信。对于局域网，人们更多关注的是如何根据应用需求来规划网络，并进行系统集成。对于广域网，侧重的则是网络能够提供什么样的数据传输业务，以及用户如何接入网络等。

（3）内联网（Intranet）。Intranet是Intra-business Internet的缩写。Intranet是指在现有的局域网基础上，运用Internet网络技术，在企业内部所建立的网络系统。Intranet的信息存取只限于企业内部，只有企业内部的人员可以使用，并在安全的控制下连接Internet。一般的Intranet系统多设有防火墙程序，以避免未经授权的人进入。由于建立成本较低，Intranet目前发展迅速。企业有了Intranet，一方面可以节省许多文件传送时间，方便沟通管理并降低管理成本；另一方面可通过网络与客户进行双向沟通，适时提供产品与服务特色，并且提升服务品质。常见的Intranet结构如图3-1所示：

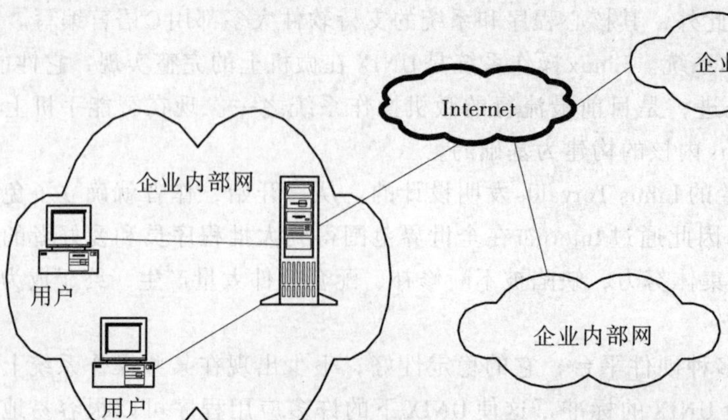

图3-1 Intranet结构示意图

（4）外联网（Extranet）。Intranet使公司在远距离的分支机构能够通过Internet链路合法访问存储在总公司服务器中的公司信息。这种Intranet功能的进一步提升，赋予与企业有密切业务往来的企业和客户以较大的权限，允许他们访问公司的信息库，这就形成了Extranet。Extranet实质上是Intranet的扩展。Extranet不再局限于单个企业内部，而是把相互合作的企业连接在一起。Extranet采用Internet的技术和Web的应用系统，使各参与企业可以在权限范围内自由访问其他企业中的数据。

Extranet实施中有两个难点。首先，由于Extranet涉及两个以上的企业，必须预先考虑到有关公司之间合作的问题。企业和合作伙伴之间的系统和数据格式可能存在极大的差异，使用一个公共外联网的所有单位都必须确保将它们的商业系统和过程进行整合。其次，由于Extranet分布于不同的地理位置，加大了网络安全保障的难度，所以需要设置更高等级的防火墙和其他网络安全设备来保证网络的正常运行。

图3-2显示了某玩具公司内联网、外联网和互联网连接的情况。

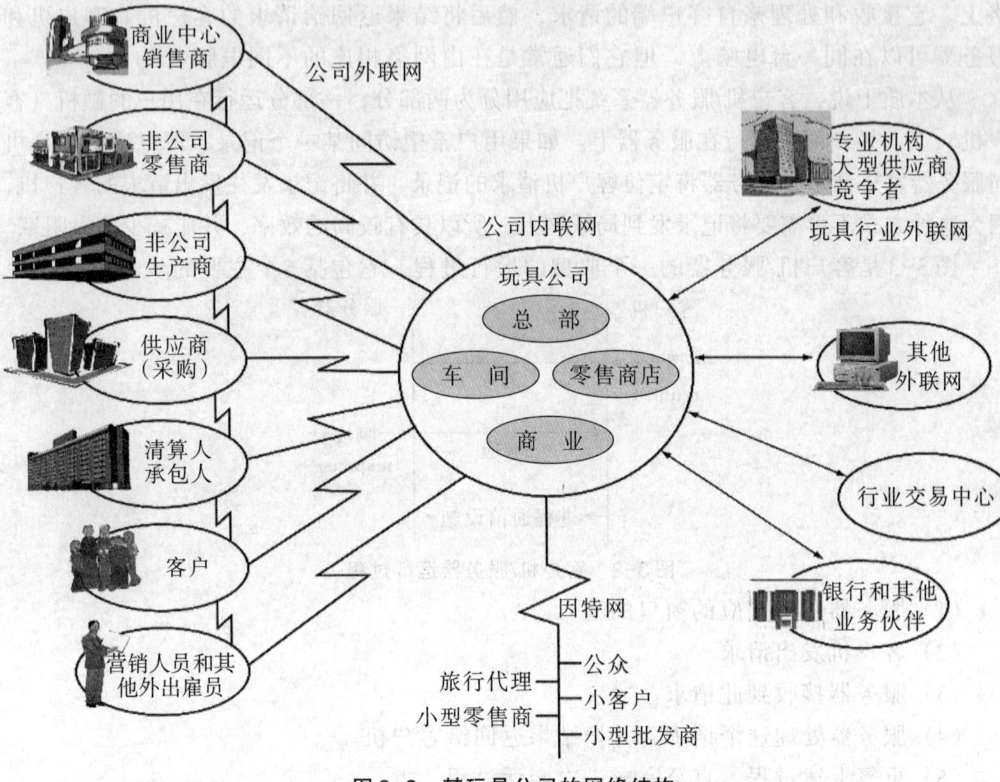

图3-2　某玩具公司的网络结构

（5）物联网（Internet of Things）。物联网就是物物相连的互联网，是通过智能感知、识别技术与普适计算等通信感知技术，按约定的协议，将任何物品与互联网连接起来，进行信息交换和通信，以实现智能化识别、定位、跟踪、监控和管理的一种网络，其目的是实现物与物、物与人，所有的物品与网络的连接，方便识别、管理和控制。2020年，我国物联网产业规模超过1.5万亿元。

课堂讨论

我们生活的城市里随处可见的共享单车就是物联网技术的产物，想必大多数同学都看到过或使用过共享单车，请你举例谈一谈共享单车的出现给你的生活带来了哪些便利。在你身边还能找到哪些物联网应用的例子？

4.客户机/服务器系统结构

客户机/服务器系统是由客户机、服务器构成的一种网络计算环境，它把应用程序所要的任务分派到客户机和服务器上共同完成。客户机是指用来与数据提供者（服务器）通信的软件和硬件。一个用户一次通常只使用一个特定的客户机。客户机与服务器相连，发送和接收信息，也可被看作能从其他地方获得信息的程序。服务器一般是指能向许多客户端同时提供数据的大型计算机。服务器一词既可以指实际的计算机，也可以指一套软件。端口监督程序是指向其他程序提供服务的程序，通常用在网络上。它接收和处理来自客户端的请求，然后将结果返回给请求的客户机。客户机和服务器可以在同一台电脑上，但它们通常是在由网络相连的不同电脑上。

从本质上说，客户机/服务器系统把应用分为两部分，一部分运行在用户的微机（客户机）上，另一部分运行在服务器上。如果用户希望访问某一个记录，可以通过客户机向服务器发送请求，服务器将定位客户机请求的记录，并将记录发往发出请求的客户机。因为这种方式不再需要将记录发到局域网上，所以具有较高的效率，并能减少信息阻塞。

图3-3是客户机/服务器的一个典型的运行过程。它包括5个主要的步骤：

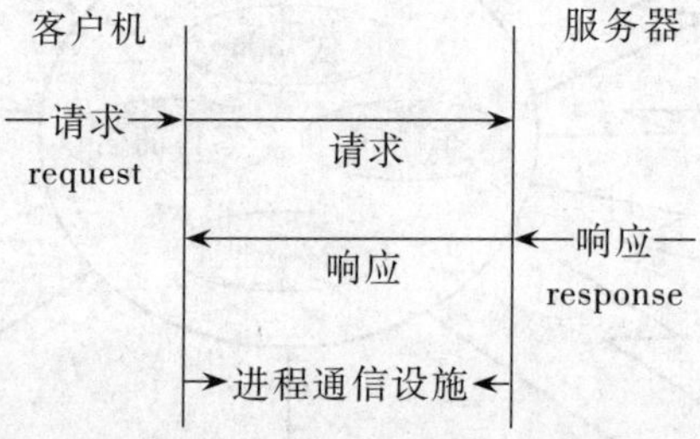

图3-3 客户机/服务器运行过程

（1）服务器监听相应的窗口的输入。

（2）客户机发出请求。

（3）服务器接收到此请求。

（4）服务器处理这个请求，并把结果返回给客户机。

（5）重复上述过程，直至完成一次会话过程。

图3-3只是客户机/服务器运行过程中的最基本的描述，事实上，不同的服务在具体运行细节方面存在很大的差异，但基本原理完全相同。

3.1.4 Internet的接入方式

Internet的接入方式有许多种类，PSTN接入、DDN接入、DSL接入、光纤接入、无线接入、ISDN接入、ATM接入、Cable Modem接入等都是可以选择的接入方法。

1.PSTN接入

公共交换电话网（Public Switched Telephone Network，PSTN）即拨号上网，是早期的互联网接入方式。利用这种方式进行数据传送，尽管速度较慢，还要占用一条电话线路，但设备简单，使用方便，故这种接入方式延续了相当长时间。

PSTN接入对于图像、大容量文件的传送并不适合。这从等待时间及长时间传送所需花费来看都可能是无法接受的。但对于一般要求不高，平均传送数据量不大的其他应用来说，是可以选择的一种通信方式。用户应根据性能、成本等综合考虑。

2.DDN接入

数字数据网（Digital Data Network，DDN），它是采用数字信道（例如光缆、数字微波和卫星信道）来传输信号的数据传输网，为用户提供全数字、全透明、高质量的网络连接和各种数据传递业务。数字数据网可用于金融业、证券业、外资机构等各种固定用户的联网通信，并为多种电信增值业务（各种专用网、可视图文系统等）及局域网间提供中继或用户数据通道，特别适用于业务量大、实时性强的数据通信用户使用。

DDN传输质量高，时延小，通信速率可以自主变化，通信容量大，方便各种局域网的联网。通过DDN接入Internet操作简便，无须拨号，开机即可直接进入Internet；稳定可靠，不会出现拨号上网中常见的线路繁忙、中途断线等现象。DDN的接入费用高。

3.DSL接入

数字用户线路（Digital Subscriber Line，DSL）技术可以分为非对称DSL（例如ADSL）和对称DSL（例如SDSL、HDSL）两种类型。

非对称数字用户线路（Asymmetric，ADSL）是通过现有的普通电话线为家庭、办公室提供宽带数据传输服务的技术，所谓的非对称是指其上下行速率不等，即高下行（下载）速率和相对较低的上行（上传）速率。它特别适用于视频节目点播，在可视会议、远程办公、远程医疗、远程教学等方面也有广泛的应用。理论上，ADSL可在5千米的范围内，在一对铜缆双绞线上提供最高1.5Mbps的上行速率和最高9Mbps的下行速率（也就是我们通常说的带宽），能同时提供语音和数据业务。

由于利用了现有的电话线系统，因而DSL方式接入Internet要比DDN成本低许多，而且DSL总是处于“联机状态”，即用户在收发E-mail或上网浏览的时候不需要拨号。DSL的主要特点有：

（1）传输速度快。DSL技术能够利用现有的电话线传输可达每秒9Mbps比特的速率，速度比拨号调制解调方式和ISDN快得多。

（2）多个设备共享一条线路。ADSL采用频分复用技术，数据和语音分别走在不同的通道上，可以边上网边打电话。

（3）使用方便。ADSL技术能够充分利用现有公共交换电话网（Public Switched Telephone Network，PSTN），只须在线路两端加装ADSL设备即可为用户提供高宽带服务，无须重新布线，从而可极大地降低服务成本。同时ADSL用户独享带宽，线路专用，不受用户增加的影响。它除了在用户端添加ADSL Modem和一个分离器之外，其他的一切都无须改动。

4.光纤接入

光纤接入是指局端与用户之间完全以光纤作为传输媒体。光纤接入可以分为有源光接入和无源光接入。光纤用户网的主要技术是光波传输技术。光纤传输的复用技术发展相当快，多数已处于实用化阶段。复用技术用得最多的有时分复用（TDM）、波分复用（WDM）、频分复用（FDM）、码分复用（CDM）等。根据光纤深入用户的程度，可将光纤接入网分为FTTC（光纤到路边）、FTTZ（光纤到小区）、FTTB（光纤到大楼）、FTTO（光纤到办公室）和FTTH（光纤到户），它们统称为FTTx。光纤通信不同于有线电通信，不是利用金属媒体传输电信号，光纤通信是利用透明的光纤传输光波。光纤是宽带网络中多种传输媒介中最理想的一种，它的特点是传输容量大、传输质量好、损耗小、中继距离长等。

据第46次《中国互联网络发展状况统计报告》统计，截至2020年6月，我国光纤接入（FTTH/O）用户规模达4.34亿户，占固定互联网宽带接入用户总数的93.2%，占比较2019年年底提升0.3个百分点（如图3-4所示）。

图3-4 光纤宽带用户规模及占比

5.无线接入

无线接入是指通过无线介质将用户终端与网络节点连接起来，以实现用户与网络间的信息传递。无线接入技术与有线接入技术的一个重要区别在于可以向用户提供移动接入业务。在通信网中，无线接入系统的定位是本地通信网的一部分，是本地有线通信网的延伸、补充。它包括移动式无线接入和固定式无线接入（Fixed Wireless Access，FWA）。移动式无线接入是一种用户终端在较大范围内移动的接入技术；固定式无线接入是一种能把从有线方式传送来的信息用无线方式传送到固定用户终端或实现相反传送的接入技术。无线接入技术能够使无线网络与有线公共网完全互联，具有应用灵活、安装快捷的特点，适用于移动工作人群和广大农村、山区用户。目前，随着移动智能终端设备的普及，无线接入技术成为网络接入技术的一个新领域，受到各国的普遍重视。

6.其他接入方式

ISDN接入：综合业务数字网（Integrated Service Digital Network，ISDN），是以综合数字电话网（IDN）为基础发展而成的，能提供端到端的数字链接。它除了提供电话业务外，还能够将传真、数据、图像等多种业务在同一个网络中传送和处理，并通过现有的电话线提供给用户，它可以在一条电话线上连接8部相同或不同的通信终端，并能使2部终端同时使用。

ATM接入：异步传输模式（Asynchronous Transfer Mode，ATM），是国际电信联盟ITU-T制定的标准。在这一模式中，信息被组织成信元，因包含来自某用户信息的各个信元不需要周期性出现，这种传输模式是异步的。在ATM中语音、数据等所有的数字信息都要经过切割，封装成统一格式的信元在网中传递，并在接收端恢复成所需格式。由于ATM技术简化了交换过程，去除了不必要的数据校验，采用易于处理的固定信元格式，所以ATM交换速率大大高于传统的数据网。

Cable Modem接入：Cable是有线电视网络，Modem是调制解调器，电缆调制解调器（Cable Modem，CM），是指利用有线电视网接入Internet的联网方式。Cable Modem是串接在用户家的有线电视电缆插座和上网设备之间的，通过有线电视网络与之相连的另一端是有线电视台。目前，我国有线电视网遍布全国，很多城市提供Cable Modem接入Internet方式，速率可以达到10MBit/S以上，但是Cable Modem的工作方式是共享带宽的，所以有可能在某个时间段出现速率下降的情况。

小资料

第五代移动通信技术（5th Generation Mobile Networks或5th generation wireless systems、5th-Generation，简称5G或5G技术）是最新一代蜂窝移动通信技术，也是4G（LTE-A、WiMax）、3G（UMTS、LTE）和2G（GSM）系统的延伸。5G的性能目标是高数据速率、减少延迟、节省能源、降低成本、提高系统容量和大规模设备连接。Release-15中的5G规范的第一阶段是为了适应早期的商业部署。Release-16的第二阶段于2020年4月完成，作为IMT-2020技术的候选提交给国际电信联盟（ITU）。ITU IMT-2020规范要求速度高达20 Gbit/s，可以实现宽信道带宽和大容量MIMO。

2019年10月31日，我国三大运营商公布5G商用套餐，并于11月1日正式上线。

拓展阅读

我国5G用户已超过1亿！新基建将支撑数字化转型

记者9月23日获悉，中国工程院院士张平在“2020中国数字生态大会”上披露，我国5G用户已超过1亿，领跑全球，到2020年年底我国5G基站将达到80万个。在会上，“2020中国数字生态500强”榜单同时出炉。

中国工程院院士张平在会上表示，如今5G新基建正在催生各种新生态。对于新基建，张平认为，其包括了5G、物联网、工业互联网、人工智能、云计算、区块链等领域，而新基建将支撑起我国相关各行业的数字化转型等进程。

他认为，伴随着新基建的推进，我国也将产生各种新模态和新业态。例如伴随5G的建设，到2025年我国新增的工业物联网连接数将达到10亿个。

5G与之前所有通信技术不同之处就是增加了物与物的连接。张平进一步解释，伴随着我国进入5G时代，大家已经走向了人与物、物与物均能进行通信的时代。他表示，在2021年5G的R17新标准出现后，5G时代也将往更智能化的方向发展。

对于5G的部署，张平表示，目前有43个国家的88个运营商都开通了5G基站，到2020年年底全球5G商用网络将达到180张。他透露，目前全球5G用户约有1.6亿，而我国占了绝对多数，已经达到了1个亿，这也是我国在5G发展方面取得的巨大成绩。

在5G基站建设方面我国同样也走在了全球前列。张平透露，目前全球5G基站约有80万个，我国已经超过了54万个。到2020年年底全球5G基站将达到150万个，而届时我国5G基站将达到80万个，这对国内消费互联网的建设以及各种产业生态来说是个利好消息。不过他也表示，期待国内今后能在5G相关产业中涌现更多的杀手级应用。

在会上，BP商业伙伴创始人兼总裁国秀娟揭晓了“2020中国数字生态500强”。她表示，“中国数字生态500强”正是我国相关产业生态的主力军和脊梁。

记者注意到，500强企业包括了阿里云、浪潮电子、用友网络、金蝶软件、四川长虹、神州数码、方正数码、航天信息等行业领军企业。

资料来源 赵鹏. 我国5G用户已超过1亿！新基建将支撑数字化转型［EB/OL］.［2020-09-23］. https：//tech.bjd.com.cn/2020/09/23/6416t133.html.

3.2 常用的Internet服务

Internet所提供的网络信息服务基本上可以分为3类：固定信息服务，包括电子邮件（E-mail）、新闻组（Newsgroup）和文件传输（FTP）服务；在线实时通信，包括远程登录（Telnet）、网上聊天室、在线交谈、多人在线实时交谈系统（IRC）和视频会议（Cu-SeeMe）、网络电话；检索服务，包括万维网（WWW）、使用者查询（Finger）等。

3.2.1 电子邮件（E-mail）

电子邮件（Electronic Mail）亦称E-mail。它是用户或用户组之间通过计算机网络收发信息的服务。目前电子邮件已成为网络用户之间快速、简便、可靠且成本低廉的现代通信手段，也是Internet上使用最广泛、最受欢迎的服务之一。

1.电子邮件的工作原理

电子邮件来源于专有电子邮件系统，它是从一台计算机终端向另一计算机终端传送文本信息的相对简单的方法而发展起来的。现已经演变成为一个功能颇多的系统，可以传送文档、声音、图片等各种信息。电子邮件以其快速、高效、方便、廉价等特点成为许多商家、组织和个人用户的常用服务。

E-mail系统由E-mail客户软件、E-mail服务器和通信协议三部分组成。

E-mail客户软件也称用户代理（User Agent），是用户用来收发和管理电子函件的工具。这种软件根据UNIX、Windows等操作系统不同可分为很多种类。

E-mail服务器主要充当“邮局”的角色，它除了为用户提供电子函件箱外，还承担着信件的投递业务。当用户与E-mail服务器联机进入自己的电子函件箱并发送一个电子函件后，E-mail服务器将按收信人地址选择适当的路径把用户电子函件箱里的信件发送给网络中的下一个节点。通过网络若干中间节点的“存储-转发”式的传递，最终把信件投递到目的地，即收信人的电子函件箱里。当收信人联机进入自己电子函件箱时，就可以查阅到该信件了。

E-mail服务器主要采用简单邮件传输协议（Simple Mail Transfer Protocol，SMTP）来传送电子函件。SMTP协议描述了电子函件的信息格式及其传递处理方法，以保证被传送的电子函件能够正确地寻址和可靠地传输。和SMTP同时出现的，还有邮局通信协议（Post Office Protocol，POP），常用的POP3是这个通信协议的第3个版本。SMTP负责将使用者所撰写的E-mail送到电子信件邮局中，而POP则负责从邮局中接收信件。一般来说，POP和SMTP邮件服务器都是设定在同一部邮件主机上。图3-5显示了电子邮件收发的基本过程。

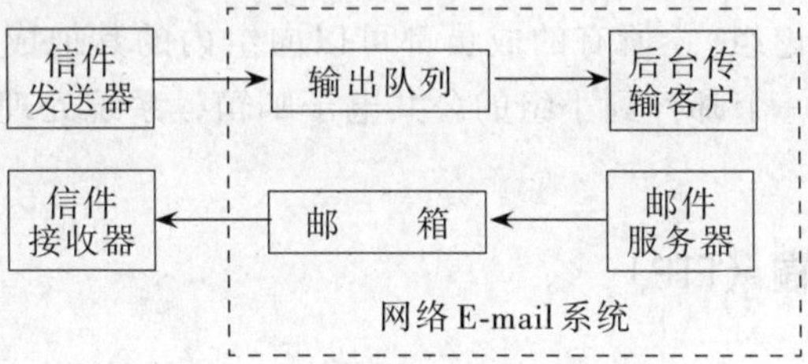

图3-5　电子邮件收发的基本过程

2.电子邮件地址格式

要发送和接收电子邮件，首先需要有一个电子邮件地址。电子邮件地址由三个部分组成：用户名、“@”符号和用户所连接的主机地址。如在yourname@host.com中，“your name”是用户名，“host.com”是用户所连接的主机地址。

3.电子邮件的格式

一份电子邮件由两部分组成：邮件头（Mail Header）和邮件体（Mail Body）。邮件头包含同发信者和接收者有关的信息，如发出地点和接收地点的网络地址、计算机系统中的用户名、信件的发出时间与接收时间，以及邮件传送过程中经过的路径等。邮件体是信件本身的具体内容。图3-6是电子邮件格式的一个简单例子。

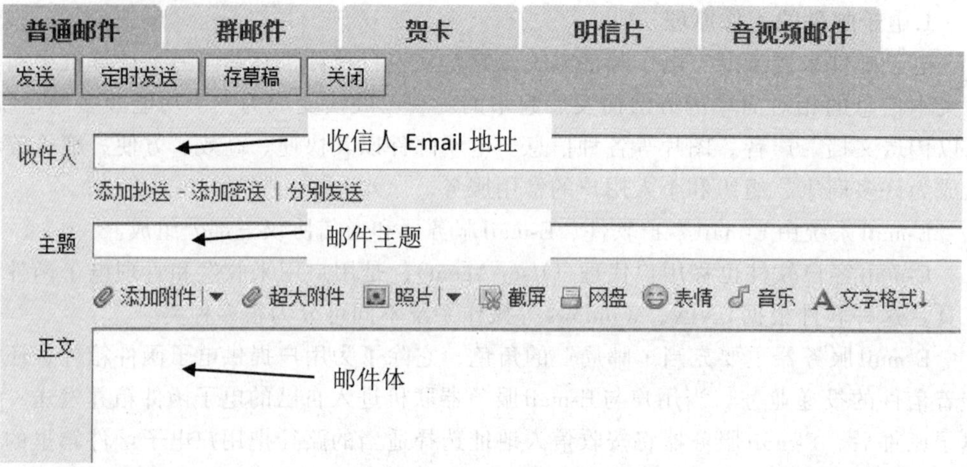

图 3-6 电子邮件格式

4.邮件列表

邮件列表（Mailing List）是Internet上最早的社区形式之一，用于各种群体之间的信息交流和信息发布。早期的邮件列表是一个小组成员通过电子邮件讨论某一特定话题，一般通称为讨论组。随着Internet的发展，讨论组很快就演变出另一种形式，即有管理者管制的讨论组——也就是现在通常所说的邮件列表。在电子商务中，邮件列表广泛应用于网络营销。

邮件列表有两种基本形式：

（1）公告型（邮件列表）：通常由一个管理者向小组中的所有成员发送信息，如电子杂志、新闻邮件等。

（2）讨论型（讨论组）：所有的成员都可以向组内的其他成员发送信息，其操作过程简单来说就是发一个邮件到小组的公共电子邮箱，系统处理后，将这封邮件分发给组内所有成员。

3.2.2 文件传输（FTP）

1.FTP工作原理

FTP（File Transfer Protocol）是文件传送协议的简称，它是在Internet上传送文件的一个重要协议。FTP是Internet中广为使用的一种服务，这种服务主要用于两个主机之间的文件传输：用户可以把远程主机上的文件下载到自己的主机上，也可以把文件上传到远程主机上。目前，个人用户常常利用FTP服务从Internet上下载各种学习资料、软件、电影、音乐等。

FTP的一个重要任务就是要减少或者消除不同操作系统下文件的不兼容性质。因为客户机和服务器（远程主机）可能是完全不同类型的计算机，更可能使用完全不同的操作系统，那么它们的文件类型（编码形式、组织形式等）就可能或多或少存在差别。如果不能消除这些差别，文件传输到客户机时，客户机的操作系统也不能正确识别这种文件，展现在用户面前的将是一堆乱码或者是不能执行的程序。如果执行过程中产生不可预料的后果，情况就会更严重。所以，消除文件的不兼容性是至关重要的。FTP能对客户机和服务器的操作系统进行鉴别，依照协议的规定对数据文件进行相应的转换。FTP传输的文件类型可以分为文本文件和二进制文件两种。一般情况下，为了保证传输的正确性，文件都以二进制形式进行传输。

2.FTP的基本功能

（1）沟通功能。FTP是用来“沟通”彼此陌生的计算机的。完成这种沟通需要双方的共同努力，一方被称作FTP服务器，另一方就是访问服务器的计算机（称为客户端，通常是多台）。根据对FTP程序控制方式的不同，FTP工具可以分为两类：与系统集成的客户端程序和非集成的客户端程序。典型的非集成客户端程序使用的是三窗口界面，分别显示本地文件、远程文件系统和辅助信息（如服务器日志文件）；集成客户端程序模仿的是Windows资源管理器的界面，支持拖放功能，有右击弹出式菜单，以及其他一些Windows功能（如图3-7所示）。

图3-7　CuteFTP 9.0界面

（2）匿名FTP服务。FTP把用户分成两种类型，第一种是特许型，第二种是匿名型。特许型用户在文件传输服务器上有自己的账号（需要交纳费用），可以得到充分的服务（包括向服务器“上传”文件）。匿名FTP服务时，所有的用户使用统一的一个用户名：anonymous，用户的口令可以是任意的（通常使用用户名或者电子邮件地址）。使用匿名服务是免费的，但是必定具有某些限制。例如，在一般情况下，用户不能向服务器“上传”文件，除非得到系统管理员的批准。有些远程主机对于匿名服务所提供的数量和服务空间也是有限的，每个用户不一定都能顺利得到服务。虽然匿名文件传输服务有这些局限性，但是它对用户没有那么多特别的要求，所以得到广泛的应用。大量的软件和数据文件就是通过这种方法进行发布、为用户提供免费下载的。

（3）批量文件传输：FTP在Internet上的文件传输功能，受到一些专业人士的青睐。办公过程中常常需要大量传输文本，只要文件名有一定的规律性，如有相同的文件扩展名，即可使用FTP进行批量文件传输。

3.2.3 新闻组（Usenet）

新闻组（Usenet）是一种利用网络进行专题研讨的国际论坛，是一个电子讨论组，它集中了对某一主题有共同兴趣的人发表的文章。在这里，用户可以与遍及全球的其他用户交流对某些问题的看法，分享有益的信息，为有困难的人提供帮助。新闻组按不同的讨论主题划分为不同的讨论组，讨论组的名字反映了其讨论内容。在讨论组中能找到大量与其主题有关的文章，以及对许多问题的讨论。新闻组的信息由新闻组服务器发送到世界各地，用户可以选择自己喜欢的新闻组的服务器来接收这些信息，并参与讨论。可用于访问新闻组的软件有很多，如微软的Outlook Express等。在国外，新闻组账号和上网账号、E-mail账号一起并称为三大账号，由此可见其使用的广泛程度。由于种种原因，国内的新闻组服务器数量很少，各种媒体对于新闻组介绍得也较少，用户大多局限在一些资历较深的老网民或高校校园内。如今的Usenet已成为由多个讨论组组成的一个大的集合体，包括了全世界上万种不同类型的讨论组和数以百万计的用户。每个讨论组都围绕某一特定主题开展讨论。用户在网络上几乎可以找到任何主题的新闻组。

Usenet建立了一套命名规则以便人们方便地找到他们所感兴趣的专题讨论小组。这套命名规则第一部分（名称中最左边的部分）确定专题小组所属的大类，称为顶级类别，约有10个（见表3-1）。

表3-1 讨论组中常用的一些顶级类别

biz（business）	商业类	sci（science）	科学类
comp（computer）	计算机类	soc（sociology）	社会、文化、宗教类
news	新闻类	talk	辩论类
rec（recreation）	娱乐类	misc（miscellaneous）	各式各样类
usenet	本身	alt（alternative）	可供选择的类别

其中的“alt”所讨论的内容没有其他类别那样正规。alt类别中的专题小组通常能容忍较为过火的言论，有点类似于比较激进的社会团体。

名称的第二部分（中间部分）表示顶级类别中的不同主题。例如，sci.biology表示在科学这一大类中的biology（生物学）主题。comp.os则表示计算机大类中的操作系统主题。

在大多数情况下，主题之下还进一步细分出特定的领域，构成了专题小组名称的第三部分（最右边的部分）。例如：rec.autos.driving就是在rec（娱乐）顶级类别中

autos（汽车）主题下关于driving（驾驶）的专题小组。在计算机类和科学类中，常常还有名称的第四部分。例如：comp.os.ms-windows.apps.word-proc是关于计算机操作系统下，Windows软件的字处理器的专题讨论小组。

借助于Usenet，可以发布与讨论组主题相符的通知、短评，刊登具有介绍性质的商务信息，也可以在专门的广告组中发布相关广告。

3.2.4 BBS

BBS是“Bulletin Board System”的缩写，其中文意思是“电子布告栏系统”。BBS最初是为了使计算机可以通过电话线远程传送文件和信息。以后由于用户的需求，BBS已经不再是一个简单的“电子布告栏”了，它包括了很多的服务，例如，讨论区、信件区、聊天区、文件共享区等。

讨论区中包括了各类的学术讨论区以及各类话题讨论区。在讨论区中你可以挑选自己感兴趣的话题发表文章。信件区可以收发信件。聊天区可以为你提供一个和其他人聊天的小天地。

现在许多用户更习惯使用的BBS是基于Web的BBS，用户只要连接到Internet上，直接利用浏览器就可以使用BBS，阅读其他用户的留言，发表自己的意见。

目前各类BBS的主要功能有：

（1）供用户自我选择阅读若干感兴趣的专业组和讨论组内的信息；

（2）定期检查是否有新消息发布并选择阅读；

（3）用户可在站点内发布消息或文章供他人查询；

（4）用户可就站点内其他人的消息或文章进行评论；

（5）同一站点内的用户可以进行实时对话。

3.2.5 万维网（WWW）

万维网又叫环球网（World Wide Web，WWW），是一种基于超链接（Hyperlink）的超文本（Hypertext）系统，是最为流行的信息检索服务程序。技术上定义WWW是一种广域超媒体信息检索原始规约，目的是访问海量的文档。1989年，CERN（欧洲粒子物理实验室）的科学家Tim Berners-Lee首先提出了WWW的概念。1990年，第一个WWW软件在Next计算机上实现。1992年，Marc Andrecsen等人写了NCSA MOSAIC程序，使WWW浏览器的发展日渐成熟。1994年，在Internet上传送的WWW数据首次超过FTP的数据量，并一跃成为访问Internet资源的最流行的手段。我国在1994年正式建立了Internet上第一个WWW服务器。

WWW是一种客户机/服务器模式。服务器是用于提供信息服务的Web服务器，客户机是运行在客户端的客户程序，又称为WWW浏览器。在服务器与浏览器之间通过HTTP（Hyper Text Transport Protocol）的协议进行Web网页的传输。WWW为用户提供世界范围的超文本服务。此外，WWW仍可提供传统的Internet服务，如Telnet、FTP、Gopher、Newsgroup、E-mail等。

WWW之所以能够在Internet上迅速流行主要有5个原因：

1.WWW是图形化的、超媒体的信息发布和获取系统

WWW把各种类型的信息（文本、图像、声音和影像）有机地集成起来，提供一种超媒体的、可随时随地获取和发布信息的方法，用户在获取和发布信息时，不仅可以使用文本，也可以使用图像、动画和声音。WWW最大限度地集成了视觉和听觉辅助效果来发布和获取信息，这种功能吸引了越来越多的用户使用WWW。

2.WWW与平台无关

所谓与平台无关，就是说可以通过任何类型的计算机，使用任何操作系统，使用任何显示器去访问各种基于UNIX平台或基于Windows平台的WWW，且显示的信息结果都是一样的。

3.WWW是分布式的

WWW可以把分布在全世界数以千万计的网络站点（Site）上的各种（超文本的或超媒体的）信息有机地链接起来，而每个站点只负责提供和维护它所发布的信息。在WWW中，每个网络站点，以及该站点上的每一张网页都唯一和一个地址对应，该地址称为统一资源定位器URL（Uniform Resource Locator）。例如，上海热线的URL是"http：//www.online.sh.cn"，用户只要记住这个地址，在世界上的任意与Internet相连的计算机上都可以访问到上海热线。正是通过URL，WWW才能够有机地将各种信息联系起来，从而实现WWW信息的分布化。

4.WWW是交互式的

所谓交互就是在Internet上的用户可以进行实时的联机通信。在WWW以前的许多Internet软件中也有交互功能，如远程登录、FTP等，但这些软件的交互功能还比较简单。WWW为用户提供了高性能的交互工具，如"腾讯QQ"就是一个典型的交互工具。

5.WWW是动态的

WWW上的信息是由发布它的站点维护的，因此，发布信息的人员在任何时候都可以更新它。对于某些站点，如股票行情发布站点，可以做到实时信息发布。正是由于WWW的动态性，才使其具有极高的存在价值。

从全球范围来看，目前广泛使用的浏览器产品主要有Chrome、Microsoft IE（Internet Explorer）、Firefox、Microsoft Edge等。

3.3 TCP/IP协议

3.3.1 TCP/IP的概念

TCP/IP协议构想最早是由斯坦福大学两名研究人员于1973年提出的。1982年，TCP/IP被UNIXBSD4.1系统采用。随着Unix的成功，TCP/IP逐步成为Unix网络标准协议。Internet的前身ARPANet最初使用NCP（Network Control Protocol）协议，由于TCP/IP协议具有跨平台特性，ARPANet的试验人员在经过对TCP/IP的改进以后，规定连入ARPANet的计算机也都必须采用TCP/IP协议。随着ARPANet、MILnet、NSFNet等网络融入Internet，TCP/IP协议成为Internet的标准连接协议。

TCP/IP协议是一个协议集合，它包括传输控制协议（Transport Control Protocol，TCP)、网际互联协议（Internet Protocol，IP）以及其他一些协议。

TCP协议是传输控制协议，它向应用程序提供可靠通信连接。TCP协议能够自动适应网络的各种变化，即使在Internet暂时出现堵塞的情况下，TCP也能够保证通信的可靠。TCP规定了为防止传输过程的小数据包丢失进行检错的方法，用以确保最终传送信息的正确。接入Internet中的任何一台计算机必须有一个地址，而且地址不允许重复，用以区分网上的各台计算机。在Internet上传送的任何数据的开始部分都要附上发送方和接受方的地址。

IP协议是国际网络协议，它提供了能适应各种各样网络硬件的灵活性，而对底层网络硬件几乎没有任何要求。任何一个网络只要可以从一个地点向另一地点传送二进制数据，就可以使用IP协议加入Internet。IP协议指定了要传输的信息“包”的结构，它要求计算机将要发送的信息分为若干个较短的小包，小包除包含一部分信息外，还包含被送往目的地的地址等。

TCP协议和IP协议是互补的，两者结合保证了Internet在复杂的环境中正常的运行。TCP/IP是经过精心设计的，运行效率很高。即使到现在，在计算机运行速度已比TCP/IP刚诞生时的速度提高上千倍，连接Internet的计算机大量增加，数据传输量飞速增长的情况下，TCP/IP仍能满足Internet上信息交流的需要。

尽管这两个协议可以分开使用，各自完成自己的功能，但它们是在同一时期作为一个系统来设计的，并且在功能上也是相互配合、相互补充的。也就是说，连接Internet的计算机必须同时使用这两个协议，因此在实际应用中常把这两个协议称作TCP/IP协议。

3.3.2 TCP/IP的分层结构

TCP/IP具有一个分层结构。协议的分层有利于设计者明确各层的任务和目的，保证目标计算机的第n层所收到的信息就是源主机的第n层所发出的数据。一般说来，Internet的TCP/IP协议是基于4层结构的协议，即应用层、传输层、网络层和网络访问层。因为网络访问层又可分为数据链路层和物理链路层，所以也可以说TCP/IP协议是基于5层结构的协议（如图3-8所示)。

表3-2列出了TCP/IP网络模型中每一层可以实现的功能。

3.3.3 TCP/IP协议的网络互联

各种网络之所以能互联起来，TCP/IP协议发挥了核心的作用。

互联（Internet Working）和互连（Inter Connection）在概念上不同。从网络的角度来看，互联主要指网络之间逻辑上的连接，这种连接是通过应用软件和协议体现出来的；互连则是网络之间实实在在的连接，是指连接介质间的连接。

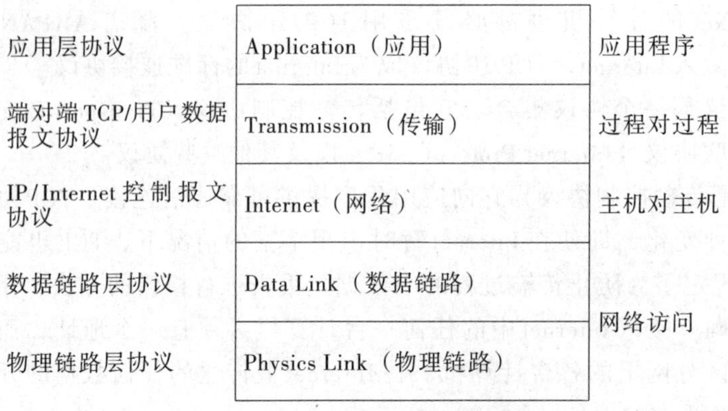

图3-8　TCP/IP的分层结构

表3-2　**TCP/IP各层功能**

TCP/IP	功能描述
应用层	由用户可访问的应用程序和网络服务组成。 Internet在用户应用程序级别上遵守的所有协议都属应用层协议，如文件传输协议（FTP）、简单邮件传输协议（SMTP）、远程连接协议（Telnet），以及WWW系统使用的超文本传输协议（HTTP）等
传输层（TCP层）	使用传输协议传输数据，将对应层传递过来的用户信息进行分段处理，然后在各段信息中加入一些附加说明，如说明各段的顺序等，保证对方收到可靠的信息
网络层（IP层）	管理数据在网络间的寻址和传递，将传输层形成的小段信息打成IP数据包，在报头中填入地址信息，然后选择好发送的路径
数据链路层	管理跨越物理网络的数据传递，解决数据的正确传送问题
物理链路层	安装网络硬件，描述物理链路参数，如信号的幅度、宽度、链路的电气和机械特性等

从TCP/IP的分层结构来看，可以很容易地理解网络互联的实质。互联就是不同协议的转换。这种协议的转换必须在相同的对应层之间实现，才能保证网络间的互联。图3-9解释了其他计算机网络协议如何与TCP/IP进行相互间的转换。

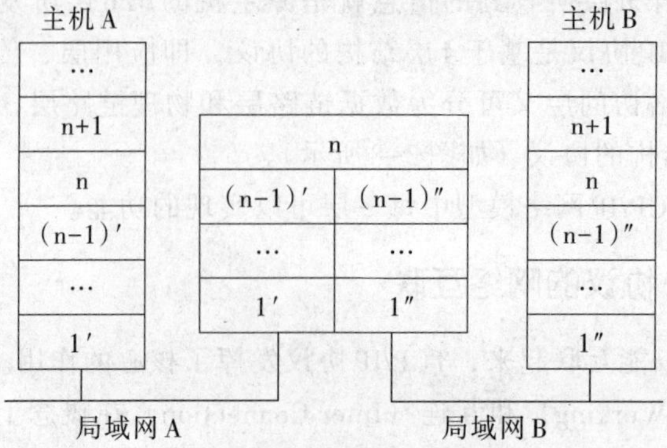

图3-9　网络协议转换

图中主机A和主机B在不同的局域网中，它们虽采用不同的协议但第n层以及上面各层的协议相同，只要在具有相同协议的第n层进行协议的转换，就能实现不同种类的网络的互联。图中执行协议转换的是网关，因此不论用户采用的是什么协议，X.25也好，以太网协议也好，只要采取措施实现协议与TCP/IP的转换，不同种类的网络就能接入Internet。

3.3.4 IP地址的应用

Internet采用了一种唯一、通用的地址格式，为Internet中的每一个网络和几乎每一台主机都分配了一个地址，这就使我们实实在在地感到它是一个整体。Internet中的地址类型有IP地址和域名地址两种。

1.IP地址（IPv4）

计算机网络间互联如图3-10所示。从图中可以看到，在层次上Internet有明显的划分。因此，IP地址在设计时就考虑到这种层次特点，将号码分隔成网络号和主机号两部分，这样便能唯一地指定每一台主机。

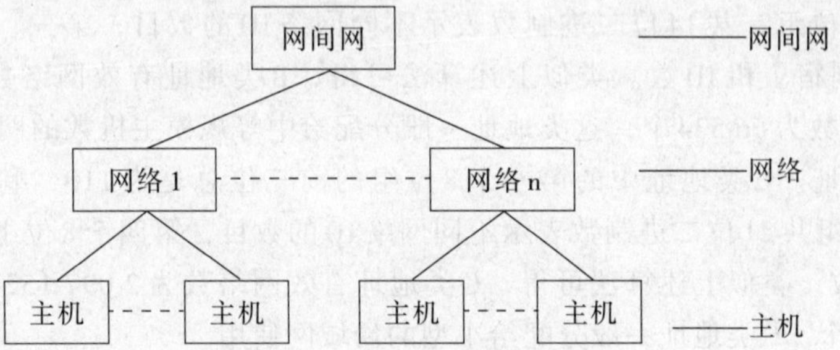

图3-10 Internet层次结构

IP地址是一个逻辑地址，用32位二进制数标识计算机网络中的每一台计算机。它可以写成4个用小数点分开的十进制数，每个十进制数表示IP地址中的8个二进制数，例如，IP地址10011000000000110001011001010100可以写成152.3.22.84。

每个IP地址由网络标识（NetID）和宿主机标识（HostID）两部分组成，分别表示每台计算机所在的网络和在该网络内的这台计算机。按照网络规模的大小，常用的IP地址分为A、B、C三类（如图3-11所示）。每类地址规定了网络ID、宿主机ID各使用哪些位，因此，也就定义了网络可能有的数目和每个网络中可能有的宿主机数。

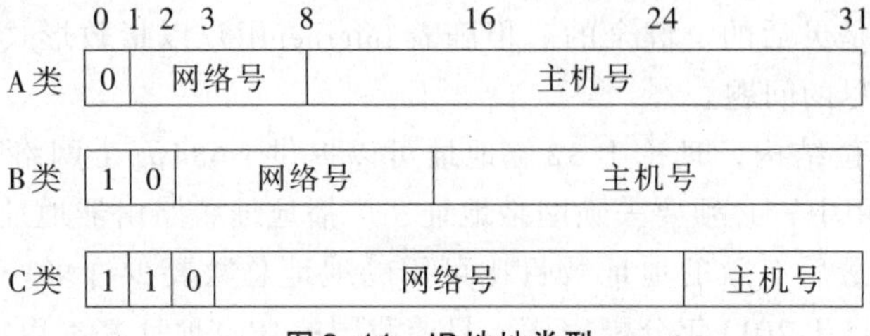

图3-11 IP地址类型

（1）在定义IP地址时，网络ID和宿主机ID应遵循以下规则：

①网络ID规则：网络ID唯一，即网络ID对Internet是唯一的；网络ID不能以十进制数127开头，在A类地址中数字127保留给诊断用；网络ID的第一个8位组不能都设置为1，即不能为十进制数255，此数字作为广播地址使用，同时网络ID的第一个8位组也不能都设置为0，全0表示无效地址。

②宿主机ID规则：宿主机ID对每个网络ID是唯一的，不管它是否连接到Internet；宿主机ID各个位不能都设置为1，全1为广播地址而不是宿主机地址ID，同时也不能各个位都设置为0，如果所有位都为0，则表示整个网络。

（2）根据上述规则，A、B、C三类地址分别定义如下：

①A类地址。A类地址中的第一个8位组高端首位总是二进制0，其余7位表示网络ID号，除去全0、全1外，其网络ID有效值范围为001～126。第二、三、四个8位组，共24位用于宿主机ID。所以，A类地址有效网络数为126个，每个网络主机数为16 777 214个（除去宿主机ID为全0及全1外）。这类地址一般分配给具有大量主机的网络使用。

②B类地址。B类地址中的第一个8位组高端前两位总是为二进制10，剩下的6位和第二个8位组，共14位二进制数表示不同网络ID的数目，第三、四个8位组共16位表示不同宿主机ID数。类似上述算法可得，B类地址有效网络数为16 384个，每个网络主机数为66 534个，这类地址一般分配给中等规模主机数的网络使用。

③C类地址。C类地址中的第一个8位组的前三位总是为110，剩下的5位和第二、三个8位组共21位二进制数表示不同网络ID的数目，第四个8位组共8位表示不同宿主机ID数。类似上述算法可得，C类地址有效网络数为2 097 152个，每个网络主机数为254个。C类地址一般分配给小型的局域网使用。

在读和写IP地址时，将32位分为4个字节，每个字节转换成十进制，字节之间用"."来分隔。例如，北京电报局的Internet主机的IP地址为：202.96.0.97。IP地址的这种表示法叫作"点分十进制表示法"，显然这比全是1.0容易记忆。

2.IPv6——新一代IP地址

我们现在所使用的IP协议是在20世纪70年代为ARPANet设计的，后来用于Internet又作了明文规定。由于IP数据报格式中的第一个域（版本域）为4，所以称之为IP第四版或IPv4。IPv4为TCP/IP协议系统和整个Internet提供了基本的通信机制，它从70年代末被采用以来，几乎没有太大的变动，这种长久性正说明了整个TCP/IP协议系统的设计是灵活的、健全的。但随着Internet用户以指数形式增长，IPv4遇到了IP地址空间耗尽的问题。

IPv4采用32位结构，理论上32位地址可以提供1 684万个网络，42亿台主机地址，但在实际使用中，必须要去除网络地址、广播地址、路由器地址、保留地址和子网的额外占用，最后有效的地址数目比可用的地址总数要少许多。目前，全球IPv4版本的IP地址也已于2011年分配完毕，目前我国的IPv4地址基本稳定在3.3亿个。中国IPv4地址资源变化情况如图3-12所示。

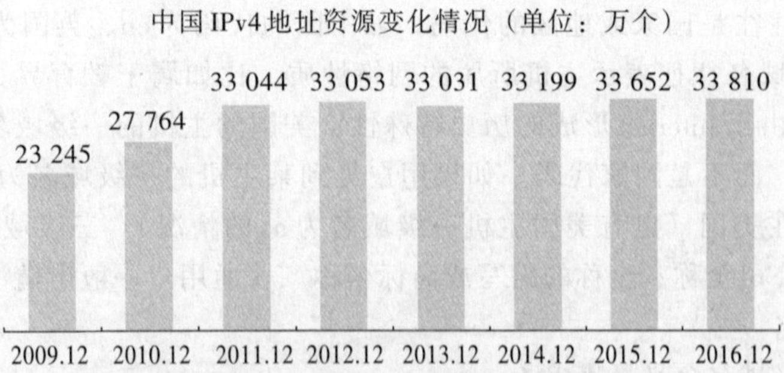

图3-12　中国IPv4地址资源变化情况

考虑到IP地址耗尽的问题，互联网工程任务组（Internet Engineering Task Force，IETF）1998年制定了新一代Internet地址标准草案——IPv6。IPv6的地址长度为128位，是IPv4地址长度的4倍，理论上地址的数量可达到2^128，有人形象称其为：可以为地球上每一粒沙分配一个IP地址。IPv6采用十六进制表示，格式为X：X：X：X：X：X：X：X，其中每个X表示地址中的16位，以十六进制表示，例如，ABCD：EF01：2345：6789：ABCD：EF01：2345：6789。在IPv6的设计过程中，地址短缺问题得到了完全解决，同时还考虑了在IPv4中解决不好的其他问题，如点到点IP连接、服务质量、安全性、移动性、即插即用等。表3-3列出了IPv4和IPv6的主要特性比较。

表3-3　IPv4和IPv6的主要特性比较

特性	IPv4	IPv6
地址长度	32位	128位
地址空间	理论上提供43亿个网络地址，实际要少得多	非常多，可以提供2^128（约3.4×10^38）个IP地址
服务质量	无服务质量保障机制	服务质量得到很大改善
安全性	有几种方法，但复杂性高，管理复杂	内建标准的安全方法，例如虚拟专用网
移动IP	不能满足全球移动终端的需要	能够满足移动终端的需要
网络管理	网络多样，管理和升级复杂	网络一致，管理方便

3.域名地址

由于IP地址是数字型的，使用起来并不方便，于是人们又发明了另一套字符型的地址方案——域名。根据《中国互联网络域名管理办法》的定义，域名是互联网络上识别和定位计算机的层次结构式的字符标识，与该计算机的互联网协议（IP）地址相对应。

域名一般有二到三级，其通用的格式如下所示，例如，“http：//www.hbcszyxy.edu.cn/”“https：//www.163.com”。

四级域名	·	三级域名	·	二级域名	·	一级域名

一级域名往往是国家或地区的代码，如中国的代码为cn、英国为uk、澳大利亚为au等；二级域名往往表示主机所属的网络性质，比如属于教育界（edu）、政府部门（gov）等。由于Internet形成的历史特殊性，美国的主机的一级域名一般直接说明其主机的性质，而不是国家代码。如果用户见到某主机的一级域名为mil，一般可以判断这台主机在美国（也有美国主机一级域名为us的情况）。三级域名是自定义的，通常为机构、公司全称、全称的缩写或商标名称。普通用户一般申请注册二级、三级及三级以下域名。

常见的二级域名含义见表3-4。

表3-4 二级域名含义

域名	含义	域名	含义
com	商业组织	store	从事商品销售的企业
edu	教育机构	rec	强调消遣和娱乐的实体
gov	政府部门	web	与WWW特别相关的实体
mil	军事部门	info	提供信息服务的实体
net	网络支持中心	arts	强调文化和娱乐的实体
org	非营利组织	nom	个体或个人
firm	商业、公司	int	上述以外的机构

4.寻址方式

域名地址的广泛使用是因为它便于记忆，在Internet中真正寻找“被叫”时还是需要用到IP地址，因此有一种叫域名服务器（Domain Name Server，DNS）的设备，专门从事域名和IP地址之间的转换翻译工作。域名地址本身是分级结构的，所以域名服务器也是分级的。

下面举例说明Internet中的寻址过程，假设一个国外用户寻找一台叫host.com.cn的中国主机，其过程如图3-13所示。

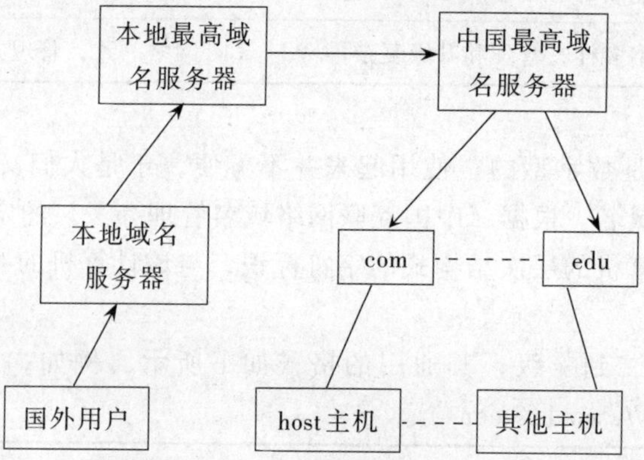

图3-13 互联网寻址过程

在图3-13中，国外“呼叫”host.com.cn，本地域名服务器受理并分析号码；由于本地域名服务器中没有中国域名资料，随即向上一级查询；本地域名服务器向本地最高域名服务器问询，本地最高域名服务器检索自己的数据库，并查到cn为中国，则指向中国的最高域名服务器；中国最高域名服务器分析号码，看到第二级域名为com，就指向com域名服务器；经com域名服务器分析，看到第三级域名是host，就指向名为host的主机。

真正要实现线路上的连接，还必须通过通信网络，因此，域名服务器分析域名地址的过程实际就是找到与域名地址相对应的IP地址的过程，找到IP地址后，路由器再通过选定的端口在电路上构成连接。可以看出，域名服务器实际上是一个数据库，它存储着一定范围内主机和网络的域名及相应的IP地址。

3.4 域名申请

3.4.1 域名的商业价值

域名地址是比IP地址更高级、更直观的形式，实际使用时人们通常采用域名地址。从技术上讲，域名只是一个Internet中用于解决地址对应问题的一种方法，是一个技术名词。但是，由于Internet已经成为世界性的网络，因而域名演变成为一个社会科学名词。

为了更便于人们认识自己，大部分企业都是用自己名称或商标来定义域名。域名虽然与公司、商标和产品名称无直接关系，但由于域名在Internet上是唯一的，一个域名注册后，其他任何企业就不能再注册相同的域名，这就使域名与商标、企业标识物有了相类似的意义，因此有人也把域名称为“网络商标”。事实上，企业在Internet上注册了域名、设立了网站，就可以被全球用户随时访问和查询，从而建立起广泛的业务联系，为自己赢得更多的商业机会。域名在商业竞争中不只是一个网络地址，还包含着企业的信誉。以企业名称或产品名称为域名的企业，一般是这一行业的佼佼者，至少在那里会有这个行业的重要信息。麦当劳不惜花费800万美元买回被别人抢注的域名，阿里巴巴公司利用法律手段极力保护自己的域名权，都说明域名具有重要的商业价值。

目前，在Internet注册域名、设立信息发布站点的热潮在世界各国方兴未艾。据第三届中文域名创新应用论坛统计，截至2018年年底，全球域名总量已经达到3.57亿个；我国域名保有量达5 030万个，居世界第二。中文顶级域名后缀数量和中文域名注册数量，都位列全球多语种域名第一位。

3.4.2 域名申请原则

域名作为企业在网络环境下商业活动的唯一标识具有独占性，与企业商标的定义相对应。域名可以定义为：“由自然人、法人申请的网站使用的互联网标识，并对提供服务或产品的品质进行承诺和提供信息交换或交易的虚拟地址。”由此可见，域名不但具有商标和识别企业组织的功能，还具有传递企业产品或服务的品质和属性的功能。

企业的商标是企业无形资产的重要组成部分，一个好的商标对于企业的形象及其产品的销售是非常重要的。同样，域名被视为企业的“网上商标”，是企业在网络世界进行商业活动的基础。所以，域名的命名与一般商标的选择一样必须审慎从事，否则与一般商标选择不妥一样会对企业的发展产生不必要的负面影响。

在确定企业电子商务网站域名的命名时，应考虑以下几个方面原则：

1.符合规范

国内的商用域名一般以“com.cn”结尾，也可以注册“.com”或“.cn”结尾的域名。大部分ISP可免费帮助用户注册域名。一般在申请域名时应注意申请符合规范的域名。例如，“www.nice.com”、“www.nice.cn”或“www.nice.com.cn”。我国部分企业的域名遭到了其他境外机构的抢注，其抢注的一般是“.com”国际顶级域名，目的是索要巨额转让费。

2.短小精悍

在已注册的以“.com”“.net”等为后缀的域名中，可以发现许多字符少并有一定字面含义的单词或者单词组合形成的域名，如“dragon.com”。也可以利用一些单词的缩写，或者在缩写字母后加上一个有意义的简单词汇，组成比较短小的域名，如“news.com”。

3.容易记忆

为了便于别人了解和记忆，除了字符数少之外，容易记忆也是很重要的一项因素。一般来说，通用的词汇容易记忆，如“business.com”。某些有特殊效果或特殊读音的域名也容易记忆，如“amazon.com”“163.com”等。

4.不容易与其他域名混淆

造成域名混淆的原因可能有以下两种情况：第一种情况是上面所说的组成一个域名的两部分使用连字符；第二种情况是后缀.com或者.net的域名分属不同所有人所有，例如，网易的“163.com”与163电子邮局的“163.net”两个域名就很容易造成混淆，许多人都分不清两者的关系。

5.与公司名称、商标或核心业务相关

我们看到“ibm.com”，就会联想到这是IBM公司的域名，看到“travel.com”或“auctions.com”的域名就会想到分别是在线旅游或者拍卖网站，这无疑是一笔巨大的财富，难怪一些特殊的域名可以卖到数百万美元。也正因如此，一些企业的著名商标被别人作为域名注册之后，要花很大代价来解决。

6.尽量避免文化冲突

一个正规的公司如果用“希特勒”（Hit1er.com）作为域名显然不合适。2000年，最大的中文网站新浪网的域名“sina.com.cn”也受到质疑，甚至被要求改名，其原因在于“SINA”在日语中和“支那”的发音相同，而“支那”是日本右翼对中国的蔑称，因此，新浪网的域名引起了一些在日本的华人的不满，一度吵得沸沸扬扬。虽然新浪网最终没有因此改名，但是，应该引以为戒，在选择域名时应该尽量避免可能引起的文化冲突。

3.4.3　域名应用策略

正确注册域名无疑是进行电子商务活动的开始，但是，如何注册和安排域名站点却是一个难题。我们不妨从各种不同的域名应用安排中分析其决策的利弊。

1.分散域名策略

当一个生产规模大、产品多样化的公司的某种产品具有非常独特的个性，并拥有了相对较大规模市场忠诚度的时候，必须有分散域名。同一公司生产的商品，不一定都能得到市场的统一认可，所以把某一个商品独立出来的时候，这个域名所代表的品牌站点可以很快被消费者找到。一般来说，消费者并不一定都知道这个品牌是哪个公司的，而且往往他们也并不关心。例如，很多人知道全球搜索巨头Google（谷歌），可是要他们马上说出其公司的名称时却大多说错。还有，一些公司生产不同品牌商品是为了满足不同的消费喜好，不可能所有的人都同时喜欢同一公司所生产的所有商品。例如，宝洁公司的洗发水有飘柔、海飞丝、潘婷等不同品牌。如果有人喜欢飘柔而讨厌海飞丝，那么如果他在查看飘柔主页的时候却必须浏览海飞丝的广告，这未免让他不高兴。所以，产品多样化或者产品个性强时，公司必须为某些品牌独立注册域名，以培养、尊重和强化消费者的消费忠诚度。而且，如果公司旗下某一独立品牌商品出现信誉危机，对其他品牌的信誉和知名度就不会造成妨碍。

分散域名也有弊端。最明显的就是网站建设强度增大，管理力度分散，从而造成网站建设与维护成本增加，而且，在某种程度上来说影响了公司的整体形象。所以，要采取分散域名注册的决策，必须拥有三个基本要素——产品的多样化、独特个性的品牌、特定市场的消费忠诚度——中的至少两个。

作为信息服务企业来说，分设分散域名必须慎重。因为网站的知名度就是网站的价值所在，除非网站内有不同路线的并行服务（比如提供内容服务的同时也搞网络销售），否则，单一域名所凝聚的品牌价值比分散域名的网站知名度的简单相加还要高。例如Yahoo，它的服务其实是很多样的，涉及搜索、网络社区服务、电子商务、金融信息、新闻等，但是，它始终只使用一个域名“Yahoo.com”。

从消费心理来看，一个品牌一开始必须不断强化，而不是淡化。只有强化到某种程度之后，才可以根据产品和市场的细分来分散域名管理。也就是说，以网络为商业目的的网站，一开始最好不要采用分散域名的方法。除非是刚开始进入市场时准备了大量资金，足够在网络上进行大量的试错实验。那么，就不妨用分散域名的方法来分散风险和试探市场需求和接受能力。

2.单一域名策略

把产品以目录的形式放在同一个域名之下是目前企业采用最多的域名运用决策。这样的网站首页一般不是很好看，可是很有效，容易吸引人，能唤起人们定期浏览的欲望。

单一域名策略最大的好处是使公司有很强的整体感，容易以公司整体的信誉去推动产品的市场占有率。在单一域名下，不用考虑不同定位和不同风格的主页制作，可以节省站点建设开支，既便于管理，也便于统一推广和宣传。这就是企业大都采用单一域名策略的原因。

单一域名策略的缺点在于缺乏个性，难以强调某一独立品牌，难以细分不同层次的市场。而且，当公司的某一品牌商品在市场上搞砸了之后，网站上的其他产品会因为这个产品的坏名声而受到牵连。在营销策划中免不了炒作的行为，而炒作是一项高风险的决策，一旦操作不慎，不但知名度难以得到提高，反而会使以前辛苦打下的市场份额丢掉。作为分散域名的网站管理者，利用炒作来提升其中一个品牌是可以的，但是利用单一域名的企业在进行市场炒作的时候就必须再三衡量得失了，不到万不得已还是采取稳健的市场推进计划为好。

在决策适应面上，如果企业都采取单一域名策略，难以达到出奇制胜的目的。而且如果企业最终产品是多个企业完成的话，会在统一风格和整体规划方面造成混乱。所以，单一域名策略较适合稳步发展的企业、较长市场历史的企业和单一实体的企业。但是，任何刚开始进入网络市场的企业，网站建设初期应围绕单一域名来进行，一是快速充实内容、集中宣传效应；二是适应市场需求，试探消费反应。

3.三级域名策略

企业域名的一般形式为："品牌名.企业名.com"，即所谓的"三级域名"。从技术层面讲，这样使用域名的成本很低。"三级域名"最适合于公司推出新产品时使用，既可以借助公司信誉推动新产品的市场推广，又可以表示产品的特殊性，以试探市场反应，然后再确定是否应该把产品品牌独立出去。

就消费者接受心理方面而言，采用三级域名对消费者的记忆要求高，既要求消费者知道企业名称，又必须知道产品名称。如果用的是目录结构（企业名.com/产品名），那么消费者一般只需记忆企业名。

如何运用域名是一个不容忽视的问题。一个企业为了死守一个域名而长期困扰在官司中固然是不明智的，而忽视域名或者胡乱使用域名却也表现出企业对形象系统的无知。在确定了一个网站品牌之后，如何运用域名已经成为一个企业资源运用的重要问题了。

3.4.4 域名的申请、变更与注销

1.获得IP地址

Internet的IP地址和自治系统（Autonomous System，AS）号码分配是分级进行的。IANA（Internet Assigned Numbers Authority）是负责全球Internet上的IP地址编号分配的机构。按照IANA的需要，将部分IP地址分配给地区级的Internet注册机构IR（Internet Registry），地区级的IR负责该地区的登记注册服务。全球分三个地区级的IR：ARIN、RIPE、APNIC。

ARIN负责北美地区业务，RIPE负责欧洲地区业务，亚太地区国家的IP地址分配

由APNIC管理。中国互联网络信息中心（China Internet Network Information Center，CNNIC）1997年1月以国家NIC的身份成为APNIC的联盟会员，并成立了CNNIC分配联盟。我国的网络服务提供商（ISP）和网络用户可以通过CNNIC获得IP地址。

2.中国Internet域名体系

（1）中国互联网络域名体系。1997年4月我国正式发布了中国互联网络域名体系。2002年11月22日信息产业部发布《中华人民共和国信息产业部关于中国互联网络域名体系的公告》，对原有的域名体系进行了修改和规范。互联网络域名体系中各级域名可以由字母（A～Z，a～z，大小写等价）、数字（0～9）、连接符（-）或汉字组成，各级域名之间用实点（.）连接，中文域名的各级域名之间用实点或中文句号（。）连接。顶级域名CN之下，预先设置"类别域名"和"行政区域名"两类英文二级域名。"类别域名"6个，说明域名持有者的属性（见表3-5）；"行政区域名"34个，适用于我国的各省、自治区、直辖市、特别行政区的组织（见表3-6）。

表3-5　**我国的类别域名**

域名	意义
ac	适用于科研机构
com	适用于工、商、金融等企业
edu	适用于教育机构
gov	适用于政府部门
net	适用于Internet网、接入网络的信息中心（NIC）和运行中心（NOC）
org	适用于各种非营利组织

表3-6　**我国的行政区域名**

域名	行政区	域名	行政区	域名	行政区	域名	行政区	域名	行政区
bj	北京市	sh	上海市	tj	天津市	cq	重庆市	he	河北省
sx	山西省	nm	内蒙古自治区	ln	辽宁省	jl	吉林省	hl	黑龙江省
js	江苏省	zj	浙江省	ah	安徽省	fj	福建省	jx	江西省
sd	山东省	ha	河南省	hb	湖北省	hn	湖南省	gd	广东省
gx	广西壮族自治区	hi	海南省	sc	四川省	gz	贵州省	yn	云南省
xz	西藏自治区	sn	陕西省	gs	甘肃省	qh	青海省	nx	宁夏回族自治区
xj	新疆维吾尔自治区	tw	台湾	hk	香港	mo	澳门		

在顶级域名下可以直接申请注册二级域名。也就是说，企事业单位用户可以直接在".cn"下注册二级域名。例如，原来的http：//www.abc.com.cn如果注册二级域名

成功，将被简化成http：//www.abc.cn。这是我国自1990年注册CN域名以来域名体系的一次重大变革。它使我国的域名长度大大缩短，记忆起来更加容易。

（2）中文域名体系。中文域名是含有中文文字的域名，是中国域名体系的重要组成部分。为积极推进中文网络信息资源的开发，加快中文域名的应用，CNNIC中文域名系统于2001年正式提供注册服务。

CNNIC中文域名体系具有以下特点：

①高度兼容。这一系统可以同时提供中英文混合域名（如“中文域名.cn”）与纯中文域名（如“中文域名.公司”）两种方案，而且可以使之与现有的域名系统高度兼容。

②繁简转换，两岸互通。该系统支持简繁体的完全互通解析。例如，一个大陆用户想访问台湾地区的“宏碁電腦公司”，他只需键入大陆用户熟悉的简体汉字就可以了；而一位台湾地区用户想访问大陆的“清华大学”网站，他也同样只需键入繁体的“清華大學”就可以了。

③兼顾多种标准，符合国际趋势。从体系上，中文域名体系完全与国际中文域名技术发展趋势保持一致，提供通用一致的服务器端平台。选用的编码格式兼顾了国际标准、国家标准和行业标准。

④使用方便，适用面广。在使用“中文域名.cn”时，用户可以不必安装客户端程序，用户所使用的ISP服务器也不用做任何的修改。如果用户要使用“中文域名.中国”的访问，也可以不必安装客户端程序，只要为用户提供服务的ISP做相应的改动，或者用户改变自己操作系统的DNS配置，或使用CNNIC的服务器。该系统还提供了解决防火墙限制的办法。图3-14是使用中文域名体系所需要的配置。

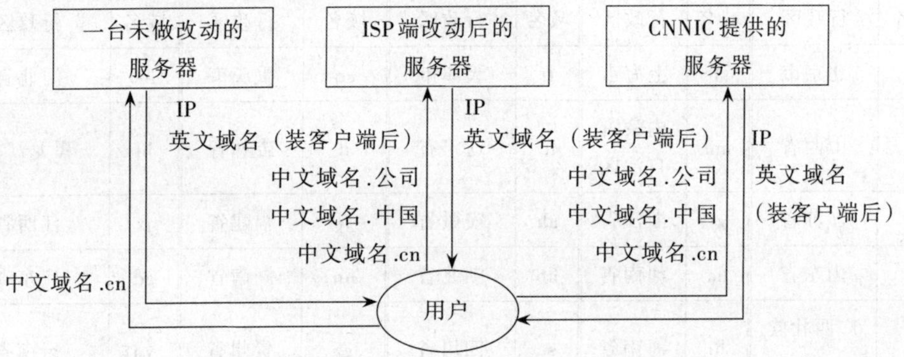

图3-14 使用中文域名体系所需要的配置

3.中国域名注册

（1）在中国注册英文域名。在中国国内进行英文域名注册的步骤如下：

①首先寻找一个合格的域名注册服务提供商，申请者可以在线提交域名注册申请，域名注册服务提供商会对申请者填写的内容进行在线检查。

②检查申请者申请的域名是否已经注册，如果没有其他单位注册或预注册申请者申请的域名，须对域名“购买年限”和域名“所有者类型”进行选择。如果注册人为

企业，还需提供一系列文件：申请表（盖章）、申请单位营业执照复印件（或法人证明复印件）、承办人身份证复印件等。

③注册材料的审核，如果通过，申请者就会收到“域名已可以使用”的通知。

④交纳域名注册费用（由申请者完成）。申请者收到使用通知后，应交纳域名注册费用。域名注册服务提供商将为申请者开通域名。如果申请者未及时交纳域名注册费用，20天后发出暂停通知；30天后再次发出暂停通知；60天后发出撤销通知。

⑤域名成功开通，申请者可以正常使用域名，并将域名与IP地址进行有效绑定。至此，申请者的域名注册全部完成。

（2）在中国注册中文域名。CNNIC中文域名的注册与一般域名注册类似，所有申请完全可以在网上实现。

用户在注册系统提示下可以同时注册带有CN的中文域名和纯中文域名。例如，可以同时注册“中文域名.cn”和“中文域名.中国”。其中注册“.中国”的用户将自动获得“.cn”的中文域名，如：注册“清华大学.中国”，将自动获得“清华大学.cn”。

客户可以同时注册简体中文域名和繁体中文域名。这样注册后，用户既可以用中文简体访问网站，也可以用中文繁体访问网站，注册系统同时支持GB（GBK）、BIG5、UTF8在华人地区常用的编码格式。

在中文域名注册体制中，CNNIC划分中文域名注册机构为域名系统管理者和域名注册服务商。CNNIC作为中文域名注册管理者，负责维护中文域名注册数据库，以确保互联网络的稳定运作。域名注册服务商将直接面对广大用户，依靠自己的力量和自身的优势更好地为用户提供包括中文域名的注册服务以及其他与中文域名相关的各项服务。

4.申请域名的注意事项

（1）不要注册其他公司拥有的独特商标名。如果选取其他公司独特的商标名和国际知名企业的商标名作为自己的域名，很可能会惹上官司，特别是当注册的域名是一家国际或国内著名企业的驰名商标时。因此，当企业挑选域名时，需要留心所挑选的域名是不是其他企业的注册商标名。

（2）域名的命名规则。三级域名用字母（A～Z，a～z，大小写等价）、数字（0～9）和连接符（-）组成，各级域名之间用实点（.）连接。为了保持域名的清晰性和简洁性，申请域名的单位，如无特殊原因应采用本单位名称的中文（汉语拼音）全称、英文全称、中文（汉语拼音）缩写、英文缩写或本单位持有的注册商标。域名长度不超过20个字符，只能采用字母、数字和“-”的组合。另外，当单位名称的缩写与已注册域名、行业名称、地名、二级域名、专用术语等冲突时，也将无法受理。同时，单位的域名选择，也不能违反下列规定：

①未经国家有关部门的正式批准，不得使用含有“CHINA”“CHINESE”“NATIONAL”等字样的域名；

②不得使用公众知晓的其他国家或者地区名称、外国地名、国际组织名称；

③未经各级地方政府批准，不得使用县级以上（含县级）行政区划名称的全称或者缩写；

④不得使用行业名称或者商品的通用名称；

⑤不得使用他人已在中国注册过的企业名称或者商标名称；

⑥不得使用对国家、社会或者公共利益有损害的名称；

⑦中文域名的汉字长度限制在20个字符以内，首尾不能有非法字符如：-、+、@、&等；

⑧中文域名不能是纯英文或数字域名。

正确选择域名是非常重要的。域名实际上就是接入Internet的单位在Internet上的名称。域名最好与单位的性质、单位的名称、单位的商标以及单位平时所做的宣传相一致，这样的域名容易记忆，容易查找，也能很好地反映单位的形象。

比如联想集团的域名“lenovo.com.cn”，就是一个选得很好的域名，Lenovo是联想集团的英文名称，也是联想集团的注册商标，联想集团是一家中国企业，因此它在代表中国企业的com.cn下注册了自己的三级域名。即使有人不知道这个域名，也能结合联想集团平时做的宣传猜出这个域名，然后找到联想集团的网络站点。

相反，如果一个单位的域名选得不规范，不便于人们记忆、查找，也不能很好地反映单位的形象。比如，abc.cn.net就是一个不太规范的域名：按照域名的命名规则和国际惯例来说，net下的域名是指网络服务单位，cn作为中国的国家顶级域代码应该放在最后。从这个域名上看，别人会认为这是一个可能在中国的网络服务单位。规范的域名应该是abc.com.cn，说明这是一家中国的企业。

（3）域名注册其他应注意的情况。

①外国企业或机构，要在CN的二级域名以下注册域名，必须在中国境内设有分支机构或办事处，并且其主域名服务器设在中国境内。

②已注册的域名可以变更或撤消，CNNIC有权撤销其域名，并暂停其所有注册域名运行6个月。

③中国Internet注册的域名实行年检制度，这种制度可以保证域名体系的有效性和规范化运行。

④域名申请者自己负责选定其域名。

⑤域名注册服务的原则是“先来先注册”，不受理域名预留。

5.变更域名的步骤

变更域名的步骤实际上是域名注销再注册的步骤，但注销时不退回年度运行管理费。

（1）填写并打印注销表。

（2）重新返回进行新的域名注册，获得新域名的申请表。

（3）向CNNIC递交原域名证书、域名注销表、依法登记文件复印件、新域名申请材料。

本章小结

本章介绍了实现电子商务的网络技术基础知识，包括：Internet的起源、发展、接入技术；常用的Internet服务——电子邮件、文件传输、新闻组、BBS、万维网等；TCP/IP协议的概念，IP地址的基本理论以及划分方法；域名申请的基本原则、域名的应用策略、域名的申请、变更与注销的基本方法；域名管理的规章制度。

基本训练

一、选择题（多项选择）

1.常用的IP地址（IPv4）分为（　　）三类。

A.A类　　B.B类　　C.C类

D.D类　　E.E类

2.（　　）是构成网络的硬件设备。

A.集线器　　B.路由器　　C.交换机

D.服务器　　E.操作系统

3.Internet的接入方式有（　　）。

A.ADSL　　B.无线接入　　C.光纤接入

D. DDN专线接入　　E.Cable Modem接入

二、简述题

1.WWW之所以能够在Internet上迅速流行，主要有哪几个原因？

2.域名申请原则有哪些？

3.IPv4和IPv6各有哪些特点？

三、操作题

在Windows操作系统中查看并设置计算机的IP地址。

操作步骤：

1.鼠标右键点击桌面上的“网络”图标，点击“属性”，进入到网络与共享中心，点击左侧“更改适配器设置”。右键单击“本地连接”选“属性”，选中“Internet协议版本4（TCP/IPv4）”，点击“属性”，查看并尝试修改本机的IP地址。

2.设置为自动获取方式的IP地址查看方法：在Windows桌面上点击“开始”，然后在命令输入框中输入cmd，进入命令提示符窗口，输入“ipconfig”命令，查看计算机IP地址等相关信息。

第4章 电子商务网站建设

学习目标

□知识目标：

1.熟悉电子商务网站建设的基本概念；

2.掌握电子商务网站建设的基本步骤；

3.了解电子商务网站建设的软硬件环境。

□技能目标：

1.掌握电子商务网站设计的方法；

2.能够根据企业自身情况选择网站开发形式；

3.熟悉常用的网页制作工具。

【导入案例】

亚马逊：如何从卖书起家到1.6万亿美元市值

图书是教育文化消费中的重要产品。提起图书商业化，我们会不自主想到线下书店、线上图书订购平台。但有意思的是，将图书商业最大化的公司，是一家电商公司。它是美国当下的巨头公司亚马逊。早在1994年，创始人贝索斯便离职创业，赶上了互联网热潮，1995年推出亚马逊在线图书零售网站。

在25年后的今天，这家当年的在线图书零售商，所销售的商品已经从图书垂直品类，到一切商品品类。不止于商品售卖，它还向公共设施服务进军，做物流、做技术服务商。而且，除了在图书销售方面做到了世界top1的成绩外，亚马逊在后来扩展的领域，也做出了世界顶尖的商业成绩。

某种意义上，这样的商业参与者，就像一个高维的赛手，通过更高的视角，来判断商业最大化的可能性，并因此不断实现超越：超越了传统线下书商，超越了大多数线下零售百货，还在创新的技术领域赢得卓越成果。与之相反的是，相对低维的参与者，在安稳中前行，遭遇来自高维参与者的强大势力："我毁灭你，与你有何相干。"比如在20世纪90年代，美国规模最大的一些书店，就不乏因线上图书繁荣而失去市场份额，乃至逐渐萧条败退、被收购者。

那么高维参与者亚马逊，经历了怎样的扩展历程？当下形成了怎样的版图？其中有哪些值得关注的策略？在解答这些问题过程中，希望能够给当下行业从业者、关注跨界创新、关注业务扩展的读者一些启发。

资料来源　36氪．亚马逊：如何从卖书起家到1.6万亿美元市值［EB/OL］．［2020-10-23］．https：//36kr.com/p/936810043481219.

电子商务网站是企业开展电子商务的基础设施和信息平台，开展电子商务活动必须从网站建设起步，把企业的商务需求、营销方法和网络技术很好地集成在一起。本章重点介绍了电子商务网站的总体设计思路、网站的软硬件环境建设和网站的内容建设。

4.1　电子商务网站的总体设计

对于一个网站来说，不可能包含所有的信息，面面俱到是不可能设计出一个优秀电子商务网站的。因此，在网站建设初期就应有明确的指导方针和整体规划，有确定网站的发展方向和符合本企业特点的服务项目。

4.1.1　网站建设目的确定

建设电子商务网站，必须首先确定网站建设的目的，也就是要回答为什么要建立电子商务网站。电子商务战略的制定，为电子商务网站的建设指明了方向，但具体应用目的还需要认真考虑。因为针对不同的应用目的将有不同的设计思路。

电子商务网站建设的目的一般可以分为：开展B2B交易；开展B2C交易；开展拍

卖业务；用于企业形象建设，拓展企业联系渠道；作为交易中间商，建立市场交易场所，开展中介服务；作为服务性网站；其他应用目的。

对于网站设计人员来说，通过与业务人员的沟通，确定网站建设目的是一项非常重要但又容易被忽略或轻视的工作。尤其是当专业的网站设计人员帮助企业建立网站，但设计人员又没有该企业的行业经验时，与企业的业务人员的沟通就更加重要了。

4.1.2 网站客户定位

对于电子商务网站来说，确定网站的客户群体十分重要。只有清楚地确认网站的客户群体、客户需求、客户兴趣，才可能在网站上提供客户所需要的内容和信息，留住目标客户群体。网站对客户了解得越多，网站成功的可能性就越大。

网络客户群体具有多样性，网站的设计必须与之相适应。例如，同样的B2C网站，针对青年客户的网站和针对老年客户的网站，在设计思路上有明显的区别。如果将针对青年客户的网站设计用于针对老年客户的网站，将可能导致以后销售的困难。又如网上银行，如果目标客户是个人，那么需要多提供一些个人理财、咨询、消费类的信息；如果目标客户是企业，那么可能需要提供更多金融咨询、投资顾问之类的信息。确定客户群体，也就是要创建一个客户兴趣圈，以便在目标客户中突出网站的价值。

大型企业网站必须进行客户需求分析，即在充分了解本企业客户的业务流程、所处环境、企业规模、行业状况的基础上，分析客户表面的、内在的、具有可塑性的各种需求。有了客户需求分析，企业可以了解潜在客户在需求信息量、信息源、信息内容、信息表达方式、信息反馈等方面的需求；有了客户需求分析，企业网站能够为客户提供最新、最有价值的信息，全面的客户需求分析的目的是使企业网站不仅仅只停留在浅层的信息浏览上，还应扩展网站的应用功能，使之成为宣传与实用并重的网站。

4.1.3 网站基本框架确定

确定建站目的和客户群体后，下一步工作是目标细化，构架网站内容框架，主要包括网站核心内容、主要信息、服务项目等。然后，将网站内容大纲交给上级或业务人员审核批准，形成网站设计的总体报告。在内容框架里，还应注明这些内容的信息来源，哪个部门应该提供哪方面的信息。

确定内容框架后，就可以勾画网站的结构图了。结构图有很多种，如顺序结构、网状结构、继承结构、Web结构等。网站应依据自己网站的内容反复讨论后确定。多数复杂的网站会综合应用到几种不同的结构图。画出结构图的目的，主要是便于有逻辑地组织网站和链接，同时，可以根据结构图去分配工作和任务。

4.1.4 网站盈利模式设定

一个企业要发展电子商务业务，建立自己的电子商务网站，其目的总是希望自己企业的经营通过电子商务得到更好的发展，能够获得更多的商业机会和经营利润。但是，企业在开展电子商务的起始阶段需要在各方面有较大的投入，并且在当前电子商务发展的大环境还不够完善的情况下，大部分企业在电子商务上的投入还难有产出。其主要原因是企业在发展电子商务时还很难把握网络营销的突破点和盈利点。

没有利润的网站肯定是不能长期维持下去，因此盈利模式的设定对网站来说是十分重要的。网站的经营收入目标与企业网站自身的知名度、网站的浏览量、网站的宣传力度和广告吸引力、上网者的购买行为对本网站的依赖程度等因素有十分密切的关系。因此，企业网站应该从对上述因素的分析来设定本网站的盈利模式。

我国著名的旅游网站携程旅行网主要是依靠上网者在网上进行旅游项目的预订作为网站运作和盈利的基础，在设计方案中，首先通过预订飞机票和火车票、旅游景点的客房预订以及参加旅行团这三个主导产品来获取收入；同时以会员制的方式建立网站，对旅游景点、旅行社和宾馆的网上展示和广告收费；然后逐步扩展到预订旅游景点的门票、预订餐饮以及购买旅游纪念品和旅游书籍等。因此，携程旅行网的经营有相当明确的盈利点。

4.1.5 主要业务流程设定

通过电子商务完成网上交易是一个比较复杂的技术流程，但这一复杂的流程应当尽量做到对客户透明，使客户购物操作方便，让客户感到在网上购物与在现实生活中的购物流程没有本质的差别。在很多电子商务网站中上网者都可以找到“购物车”“收银台”“会员”这样熟悉的词汇，实际上其中每一个概念的实现背后都隐藏着复杂的技术细节。但是，一个好的电子商务网站必须做到：不论购物流程在网站的内部操作多么复杂，其面对用户的界面必须是简单并且操作方便的。图4-1是一个典型的购物型网站业务流程图。

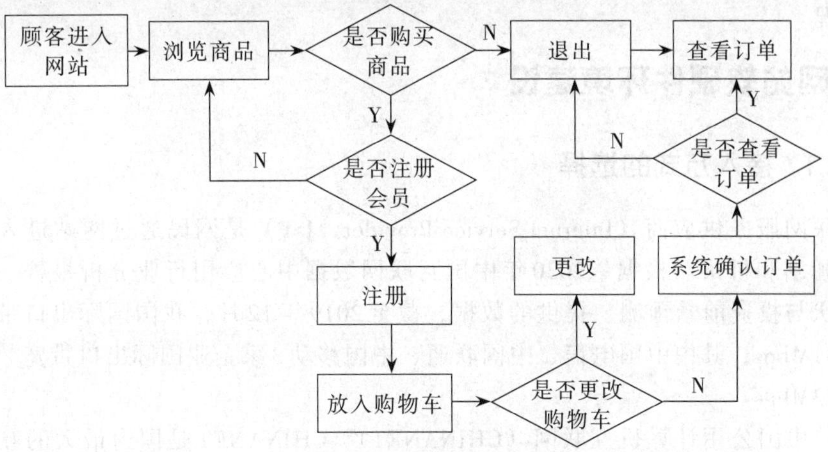

图4-1 购物型网站业务流程图

4.1.6 网站开发形式选择

电子商务网站的开发有多种可选方案，主要包括购买、外包、租借和自建。

1.购买

在目前市场开发的商业化软件包中可以找到电子商务应用所需要的标准模块。与自建相比，购买现成的软件包成本较低，开发时间短，需要的专业人员少。购买的主要缺点在于所购软件可能难以与现有的企业运作系统整合，无法满足企业全部电子商务的需求，而且所购买软件的设计已经成型，修改起来非常困难。一般来说，中小企业或个人常常选用这种方法。

2.外包

外包与购买有较多的相同之处。但外包可以在供应商开发的已有软件的基础上根据企业情况进行修改。开发商与企业进行沟通，可以将开发商的技术优势与企业电子商务的需求密切结合，大大提高了整个电子商务网站开发的成功率。

3.租借

与购买和自建相比，租借更能节省时间和开支。虽然租借来的软件包并不完全满足应用系统的要求（这和购买一样），但是大多数组织需要的常用模块通常都包括在内。在需要经常维护或者购买成本很高的情况下，租借比购买更有优势。对于无力大量投资于电子商务的中小型企业来说，租借很有吸引力。大公司也倾向于租借软件包，以便在进行大规模的电子商务投资前检验一下电子商务方案。

4.自建

自己建立电子商务网站相对于前面几种方式的主要缺点是开发时间长，网站（特别是大型网站）的运行可能出现这样或那样的问题。但是这种方式通常能更好地满足组织的具体要求。那些有资源和时间去自己开发的公司或许更喜欢采用这种方法，以获得差异化的竞争优势。然而，自己开发电子商务系统是极具挑战性的，因为无论从技术方面，还是从应用方面，将会遇到大量的新问题，同时必须考虑组织外部的使用者的情况。

4.2 网站软硬件环境建设

4.2.1 接入方式的选择

互联网服务供应商（Internet Service Provider，ISP）是网民通过网站进入互联网世界的驿站和桥梁。根据《2020年中国互联网数据中心应用行业分析报告——产业供需现状与投资前景预测》提供的数据，截至2019年12月，我国国际出口带宽数为8 827 751Mbps，其中中国电信、中国联通、中国移动3家企业国际出口带宽数合计为8 651 623Mbps。

（1）中国公用计算机互联网（CHINANET）。CHINANET是国内最大的互联网络之一，由原中国邮电电信总局于1994年投资建设，其骨干网覆盖全国，物理节点覆盖全国34个省（自治区、直辖市）的200多个城市，业务范围覆盖所有电话通达的地区。目前主要为中国电信提供网络服务。

（2）中国联通互联网（UNINET）。UNINET于2000年7月开通，采用先进的ATM和IP融合技术构建骨干网平台，可方便提供各种专线接入、IP虚拟专网（IP-VPN）等业务。网络覆盖全国2 000个县以上城市（221个本地网），国际漫游出访业务已覆盖92个国家和地区。

（3）中国移动互联网（CMNET）。CMNET由中国移动通信集团公司经营，具有国际联网单位经营权和国际通信出入口局业务经营权。除提供基本语音业务外，还提供传真、数据、IP电话、信息点播、手机银行、全球通WAP等多种增值业务。

（4）其他接入网络。中国科技网（CSTNET）。CSTNET是中国最早实现与互联网全功能互联的网络。1989年，作为世界银行贷款重点学科项目启动，1994年，其与互联网专线连接，后逐步发展为中国科学院全国性网络建设工程，主要面向科研单位、科技用户、科研管理部门提供网络服务。

中国国际经济贸易互联网（CIETNET）。CIETNET由中国国际电子商务中心组建，主要向企业用户，特别是中小企业提供网络专线接入和安全的电子商务解决方案，同时提供虚拟专网（VPN）和数据中心（Datacenter）业务。

中国教育和科研计算机网（CERNET）。CERNET于1995年年底接通，由教育部负责管理，面向全国教育和科研单位，是全国最大的公益性互联网络。其省级节点分设全国各省、自治区、直辖市的36个城市；并建立了28条国际和地区性信道。目前，全国绝大多数高等院校、部分中等专业学校和中小学都已连接该网。

4.2.2　网络服务方式的选择

1.网络服务的资源类型选择

在网络上提供资源并对这些资源进行管理的计算机叫服务器。服务器可分为WWW服务器、E-mail服务器、数据库服务器和DNS服务器等。

WWW服务器（WWW Server）通常也叫Web服务器（Web Server）。在有的资料中，Web服务器是指WWW服务器、FTP服务器和Gopher服务器的集成。例如，Windows操作系统中的IIS（Internet Information Server）实际上就包含了WWW服务器、FTP服务器、Gopher服务器。本书中约定Web服务器指WWW服务器，例如Microsoft公司的IIS。

WWW服务软件与WWW浏览器是配合使用的，WWW服务软件安装在服务器端，WWW浏览器安装在客户机端。对于客户机用户而言，可能不用知道Web服务器在什么地方，更不需知道Web服务器的原理，只需知道如何使用就可以了。

WWW服务器安装Web Server软件，用于存储和管理主页，提供WWW服务。客户机端安装WWW浏览器软件、主页制作软件、电子邮件软件等。

数据库服务器（Database Server）存储着企业的大量信息，一般的数据库经过转换都可以通过WWW形式显示。

网络操作系统主要驻留在服务器上。因此，网络服务器的性能直接影响到网络的性能。网络服务器可以是高性能的微型机、中小型机或大型主机。不管选用哪种设备，服务器都必须具备一定的通信处理能力、快速访问能力和安全容错能力。

2.网络服务的主机选择

网络站点的建设可以分为两种：一种是自己建立网站；另一种是外购整体网络服务。网络站点投资选择的主要问题是资金问题。如果一个企业规模较大，资金充足，而且需要和外界交流大量信息，自己利用独立服务器建立网站接入互联网是比较理想的选择；如果企业与外界没有太多的信息交流，资金有限，则选择整体外购网络服务比较合理。外购整体网络服务又分两种形式：虚拟主机与服务器托管。

（1）虚拟主机。虚拟主机是使用特殊的软硬件技术，把一台主机的硬盘空间分成若干份，每一个被分割的硬盘称为一台虚拟主机。虚拟主机都具有独立的域名和IP地址，但共享真实主机的CPU、RAM、操作系统、应用软件等。虚拟主机之间完全独立，在外界看来，一台虚拟主机和一台独立的主机完全一样，用户可以利用它来建立完全属于自己的WWW、FTP和E-mail服务器等。虚拟主机可以租给不同的用户。

采用虚拟主机的网站结构如图4-2所示。

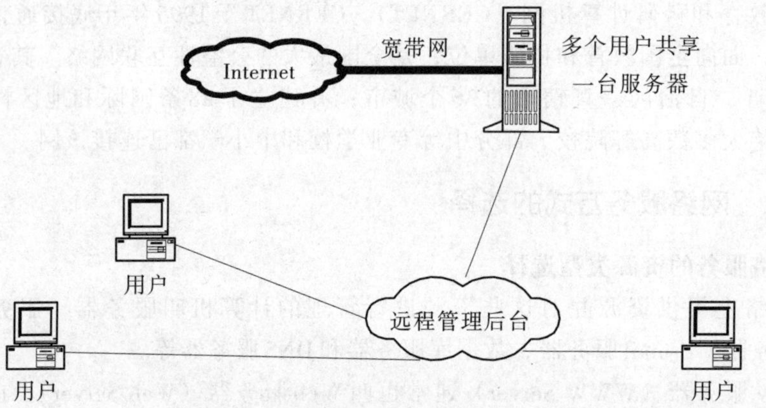

图4-2 采用虚拟主机的网络结构

采用虚拟主机技术的用户只需对自己的信息进行远程维护，而无须对硬件、操作系统及通信线路进行维护。因此虚拟主机技术可以为广大中小型企业或初次建立网站的企业节省大量人力、物力及一系列烦琐的工作，是企业发布信息较好的方式。

采用虚拟主机方式建立电子商务网站具有投资小、建立速度快、安全可靠、无须软硬件配置及投资、无须拥有技术支持等特点。

选择虚拟主机主要考虑以下几点：

①存储空间。互联网服务商必须提供存储空间，企业可根据发展的需求不断调整存储空间。

②速度。速度是企业网站的生命，选择互联网服务商时应重点考虑这个问题。

③网页制作。网页可委托互联网服务商制作，也可由企业自己制作。

④IP地址。互联网服务商必须提供独立的IP地址，并且支持多个域名指向同一个IP地址。因企业的域名被他人抢注或其他原因，企业可能有多个域名。

⑤文件传输（FTP）。文件传输的主要功能是上传网页，在企业内部将网页文件上传到互联网服务商的虚拟主机上。

⑥时间。互联网服务商应提供每天24小时、每年365天的连续服务，因为商业网一旦开通不允许长时间停机。

（2）服务器托管。虚拟主机是由多个不同的站点共享一台服务器的所有资源，是入门级的站点解决方案。如果服务器上运行了过多的虚拟主机，系统就容易过载，从而直接影响网站浏览的效果。当企业对服务器有较高要求时，可以选择服务器托管。

服务器托管是指用户将自己的独立服务器寄放在互联网服务商的机房，即租用ISP机架位置，日常系统维护由互联网服务商提供，用户可以独立进行主机内部的系统维护及数据的更新。这种方式不计通信量和访问次数，也不需申请专用线路和搭建复杂的网络环境，因此也就节省了大量的初期投资及日常维护的费用。这种方式特别适用于有大量数据需要通过互联网进行传递，以及大量信息需要发布的单位。

从另一个角度讲，选择服务器托管，用户可以获得一个很高的控制权限，能够决定服务质量和其他一些重要的问题，可以随时监视系统资源的使用情况。在系统资源紧张，出现“瓶颈”的时候，可以马上根据具体情况对服务器进行升级。服务器托管不仅能够解决足够多的访问量和数据库查询，还能为企业节约数目可观的维护费用。服务器托管的模式如图4-3所示。

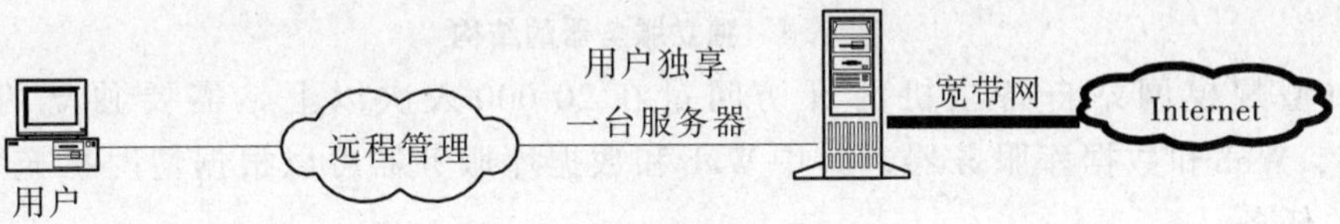

图4-3　服务器托管的模式

相对于虚拟主机，服务器托管具有以下特点：

①灵活。当企业的站点需要灵活地进行组织变化的时候，虚拟主机将不再满足企业的需要。虚拟主机不仅仅被共享环境下的系统资源所限，而且被主机提供商允许在虚拟主机上运行的软件和服务所限；用户希望连接互动化、内容动态化和个性化的要求也很难实现。而这些要求需要依靠托管独立主机才能得到较好的解决。

②稳定。在共享服务器的环境下，每个用户对服务器都有各自不同的权限，某些超出自己权限范围的行为，很可能影响整个服务器的正常运行。如果有的用户执行了非法程序，还可能造成整个共享服务器的瘫痪。而在独立主机的环境下，用户可以对自己的行为和程序严格把关、精密测试，保持服务器的高度稳定性。

③安全。服务器被用作虚拟主机的时候是非常容易被黑客和病毒袭击的。例如，乱发电子邮件可能会受到来自外界的报复；如果服务商没有处理好虚拟主机的安全隔离问题，某些用户可能会利用程序对其他用户网站进行非法浏览、删除、修改等操作。服务器托管极少会出现以上问题。

④快捷。虚拟主机因为是共享资源，因此服务器响应速度和连接速度都比独立主机慢得多。目前，20%～40%的访问者因为服务器响应速度过慢而取消了他们的请求，这就意味着可能丢掉了其中的一些潜在用户，而托管独立主机将彻底改变这种状况。

（3）独立服务器。虚拟服务器和托管服务器都是将服务器放在互联网服务商的机房中，由互联网服务商负责互联网的接入及部分维护工作。独立服务器则是指用户的服务器从互联网接入到维护管理完全由自己操作。企业自己建立服务器主要考虑的内容有硬件、系统平台、接入方式、防火墙、数据库、人员配备等，其结构如图4-4所示。

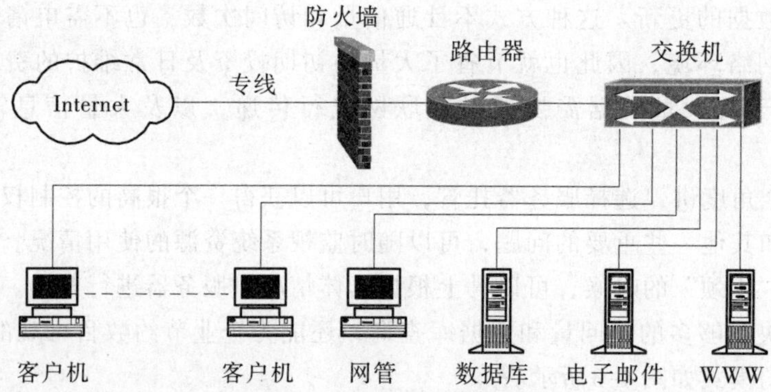

图4-4　独立服务器的结构

中型规模网站自备主机的日访问量在20 000人次以上，需要独立的DNS、E-mail、Web和数据库服务器，其中Web和数据库服务器可以根据情况扩充并分担不同的任务。

大型电子商务网站自备主机的构造相对复杂，除DNS、E-mail、Web、数据库服务器以外，还需要配置防火墙设备、负载均衡设备、数据交换服务器等，并使用较好的网络设备，采用网络管理软件对网站运行情况进行实时的监控。

独立服务器需要专用的机房、空调、电源等硬件设施，也需要操作系统、防火墙、电子邮件等运行软件。这些软硬件都需要专职人员加以维护。因此，对企业来说，使用独立服务器需要有较多的支出。

课堂讨论

请各位同学讨论虚拟主机、服务器托管和企业自建独立服务器3种网络服务主机的选择方式各有哪些优缺点。

4.2.3　网络数据库的选择

1.网络数据库的概念与作用

网络数据库（Network Database）是在网络上运行的数据库。网络数据库中的数据之间的关系不是一一对应的，可能存在一对多的关系，这种关系也不是只有一种路径的涵盖关系，而可能会有多种路径或从属的关系。

一个用途广泛的动态网站必须依靠数据来支持。简单的网站中的数据只能供用户浏览，先进的网站则可以实现网站和用户之间的互动，这就需要即时对网站数据进行添加、删除和修改。网络数据库数据存储量大、修改方便，能够进行动态数据组合，是为电子商务网站提供交互式服务的主要手段。

2.数据库的选择

目前大多数商业应用都依赖关系数据库，最为流行的关系数据库有IBM公司的DB2、Microsoft公司的SQL Server、甲骨文公司的Oracle等。

选择数据库管理系统时应从以下几个方面予以考虑：

（1）易用性。数据库管理系统的管理语句符合通用标准，便于维护、开发和移植；有面向用户的开发工具，能支持多媒体数据类型。

（2）分布性。数据库管理系统支持分布式应用的，即支持数据透明与网络透明。数据透明是指用户在应用中不需指出数据在网络中的什么节点上，数据库管理系统可以自动搜索网络，提取所需数据；网络透明是指用户在应用时无须指出网络所采用的协议。数据库管理系统自动将数据包转换成相应的协议数据。

（3）并发性。在多任务分布环境中，可能会有多个用户点在同一时刻对同一数据进行读或写操作，为了保证数据的一致性，数据库管理系统应具有并发控制功能。

（4）可移植性。可移植性是指垂直扩展和水平扩展能力。垂直扩展要求新平台能够支持低版本的平台，数据库客户机/服务器机制支持集中式管理模式，以保证用户以前的投资和系统；水平扩展要求满足硬件上的扩展，支持从单CPU模式转换成多CPU并行机模式。

（5）安全性。安全性包括安全保密的程度如账户管理、用户权限管理、网络安全控制、数据约束等。

（6）容错性。容错性指在异常情况下系统对数据的容错处理能力。评价标准包括：硬件的容错，即有无磁盘镜像处理功能；软件的容错，即有无软件异常情况的容错功能；其他还应包括数据库描述语言的汉字处理能力（表名、域名、数据）和数据库开发工具对汉字的支持能力；并行处理能力；软件厂家的技术服务；性能价格比等因素。

（7）数据完整性。数据完整性是指数据的正确性和一致性保护，包括实体完整性、参照完整性、复杂的事务规则等。

4.2.4 软件系统的选择

电子商务网站的软件系统比较复杂，对系统安全、运行速度、运行效率等方面要求非常高。在软件系统的结构方面，电子商务网站需要考虑的问题主要有数据输入、数据管理、数据导出、智能与个性化设计及安全控制等。

软件系统的选择应当依据网站设计的整体方案。整体方案为电子商务网站设置了一系列的功能，软件系统一定要与网站设计的要求相吻合。

软件系统一定要与网站的硬件配置相匹配。目前电子商务网站常用的操作平台有Windows Server、UNIX、Linux等。其中Windows Server搭建的网站对硬件设备的要求比较低。

很多软件系统对网站的运行效率和数据处理能力等方面的要求并没有太大的差异，但对于技术人员来讲，则存在一个熟悉与否的问题。比较熟悉的软件系统较易控制，而对不太熟悉的系统，则需要有一个实践了解的过程。

随着电子商务的快速发展，许多电子商务解决方案的开发平台应运而生。如IBM公司推出的WebSphere电子商务软件平台、Akopia公司的Tallyman、Microsoft公司的Siteserver等。这些IT公司提供的电子商务的解决方案，可以方便地协助企业构建功能强大而且具有经济效益的网站。

4.2.5 网站安全建设

为建设一个高效、可靠的Web商业服务网站，必须事先制定一套全面的Web服务安全策略和措施。Web服务安全策略应覆盖所有相关的组织单元，包括获取信息、组织营销、电子合同签订与支付、物流配送等；安全措施则应覆盖所有的Web系统、网络、数据库和软件。

如果采用虚拟主机方式建设网站，大部分安全问题（尤其是物理安全问题和黑客攻击问题）可以由虚拟主机提供商负责；如果采用独立服务器方式建立网站，那么所有安全问题都必须由自己来操心了。但不管采取哪种形式，网站的内容安全、人员的操作管理都必须高度重视。

1.系统安全建设

从技术层面上讲，网站的安全问题可以归结为两个大的方面：网络安全和数据安全。

网络安全是指网络系统的安全，包括组成网络的硬件的安全和防止非法用户进入网络。硬件的安全性涉及物理介质的安全性，安全的网络硬件应该为信息的传输提供可信赖的安全通道，为信息的保存提供安全可靠的介质。网络安全的另外一个方面是应该能够有效地防止传输途中的信息被窃听，防止非法用户进入网络，以及防止黑客以其他方式进行恶意攻击，这是信息安全保护的第一道屏障。实现网络安全的设备有多种，如防火墙、安全网关、安全路由器、物理隔离设备等，某些操作系统和网络服务器软件也具有网络安全的防护作用。图4-5是电子商务系统中的防火墙设置图。

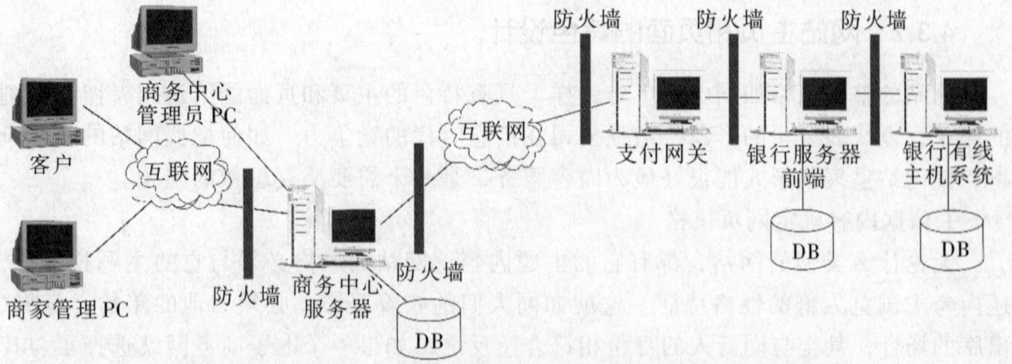

图4-5　电子商务系统中的防火墙设置

数据安全保护是指对存放在网络中的数据的安全保护。常用的数据保护技术包括身份验证、权限控制、数据加密、病毒防范等。此外，为保证数据的绝对安全，还应配备数据备份和恢复处理设备，如双硬盘、镜像站点等。

对于网站的整体安全性，需要定期进行危险性与脆弱性分析，在危险性评估的基础上，改进网站安全的建设。

2.安全管理制度

网站安全保护是一个系统工程，既涉及技术问题，又涉及管理问题。企业在网站开始建立时，就应当高度重视安全管理制度的建立，但这一工作常常被忽视。从电子商务运作的情况看，70%～90%的安全问题来自内部，来自管理的漏洞。所以，加强网站安全管理制度的建设，加强对网站工作人员的监督，对于保证网站高效、正常运作具有极为重要的意义。

网站安全管理制度应包括网站工作人员管理制度，保密制度，跟踪、审计、稽核制度，网站日常维护制度，用户管理制度，病毒防范制度，应急措施等内容。

4.3　网站内容建设

4.3.1　相关资料的收集

一个好的站点需要大量的、有针对性的信息和资料。上传的信息必须经常更换，网站才有生命力，其中的工作量是巨大的。因此，网站建设初期就应有明确的指导方针，对信息的收集和整理工作做出统筹规划。

为Web准备信息的工作通常需要多人来完成。许多网站设立文本管理员、Web管理员、内容管理员和其他职务，以流水线方式完成信息的收集、转换、发布和维护等工作。

文本管理员负责收集信息。他需要经常浏览网页，收集适合在本网站上传的资料，也需要收集印刷刊物的宣传材料。在某些时候，他还需要与来自产品市场、信息资源、市场通信、法律及其他部门的代表接洽，了解市场或企业的最新动态。

4.3.2 网站主页和页面的特色设计

网站的整体风格如同电视广告一样，具有特色的主页和页面能给访问者留下深刻的印象，也代表公司的形象，增强公司在信息时代的竞争力。如何把握网站的整体风格，使网站呈现的形式能很好地为内容服务，是一个需要反复思考的问题。

1.依据内容确定网页风格

无论什么类型的网站，都有它的主题内容，网站的风格必须与它的主题相符合，还应考虑浏览人群的性格特征。这就如同人们的衣着服饰，必须与他的年龄、身份、出席的场合，甚至与同行人的身份相符合。反之，如果一个电子商务网站选择了与其主题不相符的风格，不论它运用了多少先进技术和复杂形式，都会使人产生不协调的感觉。通常，电子商务类网站比较适合简明大方的风格，而生活服务类网站则选用温暖亲切的风格较好。

例如，DELL公司创建的www.dell.com网站，其主页以简洁的图形突出网站的主题，以蓝色为该网站的基本色，无论是主页还是打开的下一层页面都以蓝色为基调，给人以朴素明快的视觉感受和统一的整体感（如图4-6所示）。

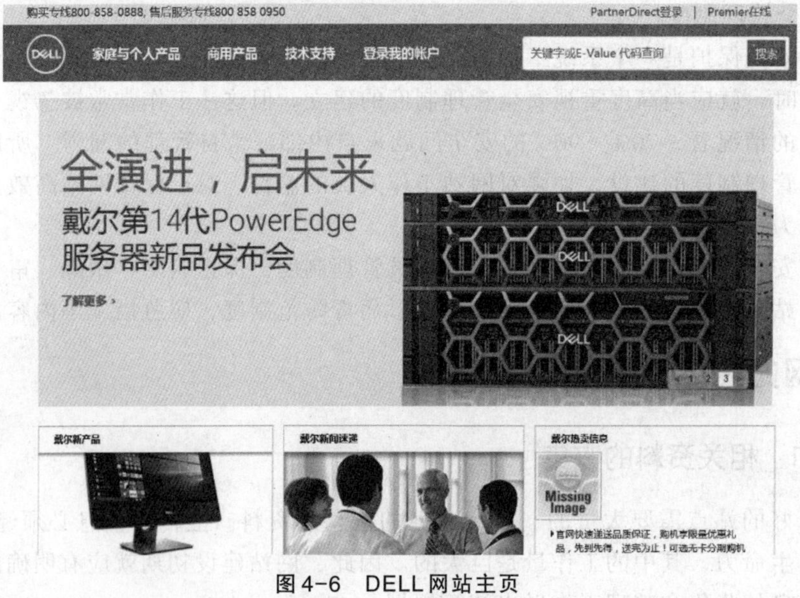

图4-6 DELL网站主页

2.合理安排网页内容元素的位置

网页内容元素的位置安排也就是对网页的排版。一个网站往往由各个网页组成，而每个网页又由一些元素组成，如Logo（图标）、Banner（旗帜条幅）、导航条、文字内容、图片内容、联系方式、版权信息等。对这些网页内容元素进行合理的排版设计是很重要的，目标是使每个页面都能重点突出、层次分明、错落有致、井井有条，切忌把网页搞得主次不分、杂乱无章。

主页是企业在Internet上的重要宣传阵地，代表公司的形象，因此在主页中应有企业的标志物，让浏览者一眼就能判别出是哪个企业的主页。网站的所有内容都能在网站中找到其链接。网页的设计应以醒目为上，一目了然为本，切勿堆砌太多不必要的细节，或使页面过于复杂。企业电子商务网站的主页中应包含三项要点，即机构名称、提供的产品和服务，以及主页内容。

3.网页色彩的运用

网页的色彩要为主题内容服务，一个网站应该而且只能有一种主色调。由于色彩富于感情性，因此会对浏览者产生一定的心理效应。

除了主色调之外，一个网站的颜色一般不宜超过5种（不包括图片的颜色）。如果网站用色太多，会让人觉得杂乱花哨，同时有不专业的感觉。除了颜色的心理效应之外，在进行网页设计时应注意颜色的可读性，要确保所选的颜色在通用颜色调色板中存在，同时确保浏览者在阅读时不会感到吃力。

4.网页中图片的运用

网站的网页制作不能只用文字，过长的文字篇幅会使网页显得单调。在网页中插入图片可以令其增色不少。但图片不能用得太多，简单的图片堆砌，会让人觉得累赘，而且影响网页的下载速度。所以网站中的图片既要美观、符合网站的内容，又要少而精，放在最需要的地方，达到画龙点睛的效果，增加网站的吸引力。

注意图片减肥也是网站图片运用一个重要的方面。在保证质量的前提下要尽可能地减少图片的大小。这里的“大小”不是指尺寸的大小，而是指字节数的多少。图片减肥有利于下载速度的提高。

在网页中合理运用动画会给网页增添生气。常见的动画格式有GIF动画和Flash动画。Flash动画通常可以很精彩，变化效果可以更加复杂美观，而且图片大小可以控制在相对较小的范围内，但它需要安装插件方可浏览；GIF动画的兼容性更好，但它的颜色和帧数不能太多，否则图片文件会很大且很难减肥。同样，动画图片在一个网页中也不宜出现太多。

5.网页中的背景音乐

多媒体的应用对网页的多姿多彩起了相当重要的作用，在个人网站中，应用背景音乐的网页较多。但一般对于企业的电子商务网站的主页来说，背景音乐建议少用，因为背景音乐会增大网页文件的大小，降低下载速度，也可能分散浏览者的注意力，使真正重要的内容得不到完全阅读。但是在对产品的介绍过程中加入背景音乐，在对上网者进入本网站时采用一些语音技术，如欢迎词“欢迎光临某某公司，本公司经营……”等，会产生较好的效果。

综上所述，决定企业电子商务网站风格最重要的出发点，就是要为网站的主题服务，切实准确地传达网站的信息，方便浏览者阅读。因此，在网页的制作过程中，要综合平衡各方面的因素，呈现给用户一种完整、统一的风格。

4.3.3 网站资源管理

1.账号管理

电子商务网站管理系统是负责整个网站所有资料的管理，因此管理系统的安全性显得格外重要。系统账号管理应该限制所有使用电子商务网站管理系统的人员与相关的使用权限，给予每个管理账号专属的进入代码与确认密码，以确认各管理者的真实身份。此外，要有账号等级的设定，依据不同的管理需求设定不同的管理等级，让各管理者能分工管理自己分内的工作且不会改动其没有权限改动的资料。其他如密码有效天数、账号有效期限的设定等，让管理账号的安全性更高。而通过账号进入首页则可让拥有不同的管理账号等级的人员看到不同的管理页面样式，使用不同操作界面的管理页面，让其管理工作更为方便。

2.网站及商品资料管理

网站及商品资料管理部分的功能应该提供网站管理者对于网站各商店与商店内的商品的管理功能，让管理者能新增、删除、修改各项资料，并可针对各商店不同的需求提供不同的商品属性与商品管理功能。除此之外，应有对特价商品的管理功能，使得网站内特价商品能在特别明显的位置出现，让顾客在选购时能更为便利。

3.订单资料管理

此功能包含所有对于网站订单的相关管理功能。可以统计出目前网站中各项商品的销售情况，依据销售数量与销售金额等来排名，使结果一目了然。也可查询网站中各订单目前的处理状态如何，有多少新订单进来，能打印出订货单，设定订单出货，以及进行线上清款与顾客退货等相关交易行为。

4.会员资料管理

电子商务网站对于顾客通常采用会员制，要求顾客注册为会员，以保留顾客的基本资料，除了可借此了解顾客并与顾客取得联系外，记录下顾客的相关资料，有需要时可直接从资料库取出，不需顾客重复输入很多繁杂的资料。管理系统也应提供相关的功能让网站管理者能够简单地管理会员资料，随时按所需查询会员资料，了解顾客的消费情况，以作为销售商品的参考。

5.留言板管理

网站留言板是为了增加网站与顾客间良好互动关系而设立的，顾客可在此留言板上留下各种要与其他顾客或网站共同分享的意见与想法。对于留言板的管理，系统应提供多项功能以协助管理者新增、删除或修改留言板上的留言内容，以及对留言内容加以回应。

6.最新消息管理

最新消息管理应提供对网站最新公告事项的相关管理功能，包含新增、删除、修改等功能，以便网站管理者发布要告知用户的各项最新消息。

4.3.4 网站设计基础语言

1.HTML语言

超文本标记语言（Hyper Text Markup Language，HTML）是WWW上的专用语言。浏览者在互联网上访问的Web文档，以及在Web浏览器上看到的资料都是基于HTML语言的。超文本标记语言是标准通用标记语言（Standard Generalized Markup Language，SGML）下的一个子集，是一种规范、一种标准，它通过标记符号来标记要显示的网页中的各个部分。网页文件本身是一种文本文件，通过在文本文件中添加标记符，可以告诉浏览器如何显示其中的内容（如文字如何处理、画面如何安排、图片如何显示等）。

HTML文件是简单的纯文本文件（全ASCII文件），在多用途交互网络邮件扩展标准（Multipurpose Internet Mail Extensions，MIME）机制中使用.html（或.htm）扩展名。其主要特征是在文本中有HTML标注符。HTML语言的优点是标注简单明了，功能强大。可以定义文件的显示格式、标题、字形、表格、窗口等；与WWW上任一资料进行超级链接；使用辅助应用程序；连入图像、视频、声频等多媒体资料。HTML语言也有一定的局限，如使用者只能选用Web资源的字体，排版功能不是很强；忽略空格及自然格式，段落须指明；在不同的硬件环境下显示不同。

2.XML语言

可扩展置标语言（eXtensible Markup Language，XML）是SGML的优化子集，是国际组织万维网联盟（World Wide Web Consortium，W3C）为适应WWW的应用，将SGML标准进行简化形成的标记语言，形式上类似于HTML。XML作为一种可用来制定具体应用语言的元语言，既具有强大的描述能力，又具有适合网络应用的简洁性。

XML作为一种标记语言是运用“标记法”描述结构化数据的形式语言。所谓标记法，就是为了处理的目的，在数据中加入附加信息的方法，而这些附加的信息称为标记。XML作为一种元语言，提供的是描述具体应用语言的基本方法，使用者可按照需要创建新的标记。XML的可扩展性就在于此。

针对XML的具体应用领域需要制定相应的应用标准。例如，具体的标记表示的语义、附加的语法约束等。另外，针对XML应用中的公用特征、方法或规则，也需要标准。为此，W3C制定了XML基础标准。XML基础标准是为XML的进一步实用化制定的标准，它描述了严格地定义XML文档的方法，以便可以自动化处理XML文档。例如，XLL（XML Linking Language）是关于XML扩展链接的标准；Namespace用于解决文件识别和冲突问题；Xpath用于XML的内部结构寻址；XLink（XML Linking Language）标准规定了有关定位、链接方面的内容；XHTML（Extensible Hyper Text Markup Language）是一个对HTML 4.0再生、子集化和扩展的文档类型的集合等。

相对于HTML，XML具有以下特点：

（1）可扩展性。XML是设计标记语言的元语言，而不是HTML这样只有一个固定标记集的特定的标记语言。XML允许使用者创建和使用他们自己的标记而不是使用

HTML的有限词汇表。例如，企业可以用XML为电子商务和供应链集成等应用定义自己的标记语言，也可以联合特定行业一起来定义该领域的特殊标记语言，作为该领域信息共享与数据交换的基础。

（2）灵活性。HTML很难发展，因为它是格式、超文本和图形用户界面语义的混合，要同时发展这些混合在一起的功能是很困难的。而XML提供了一种结构化的数据表示方式，使得用户界面分离于结构化数据。例如，在XML中，可以使用样式表。另外，XML文档之间的超链接（Hyper Link）功能由独立的可扩展链接语言（XML Linking Language，XLink）来支持。所有这些方面都可以互相独立地改进并发展。所以，Web用户所追求的许多先进功能在XML环境下更容易实现。

（3）自描述性。XML文档通常包含一个文档类型声明，因而XML文档是自描述的。不仅人能读懂XML文档，计算机也能处理。XML文档中的数据可以被任何能够对XML数据进行解析的应用所提取、分析和处理，并以所需格式显示。

（4）简明性。XML的复杂性大约只有SGML的20%，但功能大约是SGML的80%。同完整的SGML相比，XML简单得多，易学、易用并且易实现。另外，XML的诞生也吸收了人们多年来在Web页上使用HTML的经验，采用Unicode字符编码系统，从而支持世界上几乎所有的主要语言，并且不同语言的文本可以在同一文档中混合使用，支持XML的软件能处理所有这些语言的任何组合。

3.Java与JavaScript语言

Java语言是由Sun Microsystems公司于1995年推出的程序设计语言。Java语言吸收了Smalltalk语言和C++语言的优点，并增加了其他特性，如支持并发程序设计、网络通信和多媒体数据控制等。Java语言与平台无关，可用来创建安全的、可移植的、面向对象的、多线程的和交互式的程序。

Java程序有两种形式：独立运行程序和Java Applet。在浏览器上运行的就是Java Applet。Java Applet经过编译后，变成一种与平台无关的字节代码，这种Applet可在任何平台上运行。Java可以做许多事情，它能在Web页上实时显示股票市场信息，能生成有趣的动画，随着Java的进一步应用，它的用途会更加广泛。

JavaScript语言是一种介于Java与HTML之间、基于对象的编程语言。JavaScript是一种基于Java基本语句和控制流之上的简单而紧凑的设计，不仅支持Java的Applet小程序，而且可以被嵌入HTML的文档进行编程。通过JavaScript可以直接对用户或客户输入做出响应，无须经过Web服务程序。JavaScript语言和Java语言很类似，但并不一样。它无须编译，是一种比Java简单得多的描述性语言。

4.3.5 网页制作常用工具

主页编辑工具可谓琳琅满目，为我们提供了广阔的选择空间。虽然使用文本编辑器也可以制作出一个正常显示的网页，但无疑比较费时、费力。所以，如果想要制作出一个美观、实用的主页，还必须使用专业的主页编辑工具。

1.入门工具

用微软公司的Word来编辑主页非常简单，编写好内容后将其另存为HTML文件即可，初学者可以尝试一下。但其功能实在过于简单，无法实现一些较复杂、高级的功能。此外，可以使用纯文本编辑器（例如Windows操作系统中附带的记事本软件）直接编写HTML代码，再将所编写的网页更改其扩展名为html或htm就可以了，其缺点是编写代码效率低、容易出错、不能实时看到编写效果。

2.提高工具

Dreamweaver是美国Macromedia公司开发的集网页制作和管理网站于一身的网页编辑器，它是一套针对专业网页设计师特别发展的视觉化网页开发工具，利用它可以轻而易举地制作出跨越平台限制和跨越浏览器限制的充满动感的网页。Dreamweaver以其优秀的功能、开放的插件（Plug）接口及良好的兼容性迅速占领市场。

Dreamweaver包括了所有用于创建专业化网站的功能，无论用户是要应用可视化排版工具，还是应用一个自动的文本编辑环境，都可以用最快速的方式将Fireworks、FreeHand或Photoshop等档案移至网页上。使用检色吸管工具选择屏幕上的颜色可设定最接近的网页安全色。对于选单、快捷键与格式控制，都只要一个简单步骤便可完成。Dreamweaver能与设计工具，如Playback Flash、Shockwave和外挂模组等搭配，不需离开Dreamweaver便可完成，整体运用流程自然顺畅。除此之外，只要单击便可使Dreamweaver自动开启Firework或Photoshop来进行编辑与设定图档的最佳化。

3.专业工具

Adobe Photoshop是目前最流行的平面图形设计软件之一。它的功能完善，性能稳定，使用方便，所以很多网站的制作都选用Photoshop。

Fireworks是一个强大的网页图形设计工具，使用它可以创建和编辑位图、矢量图形，还可以非常轻松地做出各种网页设计中常见的效果，比如翻转图像、下拉菜单等。设计完成以后，如果要在网页设计中使用，可以将它输出为html文件，还能输出为可以在Photoshop、Illustrator和Flash等软件中编辑的格式。Fireworks提供专业网络图形设计和制作方案。通过它，可以编辑网络图形和动画，同时它还能与Dreamweaver、Flash实现网页的无缝链接，与其他图形程序的HTML编辑功能也能密切配合，为用户一体化的网络设计方案提供支持。

Flash是一种交互式矢量多媒体技术，它的前身是Future Splash，是早期网上流行的矢量动画插件。全球使用Flash的数以万计用户可以得到与众不同的低带宽网站设计和发布经验，以及一种生产高压缩网络经验的专业标准。而通过使用Macromedia统一的用户界面，设计师可以轻易地创建极具创造性的图形文件；开发者则可以通过使用脚本、与服务器端的连接来创建深化的网络应用。

虽然上述的主页编辑软件几乎都自称是“所见即所得”的软件，但都有各自的不足之处。所以，要制作高水平的主页，还需要学习HTML语言和制表，不能过分依赖编辑器。

本章小结

本章介绍了电子商务网站建设的基本内容。网站的总体设计，包括明确建站目的、网站客户定位、网站基本框架、网站盈利模式、网站开发形式；网站软硬件环境建设，包括网站接入方式、网络服务方式、网络数据库、软件系统的选择等；网站内容建设，包括相关资料收集、网站主页和页面特色设计、网站自有管理、网站设计基础语言、网页制作常用工具等。

基本训练

一、选择题（多项选择）

1. 网站开发的形式有（ ）。

A. 购买 B. 外包 C. 租借

D. 自建 E. 申请

2. 网络服务的主机选择有（ ）。

A. 虚拟主机 B. 服务器托管 C. 独立服务器

D. 英特尔主机 E. 超微主机

3. 网页制作常用工具有（ ）。

A.Dreamweaver B.Photoshop C.Fireworks

D.Flash E.IE

二、简述题

1. 选择数据库管理系统时应考虑哪些因素？

2. 网站主页和页面的特色设计需要考虑哪些因素？

三、操作题

在万网（http//www.net.cn）上了解域名注册的步骤和流程，查询其所提供的域名服务项目及业务流程，思考进行域名注册应考虑的因素（例如价格、DNS解析速度及稳定性等）。

第5章
电子商务安全技术

学习目标

□知识目标：

1. 了解电子商务中的安全风险；
2. 理解电子商务安全技术；
3. 掌握电子商务安全认证协议和加密技术。

□技能目标：

1. 能够运用电子商务安全保障体系；
2. 熟练运用数字签名技术。

【导入案例】

华硕官方网站遭黑客攻击，公司被迫关闭服务器

据外电报道，电脑零部件生产商华硕的网站遭到黑客攻击，黑客利用一个Windows系统中的紧急漏洞，通过该网站的服务器发送恶意代码。可以看出，随着互联网和电子商务的快速发展，利用网络犯罪的行为会大量出现，为了保证电子商务的顺利发展，法律保障是必不可少的。目前我国的网络立法明显滞后，如何保障网络虚拟财物还是个空白。除了下载补丁、升级杀毒软件外，目前还没有一部完善的法律来约束病毒制造和传播，更无法保护网络虚拟货币的安全。

电子商务交易安全的一些典型技术和协议都是对有关电子商务交易安全的外部防范，但是要想使一个商用网络真正做到安全，不仅要看它所采用的防范措施，还要看它的管理措施。只有将这两者综合起来考查，才能最终得出该网络是否安全的结论。因此，只有每个电子商务系统的领导者、网络管理员和用户都能提高安全意识，健全并严格有关网络安全措施，才能在现有的技术条件下，将电子商务安全风险降至最低。

资料来源　编者根据有关资料整理。

5.1 电子商务安全概述

随着电子商务在全球范围内的迅猛发展，电子商务活动中的网络安全问题日渐突出。中国互联网络信息中心（CNNIC）2017年1月发布的第39次《中国互联网络发展状况统计报告》显示，在电子商务方面，用户最关心的是交易的安全可靠性。由此可见，网络安全和交易安全问题是电子商务应用中的关键因素。

1983年10月24日，美国著名的计算机安全专家、AT&T贝尔实验室的计算机科学家Rober Morris在美国众议院科学技术会议运输、航空、材料专业委员会上做了关于计算机安全重要性的报告，从此计算机安全成了国际上研究的热点。现在随着互联网络技术的发展，网络安全成了新的安全研究热点。网络安全就是如何保证网络上存储和传输的信息的安全性。但是在互联网设计之初，只考虑方便性、开放性，使得互联网非常脆弱，极易受到黑客的攻击或有组织的群体的入侵，也会因系统内部人员的不规范使用和恶意破坏，而使网络信息系统遭到破坏，信息泄露。

5.1.1 电子商务中的风险

从整个电子商务系统着手分析，可以将电子商务的安全问题归类为三类风险，即信息传输风险、信用风险、管理风险。

1.信息传输风险

信息传输风险是指进行网上交易时，因传输的信息失真或者信息被非法窃取、篡改和丢失，而导致网上交易的不必要损失。从技术上看，网上交易的信息传输风险主要来自五个方面：

（1）冒名偷窃。如黑客为了获取重要的商业秘密、资源和信息，常采用源IP地址进行欺骗攻击。

(2) 篡改数据。攻击者未经授权进入网络交易系统，使用非法手段，删除、修改、重发某些重要信息，破坏数据的完整性，损害他人的经济利益，或干扰对方的正确决策，造成网上交易的信息传输风险。

(3) 信息丢失。交易信息的丢失，可能有三种情况：一是因为线路问题造成信息丢失；二是因为安全措施不当而丢失信息；三是在不同的操作平台上转换操作不当而丢失信息。

(4) 信息传递过程中的破坏。信息在网络上传递时，要经过多个环节和渠道。由于计算机技术发展迅速，原有的病毒防范技术、加密技术、防火墙技术等始终存在着被新技术攻击的可能性。计算机病毒的侵袭、黑客非法侵入、线路窃听等很容易使重要数据在传递过程中泄露，威胁电子商务交易的安全。此外，各种外界的物理性干扰，如通信线路质量较差、地理位置复杂、自然灾害等，都可能影响数据的真实性和完整性。

(5) 虚假信息。从买卖双方自身的角度观察，网上交易中的信息传输风险还可能来源于用户以合法身份进入系统后，买卖双方都可能在网上发布虚假的供求信息，或以过期的信息冒充现在的信息，以骗取对方的钱款或货物。现在还没有很好的解决信息鉴别的办法。与传统交易不同的是，网上交易的信息传输风险更为严重。传统交易中的信息传递和保存主要通过有形的单证进行，信息接触面比较窄，容易保护和控制。即使在信息传递过程出现丢失、篡改等情况时，也可以通过留下的痕迹查找出现偏差的原因。而在网上传递的信息，是在开放的网络上进行的，信息的接触面比较广，而且信息被篡改时可以不留痕迹，因此网上交易时面临的信息传输风险比传统交易更为严重。

2.信用风险

信用风险主要来自三个方面：

第一，来自买方的信用风险。对于个人消费者来说，可能在网络上使用信用卡进行支付时产生恶意透支，或使用伪造的信用卡骗取卖方的货物；对于集团购买者来说，存在拖延货款的可能，卖方需要为此承担风险。

第二，来自卖方的信用风险。卖方不能按质、按量、按时寄送消费者购买的货物，或者不能完全履行与集团购买者签订的合同，造成买方的风险。

第三，买卖双方都存在抵赖的情况。

传统交易时，交易双方可以直接面对面进行，信用风险比较容易控制。由于网上交易时，物流与资金流在空间上和时间上是分离的，因此如果没有信用保证，网上交易是很难进行的。再加上网上交易一般是跨越时空的，交易双方很难面对面交流，信用的风险就很难控制。这就要求网上交易双方必须有良好的信用，而且有一套有效的信用机制降低信用风险。

3.管理风险

网上交易管理风险是指由于交易流程管理、人员管理、交易技术管理的不完善所带来的风险。首先，交易流程管理风险。在网络商品中介交易的过程中，客户进入交易中心，买卖双方签订合同，交易中心不仅要监督买方按时付款，还要监督卖方按时提供符合合同要求的货物。在这些环节中，都存在大量的管理问题，如果管理不善势必造成巨大的潜在风险。为防止此类风险需要有完善的制度设计，形成一套相互关联、相互制约的制度群。

其次，人员管理风险。人员管理常常是网上交易安全管理上最薄弱的环节，近年来我国计算机犯罪呈现内部犯罪的趋势，其主要是因工作人员职业道德修养不高，安全教育和管理松懈所致。一些竞争对手还利用企业招募新人的方式潜入该企业，或利用不正当的方式收买企业网络交易管理人员，窃取企业的用户识别码、密码、传递方式以及相关的机密文件资料。

最后，交易技术管理的漏洞也带来较大的交易风险。有些操作系统中的某些用户是无口令的，如匿名FTP，被信任用户不需要口令就可以进入系统，黑客可以使用远程登录（Telnet）命令以这些无口令用户身份登录，然后把自己升级为超级用户。

传统交易经过多年发展，在交易时有比较完善的控制机制，而且管理比较规范。而网上交易只经历了很短时间，还存在许多漏洞，这就要求对其加强管理和规范交易。

5.1.2 电子商务安全需求

电子商务面临的威胁的出现导致了对电子商务安全的需求，也是真正实现一个安全的电子商务系统所要求做到的各个方面，主要包括机密性、完整性、认证性、不可抵赖性和有效性。

1. 机密性

电子商务作为贸易的一种手段，其信息直接代表着个人、企业或国家的商业机密。传统的纸面贸易都是通过邮寄封装的信件或通过可靠的通信渠道发送商业报文来达到保守机密的目的。电子商务是建立在一个较为开放的网络环境上的（尤其Internet是更为开放的网络），维护商业机密是电子商务全面推广和应用的重要保障。因此，要预防非法的信息存取和信息在传输过程中被非法窃取。机密性一般是通过密码技术对传输的信息进行加密处理来实现的。

2. 完整性

电子商务简化了贸易过程，减少了人为的干预，同时带来维护贸易各方商业信息的完整、统一的问题。由于数据输入时的意外差错或欺诈行为，可能导致贸易各方信息的差异。此外，数据传输过程中信息的丢失、信息重复或信息传送的次序差异也会导致贸易各方信息的不同。贸易各方信息的完整性将影响贸易各方的交易和经营策略，保持贸易各方信息的完整性是电子商务应用的基础。因此，要预防信息的随意生成、修改和删除，同时要防止数据传送过程中信息的丢失和重复并保证信息传送次序的统一。完整性一般可通过提取信息消息摘要的方式来获得。

3.认证性

由于网络电子商务交易系统的特殊性，企业或个人的交易通常都是在虚拟的网络环境中进行的，所以对个人或企业实体进行身份确认成了电子商务中很重要的一环。对人或实体的身份进行鉴别，为身份的真实性提供保证，即交易双方能够在相互不见面的情况下确认对方的身份。这意味着当某人或实体声称具有某个特定的身份时，鉴别服务将提供一种方法来验证其声明的正确性，一般都通过CA认证机构发放的证书来实现。

4.不可抵赖性

电子商务可能直接关系到贸易双方的商业交易，如何确定要进行交易的贸易方正是进行交易所期望的贸易方这一问题则是保证电子商务顺利进行的关键。在传统的纸面贸易中，贸易双方通过在交易合同、契约或贸易单据等书面文件上手写签名或印章来鉴别贸易伙伴，确定合同、契约、单据的可靠性并预防抵赖行为的发生。这也就是人们常说的“白纸黑字”。在无纸化的电子商务方式下，通过手写签名和印章进行贸易方的鉴别已是不可能的。因此，要在交易信息的传输过程中为参与交易的个人、企业或国家提供可靠的标识。不可抵赖性可通过对发送的消息进行数字签名来获取。

5.有效性

电子商务以电子形式取代了纸张，那么如何保证这种电子形式的贸易信息的有效性则是开展电子商务的前提。电子商务作为贸易的一种形式，其信息的有效性将直接关系到个人、企业或国家的经济利益和声誉。因此，要对网络故障、操作错误、应用程序错误、硬件故障、系统软件错误及计算机病毒所产生的潜在威胁加以控制和预防，以保证贸易数据在确定的时刻、确定的地点是有效的。

5.1.3　电子商务安全的保障体系

1.电子商务安全保障的特殊性

除了具有一般信息安全的含义外，电子商务安全保障具有金融业安全和商业信息安全的特征。电子商务系统的复杂性以及风险、威胁来源的多样性带来安全保障的复杂性，而且电子商务中涉及的信息资产的价值和敏感性较高，涉及对象众多，使电子商务安全管理难度较大，电子商务安全保障体系的逐步完善是一个不断变化的过程。

2.电子商务安全保障的正确理念

首先，电子商务安全是系统性问题，要综合考虑人、技术、管理、法规、制度等多项要素。其次，电子商务安全是整体性问题，指望几项离散的安全产品或技术手段解决所有安全问题是不现实的。再次，安全保障是动态发展的过程，安全保障建设不会是一劳永逸的。最后，安全性是相对的，安全保障建设投资是可度量的。

3.管理上的安全措施

首先，高层管理者要对电子商务安全足够重视，促成管理人员同相关的技术人员一起制定企业内部、外部网络安全规划和标准。在规划中应该指出企业信息安全在近期和未来一段时间内要达到的级别和标准，以及预备投入的资源等。

其次，在规划和标准的指导下要制定详细的安全行为规范，包括各种软硬件设备使用和维护权限的管理办法、网络系统登录和使用的安全保障管理办法、数据维护和备份的管理规定等。

最后，要特别注意安全条例的执行保障，有了规定就一定要按照规定去执行。只有在管理上具备明确的目标和标准，技术人员才能更好地为其提供安全上的技术支持。

4.法律上的安全保障

在法律上，电子商务不同于传统商务在纸面上完成交易、有据可查的特点，电子交易如何认证、电子欺诈如何避免和惩治不仅是技术问题，同时涉及法律领域。电子商务就像在现实世界之外建立了一个虚拟世界，在这个虚拟世界里，更需要完善的法律体系来维持秩序。目前多个国家和地区已经制定了电子商务法律法规。

安全的电子商务仅靠单一的技术手段来保证是不会奏效的，必须依靠法律手段、行政手段和技术手段的完美结合来最终保护参与电子商务各方的利益。这就需要在企业和企业之间、政府和企业之间、企业和消费者之间、政府和政府之间明确各自需要遵守的法律义务和责任。其主要涉及的法律要素有：

（1）有关电子商务交易各方合法身份认证的法律。电子身份认证中心是电子商务中的核心角色，担负着保证电子商务公正、安全进行的任务，因而必须由国家法律来规定认证中心的设立程序和资格以及必须承担的法律义务和责任，同时要由法律规定对认证中心进行监管的部门、监管方法以及违规后的处罚措施。

（2）有关保护交易者个人及交易数据的法律。本着最小限度收集个人数据、最大限度保护个人隐私的原则来制定法律，以消除人们对泄露个人隐私以及重要个人信息的担忧，从而吸引更多的人参与电子商务。

（3）有关电子商务中电子合同的合法性及如何进行认证的法律。需要制定有关法律对电子合同的法律效力、数字签名、电子商务凭证的合法性予以确认；需要对电子商务凭证、电子支付数据的伪造、变更、涂销做出相应的法律规定。

（4）有关网络知识产权保护的法律。网络对知识产权的保护提出了新的挑战，因此在研究技术保护措施时，还必须建立适当的法律框架，以便侦测仿冒或欺诈行为，并在上述行为发生时提供有效的法律援助。

5.技术上的安全保障

在技术上，电子商务中涉及的安全技术很多，其中一些已经获得了广泛的应用和认可。维护企业内部网络安全的技术包括用户密码和权限管理技术、防火墙技术、虚拟私人网络（VPN）技术和网络杀毒技术等；维护交易数据在互联网上安全传输的技术包括数据加密和数字签名等，其中为了识别用户在现实世界中的真实身份还要涉及认证中心；另外，为了维护电子交易中最为关键的资金流动，特别是信用卡支付的安全，还要涉及SSL和SET协议两个应用广泛的协议。

总之，网上交易安全管理，应当跳出单纯从技术角度寻求解决办法的圈子，采用综合防范的思路，从技术、管理、法律等方面去思考。建立一个完整的网络交易安全体系，至少应从以下三个方面考虑，并且三者缺一不可。一是技术方面的考虑，如防火墙技术、网络防毒、信息加密存储通信、身份认证、授权等，但只有技术措施并不能完全保证网上交易的安全。二是必须加强监管，建立各种有关的合理制度，如建立交易的安全制度、交易安全的实时监控、具有实时改变安全策略的能力、对现有的安全系统漏洞的检查以及安全教育等。在这方面，主要充分发挥政府有关部门、企业的主要领导、信息服务商的作用。三是社会的法律政策与法律保障，通过健全法律制度和完善法律体系，来保证合法网上交易的权益，同时对破坏合法网上交易权益的行为进行立法严惩，如出台电子证据法、电子商务法等，充分发挥立法部门与执法部门的作用。

5.2 加密技术

5.2.1 加密的相关概念

1.明文

明文是指没有经过加密的原文件。

2.算法

计算机解决问题的方法和步骤，就是计算机的算法。每一个算法都是由一系列的操作指令组成的。这些操作包括加、减、乘、除、判断、置数等，按顺序、分支、重复等结构组成。

3.密钥

密钥是一个数值，它和加密算法一起生成特别的密文。密钥的尺寸用位（bit）来衡量，1 024位密钥代表的数值是非常巨大的。在公开密钥加密方法中，密钥的尺寸越大，密文就越安全。

4. HASH算法

哈希（HASH）函数是一个数学方程式，可用文本（如电子邮件信息）来生成称为信息摘要的代码。

数据加密的基本过程就是对原来为明文的文件或数据按某种算法进行处理，使其成为不可读的一段代码，通常称为"密文"，其只能在输入相应的密钥之后才能显示出本来内容。通过这样的途径来达到保护数据不被非法窃取、阅读的目的。该过程的逆过程为解密，即将该编码信息转化为其原来数据的过程。

5.2.2 加密技术方法

数据加密技术就是通过信息的变换编码，将机密的敏感信息变换成黑客难以读懂的乱码型文字，以此达到两个目的：一是使不知道如何解密的黑客不可能从其截获的乱码中得到任何有意义的信息；二是使黑客不可能伪造任何乱码型的信息。一般情况下，把信息的原始形式称为明文，明文经过变换加密后的形式称为密文。由明文变成密文的过程称为加密，由密文变成明文的过程称为解密。而密钥是数据加密技术的关键，是为了有效地控制加密和解密算法的实现，要求通信双方都掌握的专门信息。根据密钥不同，将数据加密技术分为对称加密技术、非对称加密技术、混合加密技术。

1.对称加密技术

对称加密技术就是加密密钥能够从解密密钥中推算出来，同时解密密钥也可以从加密密钥中推算出来，而在大多数的对称算法中，加密密钥和解密密钥是相同的。

这种技术要求发送方用户和接收方用户在安全通信之前，商定一个密钥，这样发送方用户和接收方用户使用相同的密钥对信息进行加密和解密。

对称加密技术由于双方拥有相同的密钥，具有易于实现和速度快的优点，所以广泛应用于通信和存储数据的加密与解密中。但是如果多个用户之间进行通信加密时，每一对用户必须使用一个密钥，这就意味着如果有N个用户两两相互通信需要使用对称加密技术时，就存在N·（N-1）/2个不同的密钥才能保证双方收发密文，第三者无法了解他们所使用的密钥和密文内容，当N很大时，记住如此多的密钥是不可能的，而保留起来又会引起密钥泄露可能性的增加。另外，如何安全地将加密解密所使用的密钥传送给对方，也是一个必须要考虑的问题。因此对称加密技术的安全性依赖于密钥，泄露密钥就意味着任何人都可以对他们发送或接收的消息解密，所以密钥的保密性对通信安全性至关重要。对称加密流程如图5-1所示。

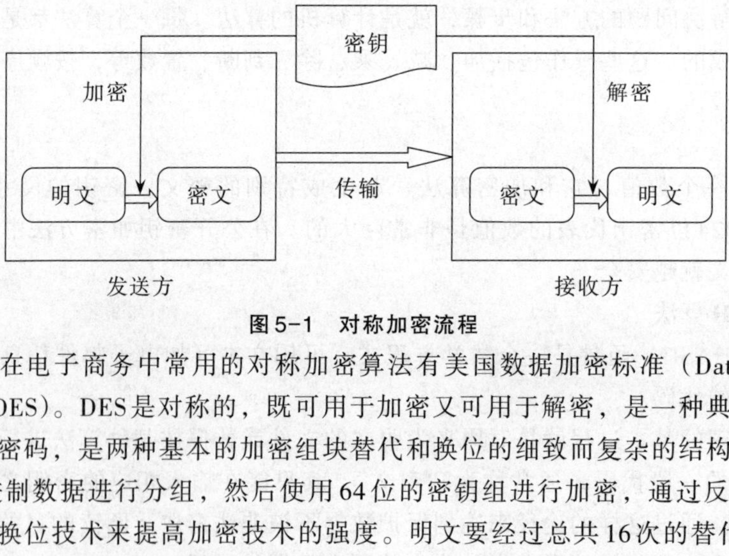

图5-1 对称加密流程

现阶段在电子商务中常用的对称加密算法有美国数据加密标准（Data Encryption Standard，DES）。DES是对称的，既可用于加密又可用于解密，是一种典型的按分组方式工作的密码，是两种基本的加密组块替代和换位的细致而复杂的结构。它将明文按64位二进制数据进行分组，然后使用64位的密钥组进行加密，通过反复依次应用组块替代和换位技术来提高加密技术的强度。明文要经过总共16次的替代和交换后，才能获得密文。解密的过程和加密时相似，但密钥的顺序正好相反。对于这种加密技术，除了使用穷举法尝试所有可能的密钥外，还没有已知技术可以求得所使用的密钥。DES的安全性只依赖于密钥的安全性，不依赖于算法的安全性。

对称加密技术具有加密速度快、保密度高等优点。其缺点有：

（1）密钥是保密通信安全的关键，发信者必须安全妥善地把钥匙护送到收信方，不能泄露其内容。如何才能把密钥安全地送到收信方，是对称加密技术的突出问题。

可见，此方法的密钥分发过程十分复杂，所花的代价大。

（2）多人通信时密钥和组合的数量会出现爆炸性的膨胀，使密钥分发更加复杂化，N个人进行两两通信，总需要的密钥数为N·（N-1）/2。

（3）通信双方必须统一密钥，才能发送保密的信息。如果发信者与收信人是素不相识的，就无法向对方发送秘密信息了。

2.非对称加密技术

顾名思义，非对称加密技术中加密密钥和解密密钥是不同的，也不可以相互推算(至少在合理假定的长时间内)。这种技术也可以称为公开密钥加密技术，这是因为加密密钥可以公开，即陌生人可以得到它并用来加密信息，但只有用相应的解密密钥才能解密信息。在这种加密技术中，加密密钥被叫作公开密钥，而解密密钥被叫作私有密钥。公开密钥和私有密钥成对出现，而且两个密钥之间存在数学关系；用一个密钥加密过的密文只能用对应的另一个密钥来解密，并且不能由一个密钥推算出另一个密钥。

这种技术要求发送方用户和接收方用户在安全通信之前，发送方通过网络查询或其他方式得到接收方的公开密钥；发送方使用公开密钥对明文进行加密得到密文；接收方收到密文后，用自己的私有密钥进行解密，恢复出明文。

非对称加密技术可以使用户不必记忆大量的提前商定好的密钥，因为发送方和接收方事先根本不必商定密钥，发送方只要可以得到可靠的接收方的公开密钥就可以给他发送信息了，即便双方根本互不相识。这样使得密钥的管理更加简单，只需保管一对密钥就可以了。如果有N个用户相互通信需要使用非对称加密技术时，只需N对密钥就可以保证双方收发密文，第三者无法了解密文内容。公开密钥的发放和保管十分方便，但为了保证可靠性，非对称加密技术需要一种与之配合使用的公开密钥管理机制，例如，加大公开密钥的位数来增加可靠性等。所以使用非对称加密技术对用户来讲算法更为复杂，花费的时间长，速度比较慢，不太适合对文件进行加密。非对称加密流程如图5-2所示。

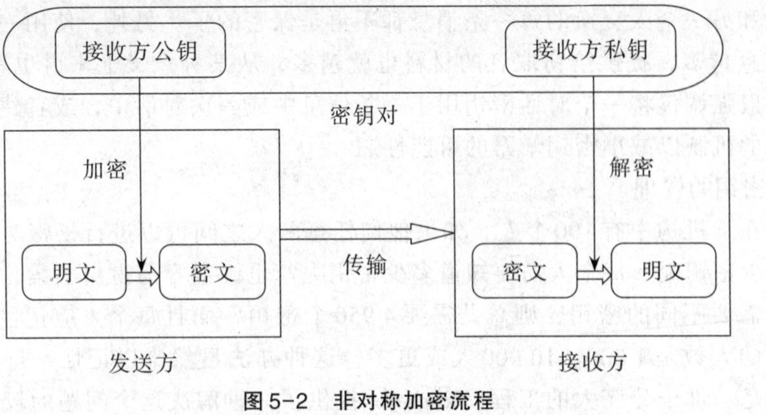

图5-2　非对称加密流程

现阶段在电子商务中常用的非对称加密算法是RSA编码法，因这种算法发明者的姓名Rivest、Shamir、Adelman缩写而得名RSA。它是一个可以支持长密钥的公开密钥加密算法，利用两个很大的质数相乘所产生的乘积来加密。这两个质数无论哪一个先与原文件编码相乘，对文件加密均可由另一个质数再相乘来解密。但要用一个质数来求出另一个质数，则是十分困难的。因此将这一对质数称为密钥对。RSA的安全性取决于从公开密钥计算出私有密钥的困难程度。公开密钥加密技术的优点是：

（1）密钥少，便于管理。网络中的每一用户只需保存自己的解密密钥，则N个用户仅需产生N对密钥。

（2）密钥分配简单。加密密钥分发给用户，而解密密钥则由用户自己保管。

（3）不需要秘密的通道和复杂的协议来传送密钥。

（4）可以实现数字签名和数字鉴别。

公开密钥加密技术的缺点是加密、解密速度慢。

3.混合加密技术

混合加密技术不是一种单一的加密技术，而是一个结合体，是上述两种数据加密技术相互结合的产物。通信双方的通信过程分为两个部分，双方先利用非对称加密技术传送本次通信所用的对称密钥，然后再用对称加密技术加密传送文件。

混合加密技术是用户在实际应用中总结出来的，它可以弥补对称加密技术和非对称加密技术的弱点，使二者优势互补，同时达到方便用户的目的。

5.2.3 密钥的管理

密钥既然要求保密，这就涉及密钥的管理问题，管理不好，密钥同样可能被无意识地泄露。并不是有了密钥就高枕无忧，任何保密也只是相对的，是有时效的。要管理好密钥我们还要注意以下几个方面：

1.密钥的使用要注意时效和次数

如果用户可以一次又一次地使用同样的密钥与别人交换信息，那么密钥也同其他任何密码一样存在着一定的安全问题。虽然用户的私钥是不对外公开的，但是也很难保证私钥长期的保密性，很难保证不被泄露。如果某人偶然知道了用户的密钥，那么用户曾经和另一个人交换的每一条消息都不再是保密的了。另外，使用一个特定密钥加密的信息越多，提供给窃取者的材料也就越多，从某种意义上来讲也就越不安全。因此，一般强调仅将一个对话密钥用于一条信息中或一次对话中，或者建立一种按时更换密钥的机制以减小密钥暴露的可能性。

2.多密钥的管理

假设在某机构中有100个人，如果他们任意两人之间可以进行秘密对话，那么总共需要多少密钥呢？每个人需要知道多少密钥呢？也许很容易得出答案。如果任何两个人之间需要不同的密钥，则总共需要4 950个密钥，而且每个人应记住99个密钥。如果机构的人数是1 000、10 000人或更多，这种办法显然难以记忆，过于复杂，管理密钥将是一件十分庞大的工程。Kerberos提供了一种解决这个问题的较好方案。它是由MIT发明的，使保密密钥的管理和分发变得十分容易，但这种方法本身还存在一定的缺点。为了能在互联网上提供一个实用的解决方案，Kerberos建立了一个安全的、可信任的密钥分发中心（Key Distribution Center，KDC），每个用户只要知道一个和KDC进行会话的密钥就可以了，而不需要知道成百上千个不同的密钥。

小资料

中国网络安全审查技术与认证中心简介

中国网络安全审查技术与认证中心（英文缩写为：CCRC，原为中国信息安全认证中心）于2006年由中央机构编制委员会办公室批准成立，为国家市场监督管理总局直属正司局级事业单位。依据《网络安全法》《网络安全审查办法》及国家有关强制性产品认证法律法规，承担网络安全审查技术支撑和认证工作；在批准范围内开展与网络安全相关的产品、管理体系、服务、人员认证和培训等工作；同时设有国家信息安全产品质量监督检验中心（北京）。中心的质量方针是：客观公正，科学规范，优质高效。

5.3 认证技术

5.3.1 数字证书

1.数字证书的定义与工作原理

传统的个人身份证明一般通过检验“物理物品”的有效性来确认持有者的身份。这类“物理物品”可以是身份证、护照、工作证、信用卡、驾驶执照、徽章等，其上往往含有与个人真实身份相关的易于识别的照片、指纹、视网膜影像等，并且具有权威机构（如公安机关）等发证机构的盖章。对于企业的身份，如在我国，则有市场监督管理局颁发的营业执照及印章等，只有通过市场监督管理局认定的企业才是合法经营者。

在电子商务中，网络业务是面向全球的，要求验证的对象数量以及区域范围也非常之大，因而增加了商务参与者身份验证的复杂性和实现的困难性。比如，在网络通信双方使用公开密钥加密之前，须先确认得到的公开密钥确实是对方的，也就是有一个身份确认的问题。最好的办法是双方面对面交换公开密钥，但这在实际中是不可行的，就像在前面的例子中，一个商家不可能和几百万个消费者都面对面地交换公开密钥。

为能确认双方的身份，必须由网络上双方都信任的第三方机构（这个机构就是后面所述的数字证书认证中心（CA））发行的一个特殊证书来认证。在电子商务中，通常是把传统的身份证书改成数字信息形式，由双方都信任的第三方机构发行和管理，以方便在网络社会上的传递与使用，进行身份认证，这就是数字证书。

数字证书，英文为Digital Certification，是指利用电子信息技术手段，确认、鉴定、认证Internet上信息交流参与者的身份或服务器的身份，是一个担保个人、计算机系统或者组织（企业或政府部门）的身份，并且发布加密算法类别、公开密钥及其所有权的电子文档。

可以说，数字证书是模拟传统证书（如个人身份证、企业营业执照等）的特殊数字信息文档。客户的数字证书可以证实该客户拥有一个特别的公钥，服务器证书则证实某个特定的公钥属于这个服务器。

数字证书的工作原理，就是信息接收方在网上收到发送方发来的业务信息的同时，收到发送方的数字证书，这时通过对其数字证书的验证，可以确认发送方的真实身份。在发送方与接收方交换数字证书的同时，双方得到对方的公开密钥。由于公开密钥是包含在数字证书中的，且借助证书上数字摘要（缩略图）的验证，确信收到的公开密钥是对方的。通过这个公开密钥，双方就可完成数据传送中的加/解密工作。

数字证书由发证机构——数字证书认证中心（CA）发行。该机构负责在发行数字证书之前，证实个人或组织的身份和密钥所有权。一般情况下，证书要由社会上公认的公正的第三方可靠组织发行。如果它签发的证书造成不恰当的信任关系，该组织就要承担责任。在网上支付结算中，必须认证结算各方的真实身份以及行为，否则会直接带来经济上的损失，因此数字证书在其中起着关键的作用。

2.数字证书的内容

数字证书的具体内容与格式遵循国际流行的ITU-Trec.X.509标准，其内容主要由基本数据信息和发行数据证书的CA签名与签名算法两部分组成。

（1）数字证书的基本数据信息。

①版本信息（Version）。用来区分ITU-Trec.X.509证书格式的版本。

②证书序列号（Serial Number）。每个由CA发行的数字证书必须有一个唯一的序列号，用于识别该证书。

③CA使用的签名算法（Algorithm Identifier）。CA的数字摘要与公开密钥加密体制算法。

④证书颁发者信息（Issuer Unique Identifier）。发此证书者的CA信息。

⑤有效使用期限（Period of Validity）。本证书的有效期，包括起始、结束日期。

⑥证书主题（Subject）或使用者。证书与公钥的使用者的相关信息。

⑦公钥信息（Public Key Information）。公开密钥加密体制的算法名称、公钥的字符串表示（只适用于RSA加密体制）。

⑧其他额外的特别扩展信息。如增强型密钥用法信息、CRL分发点信息等。

（2）发行数字证书的CA签名与签名算法。

数字证书的内容还包括发行证书的CA机构的数字签名和用来生成数字签名的签名算法，即缩略图算法部分、缩略图。应用这个缩略图算法与缩略图数据，任何人收到这份数字证书后都能使用签名算法验证数字证书是否由该CA的签名密钥签署，以保证证书的真实性与内容的真实性。

3.数字证书的使用与有效性

严格来讲，只有下列三个条件都为真实时，数字证书才是有效的。

（1）证书没有过期。所有的证书都有期限，可用检查证书的期限来决定证书是否有效。

（2）密钥没有被修改。如果密钥被修改，就不应该继续使用，密钥对应的证书应被视为无效。这可通过证书上的缩略图及其算法检验。

（3）有可信任的相应的颁发机构CA及时管理与回收无效证书，并且发行无效证书清单。

有效的数字证书在使用前都要有认证的过程，即当颁发的数字证书传送给某人或某站点时，数字证书颁发机构将上面的相关内容信息用自己的私人密钥加密，以使接收者能用证书里的公钥证实颁发机构的真实身份，判断证书的有效性。

数字证书通常需要写入一定的存储介质内，确保用户信息不被非法读取及篡改，如安全性较强的IC卡等。现在商业银行的网络银行服务，如招商银行的企业网络银行以及个人网络银行专业版的数字证书就采用了IC卡方式，它需要配置专门的读卡设备，并且另设密码控制，因而是相当安全的。

4.数字证书的种类

在电子商务环境中，与一个银行打交道，一个商家至少应有一对证书，当然也可以有多对证书，表示它与多个银行有合作关系，可以接受多种付款方法，除了持卡人证书和商家证书以外，还有支付网关证书、收单行证书和发卡行证书等。

（1）持卡者证书：持卡者证书表明持卡者拥有的支付卡是合法的，它是由权威的金融机构数字签署的。持卡者证书不包括账号和过期日期。代替账户信息的仅仅是由持卡者软件知道和使用单向HASH算法产生的一个秘密值。在SET协议中，持卡者向支付网关提供用于验证的账户信息和该HASH值，只有当持卡者的发卡金融机构验证用户后，才向持卡者发布一个证书，最低限度验证该持卡者的证书是可靠有效的。

（2）商家证书：一个商家至少拥有一个商家证书，也可以拥有多个商家证书。商家证书也是由与商家合作的权威的金融机构数字签署的，商家证书不能由其他第三方非法发行，它表示商家能够接收该支付卡的消费。这些证书由收单行金融机构认证，说明商家与收单行达成协议。在SET协议中，对应每个支付卡品牌，一个商家都拥有一个证书。

（3）支付网关证书：支付网关证书是由支付网关CA发行的，由收单行或收单行的处理系统拥有。持卡者使用支付网关的公钥来加密对称密钥，持卡者系统需要能够验证支付网关。商家向持卡者提供支付网关的加密证书，持卡者系统需要验证这个证书，确认该支付网关是合法的，以保证持卡者的支付指示的机密性。

（4）收单行证书：一个收单行必须拥有证书，才能使一个CA接收和处理商家从公共或专用网络发出的证书请求。那些选择支付卡品牌来代理处理证书请求的收单行可以不需要证书，因为它不处理SET消息。

（5）发卡行证书：一个发卡行必须拥有证书，CA才能接收和处理来自持卡者的证书请求（通过公共或专用网络）。那些选择支付卡品牌来代理处理证书请求的发卡行可以不需要证书，因为它不处理SET消息。

5.3.2 数字签名

1.数字签名简介

数字签名中很常用的就是散列（HASH）函数，也称消息摘要（Message Digest）、哈希函数或杂凑函数等，其输入为一可变长输入，返回一固定长度串，该串被称为输入的散列值（消息摘要）。

日常生活中，通常通过对某一文档进行签名来保证文档的真实有效性，可以对签字方进行约束，防止其抵赖行为，并把文档与签名同时发送以作为日后查证的依据。在网络环境中，可以用电子数字签名作为模拟，从而为电子商务提供不可否认服务。

把HASH函数和公钥算法结合起来，可以在提供数据完整性的同时，保证数据的真实性。完整性保证传输的数据没有被修改，而真实性则保证是由确定的合法者产生的HASH，而不是由其他人假冒。把这两种机制结合起来就可以产生所谓的数字签名（Digital Signature）。

将报文按双方约定的HASH算法计算得到一个固定位数的报文摘要值。在数学上保证：只要改动报文的任何一位，重新计算出的报文摘要就会与原先值不符。这样就保证了报文的不可更改。然后把该报文的摘要值用发送者的私人密钥加密，并将该密文同原报文一起发送给接收者，所产生的报文即称数字签名。

接收方收到数字签名后，用同样的HASH算法对报文计算摘要值，然后与用发送者的公开密钥进行解密解开的报文摘要值相比较。如相等则说明报文确实来自发送者，因为只有用发送者的签名私钥加密的信息才能用发送者的公钥解开，从而保证了数据的真实性。

数字签名相对于手写签名在安全性方面具有如下好处：数字签名不仅与签名者的私有密钥有关，而且与报文的内容有关，因此不能将签名者对一份报文的签名复制到另一份报文上，同时能防止篡改报文的内容。

2.数字签名步骤

数字签名是由数字签字软件在计算机上自动完成的，数字签字软件在产生数字签名时是分为两个步骤来完成的。第一步是数字签字软件根据特定的算法（哈希函数）将被签文件转换成一个比原来文件短得多的杂散码，这个杂散码对该文件是唯一的，当被签文件的任何地方被更改时，相应的杂散码也随之改变。第二步是由发送者用个人所独有的私人密钥将得到的杂散码进行加密，形成数字签名，发送方将原文和数字签名同时传给接收方。收件人在收到附有数字签名的电子文件后，分三个步骤进行检验。第一步与数字签字软件一样，对接收到的电子文件用同样的算法产生一个杂散码。第二步是用签字者的公共密钥将接收到的数字签名解密，还原成杂散码。第三步是将产生的杂散码和解密得到的杂散码进行比较，如果两者符合，说明文件是完整的；否则，文件在传送过程中就曾被修改或发生错误。根据公开密钥加密体系中密钥的加密与解密的相依特性，收件人只要能用签字者的公共密钥对其数字签字进行解密，就可证实该文件来自真实的签字者。

3.数字签名功能

数字签名可以解决否认、伪造、篡改及冒充等问题。具体要求：发送者事后不能否认发送的报文签名，接收者能够核实发送者发送的报文签名，接收者不能伪造发送者的报文签名，接收者不能对发送者的报文进行部分篡改。网络中的某一用户不能冒充另一用户作为发送者或接收者使用数字签名的应用范围十分广泛，在保障电子数据交换（EDI）的安全性方面是一个突破性的进展，凡是需要对用户的身份进行判断的情况都可以使用数字签名，比如加密信件、商务信函、订货购买系统、远程金融交易、自动模式处理等。

4.数字签名的实施

实现数字签名有很多方法，目前采用较多的是非对称加密技术和对称加密技术。虽然这两种技术实施步骤不尽相同，但大体的工作程序是一样的。用户首先可以下载或者购买数字签字软件，然后安装在个人电脑上。在产生密钥对后，软件自动向外界传送公开密钥。由于公共密钥的存储需要，需要建立一个鉴定中心（CA）完成个人信息及其密钥的确定工作。鉴定中心是一个政府参与管理的第三方成员，以保证信息的安全和集中管理。用户在获取公开密钥时，首先向鉴定中心请求数字确认，鉴定中心确认用户身份后，发出数字确认，同时鉴定中心向数据库发送确认信息；然后用户使用私有密钥对所传信息签名，保证信息的完整性、真实性，也使发送方无法否认信息的发送，之后发向接收方，接收方接收到信息后，使用公开密钥确认数字签名，进入数据库检查用户确认信息的状况和可信度；最后数据库向接收方返回用户确认状态信息。不过，在使用这种技术时，签名者必须注意保护好私有密钥，因为它是公开密钥体系安全的重要基础。如果密钥丢失，应该立即报告鉴定中心取消认证，将其列入确认取消列表之中。其次，鉴定中心必须能够迅速确认用户的身份及其与密钥的关系。一旦接收到用户请求，鉴定中心要立即认证信息的安全性并返回信息。

5.3.3 认证技术

1.CA的定义

在传统商务中，用来认证商家或客户身份的认证证书大多是由被认为公正的第三方机构（如政府部门）颁发的。为了保证传统商务中每个商务实体的合法性，做到有证可循，市场监督管理总局作为一个政府部门，是第三方并且是公正的，它发行并且管理着营业执照。而作为电子商务平台的Internet上是没有“政府”的，那该由谁来管理并认证、规范Internet上的电子商务参与者的行为呢？这就需要在网上建立一个类似市场监督管理总局职能的第三方公正的认证机构，负责颁发数字证书和检验网上商家身份真实的工作。这个机构就是网上认证中心。

所谓认证中心，也称数字证书认证中心，英文为Certification Authority，简称CA，是基于Internet平台建立的一个公正的、有权威的、独立的（第三方的）和广受信赖的组织机构，主要负责数字证书的发行、管理以及认证服务，以保证网上业务安全可靠地进行。一个完整安全的电子商务活动，如在网上进行支付结算，必须要有CA的参与，这在网上支付体系构成中有所阐述。为了促进网上支付结算的发展，在社会上必须建立具有绝对权威性的认证中心，由电子商务的参与各方（客户、商家、银行、政府机构等）实体上网注册，加入已有的认证中心，如此，认证中心就能确保所有网上支付与结算过程以及各方的安全性，从而开展安全的网上支付。

2.CA的技术基础

CA的角色是重要的，但并不是任何一个组织想建立就能建立起来的。除了上述对第三方要求保持公正、具备良好信誉之外，关键是CA的建立与运作需要强大的技术支撑，因为它涉及许多先进的密码技术。比如，CA提供的公开密钥与数字摘要机制等必须是先进的，密钥的位数必须达到一定长度，以保证CA及其发行的证书的安全可靠，并且在服务质量与认证速度、管理机制上均需达到很高的水平。我国还没有建立起高水平的跨区域的认证中心，这也是阻碍中国电子商务以及网上支付大规模发展普及的一个重要原因。虽然近些年各个地方建立了一些CA，但规模均较小。且不说技术与服务水平如何，甚至连开展的区域都是局域性的或行业性的，没有得到社会的普遍信任。

CA的技术基础是PKI体系。PKI就是利用公钥理论和技术建立的提供网络安全服务的基础设施。PKI技术是信息安全技术的核心，也是电子商务交易与网上支付的关键和基础技术。PKI的基础技术包括加密、数字签名、数字摘要、数字信封、双重数字签名等。一个完整的PKI系统的基本构成包括权威的认证中心CA、数字证书库、密钥备份及恢复系统、证书作废系统、应用接口（API）等。其中，CA作为数字证书的签发与管理机构、公开密钥的承载者，是PKI的核心部分。构建密码服务系统的核心内容是如何实现密钥管理。公钥体制涉及一对密钥，私人密钥只由用户独立掌握，无须在网上传输；而公开密钥则是公开的，需要在网上传送。故公钥体制的密钥管理主要是针对公钥的管理问题，目前较好的解决方案是数字证书这种密钥管理媒介。

CA认证数字证书采用一种树形验证结构。在双方通信时，通过出示由某个CA签发的证书证明自己的身份。如果对签发证书的CA本身不信任，则可验证CA的真实身份，依此类推，一直验证到公认的权威CA处，才可确信证书的有效性。SET安全交易协议中商务各方的数字证书正是通过这种信任层次逐级验证的。每个证书均与数字化签发证书的实体签名证书相关联。沿着信任树直到一个公认的信任组织，就可确认该证书是有效的。例如，C的证书是由名称为B的CA签发的，而B的证书又由名称为A的CA签发的，A是权威的机构，通常称为Root CA。验证到了Root CA处，就可确信C的证书是合法的。

3.CA的功能

CA在整个公钥加密体制以及安全的网上支付过程中的地位是至关重要的。其主要功能可以表述为如下八个方面：

（1）生成密钥对及CA证书。

CA要向交易各方颁发证书，必须生成公钥体系中自己的密钥对，并对私钥进行有效的保护，以利于签名的使用。作为自成体系的、封闭的CA系统，CA必须生成自己的根密钥对，且在此基础上生成根证书，就可以为各级CA以及客户生成证书，保证证书持有者有不同的密钥对。已经建立的或正在建立的CA系统，很多都是自成体系的，这样的CA系统不仅做根CA，还做品牌CA、持卡人CA、商家CA和网关CA。网上交易的各方都由这一家CA机构颁发证书，如目前中国工商银行的情况就是如此。

（2）验证申请人身份。

网上支付的交易各方，如持卡人、商家、支付网关等，在向CA申请数字证书时，CA必须对其真实的身份进行认证，防止数字证书被冒领。因此CA必须建立一套严密的身份认证流程。

（3）颁发数字证书。

CA系统的主要任务就是向网上交易各方颁发数字证书。CA系统必须能在Internet上接收交易各方的证书申请，在签名验证申请者的真实身份并且通过资格检查后，有CA签名的申请者的数字证书将在线发送给申请者。

证书的发放也可以通过离线方式，比如CA将申请者的数字证书加密后放入软盘或IC卡等载体，由证书申请者亲自到CA机构领取，再用特定的方法，将数字证书装入自己的计算机应用系统中。如招商银行的企业网络银行采用的IC卡证书方式就非常不错。

（4）证书以及持有者身份认证查询。

借助CA服务器，可在线查询证书的生成情况，也可在线认证证书持有者，CA必须保证24（小时）×365（天）的跨区域服务，并且需拥有足够的带宽，以保证较快的查询速度。

（5）证书管理及更新。

及时记录所有颁发的证书以及所有被吊销的证书，使得能在交易各方的证书失效以后，及时更新数字证书。

（6）吊销证书。

CA根据证书持有者的应用情况，可在数字证书有效期内使其无效，并且公布于众。CA系统必须具有证书黑名单的生成与管理功能，证书黑名单中只包括废除的分支CA和网关的数字证书。这些证书黑名单和黑名单管理文件通过各级CA及网关，在与商家及客户交换消息时分发出去。

（7）制定相关政策。

CA的政策越公开越好，信息发布越及时越好。普通用户信任一个CA，除了拥有先进的技术和雄厚的实力这些因素之外，另一个极为重要的因素就是CA的政策。CA的政策是指CA必须对信任它的事务各方负责，它的责任大部分体现在政策的制定和实施上。

（8）有能力保护数字证书服务器的安全。

数字证书服务器必须是十分安全的，CA应当采取相应措施保证其安全性，如加强对系统管理员的管理，加强对防火墙的保护等；否则，连CA都不安全了，由其提供的数字证书服务的安全就无从说起。

4.CA的组成框架与数字证书的申请流程

证书的发放过程实际上由两部分组成：一部分是证书的申请、制作、发放；另一部分是用户的身份认证。这两部分工作实际上是由CA两个不同的部门来完成的。这样，就将CA分成CA（证书服务中心）和RA（审核受理处）两部分，由CA完成接收证书请求及发证的工作，而由RA完成身份认定工作，CA与RA之间一般通过专线连接。

RA一般由能够认定用户身份的单位来担任（如持卡人RA由发卡银行担任，商家的RA由收单银行担任）。CA收到用户的证书请求后，向RA要求证明用户的合法与真实性；得到证明后，CA向用户颁发证书。也可以让用户先到RA当面申请填表，RA批准后，将信息传送到CA；CA在收到用户的证书请求后，就能立即给予答复。

CA还能进一步分成RS（证书业务受理中心）与CP（证书制作中心）两部分。RS负责接收用户的证书申请、发放等与用户打交道的工作，CP则进行证书的制作、记录等内部工作。用户为获得数字证书，必须上网，进入CA网站，实际就是进入RS网站，向RS申请证书；RS与用户对话后，可以获得用户的申请信息，然后传送给CP；CP与RA进行联系，从RA处获得用户的身份认证信息后，为用户制作证书，交给RS；当用户再上网要求获取证书时，RS将制作好的证书传送给用户。

在SET安全网上支付中，参与的每家银行都要建立自己的RA。面对众多的用户，光有一个RA是无法完成任务的。RA下必须设立许多业务受理点，接待用户，进行申请登记工作。RA作为身份认证与审核部门，通过专线与各业务受理点连接。各业务受理点接收用户的申请，审查用户的身份证件，通过专线与RA交换信息，完成用户的身份认证工作。

（1）CA的组成框架。基于以上的业务过程，一个功能较为完整的CA组成框架如图5-3所示。借助各地的业务受理点以及Internet，CA公司可以跨区域为用户提供数字证书服务。例如，CA收到外地区用户的证书请求后，通过网络专线到当地的RA获得身份认定，就可以向申请用户颁发数字证书。当然，CA本身还可作为世界上更加权威的CA中心如Veri Sign的分支机构，CA本身需要一个由上级CA颁发的数字证书。例如，北京天威诚信电子商务服务有限公司，作为成立于2000年9月且经信息产业部批准的第一家开展商业性PKI / CA服务的试点企业，其证书就是由Veri Sign颁发的数字证书，因而成为Veri Sign在中国的业务合作伙伴。

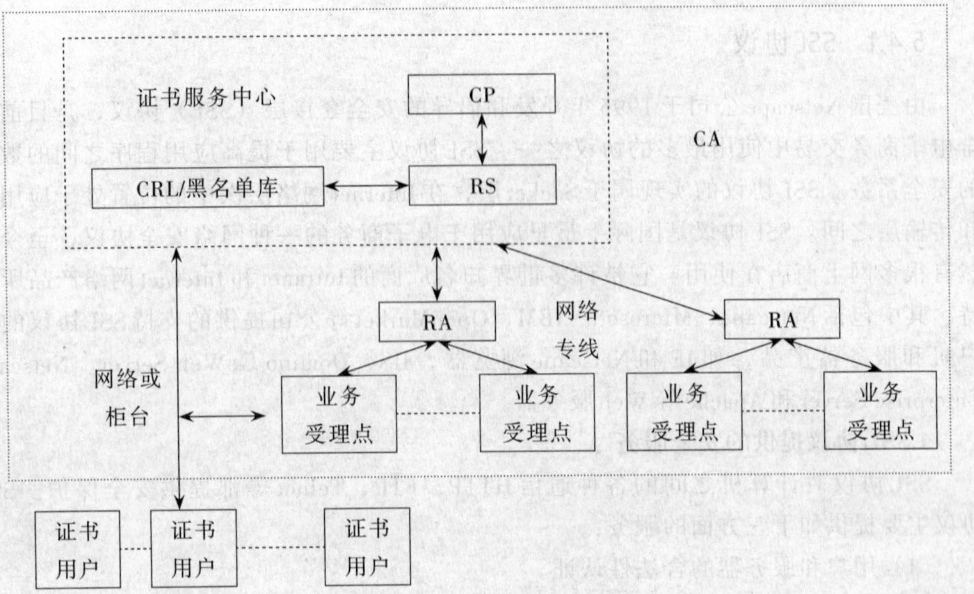

图5-3　CA组成框架

（2）数字证书的申请流程。基于上述的CA组成框架，一般数字证书的申请操作流程如下：

①用户带相关证明到证书业务受理中心RS申请证书。

②用户在线填写证书申请表格和证书申请协议书。

③RS业务人员取得用户申请数据后，与RA中心联系，要求用户身份认证。

④RA下属的业务受理点审核员通过离线方式（面对面）审核申请者的身份、能力和信誉等。

⑤审核通过后，RA中心向CA中心转发证书的申请请求。

⑥CA中心响应RA中心的证书请求，为该用户制作、签发证书，并且交给RS。

⑦当用户再次上网要求获取证书时，RS将制作好的证书传送给用户；如果证书介质是IC卡方式，则RS业务人员打印好相关密码信封传递给用户，通知用户到相关业务受理点领取。

⑧用户根据收到的用户应用指南，使用相关的证书业务。

5.4　电子商务安全交易协议

如何通过电子支付安全地完成整个交易过程，也是人们在选择网上交易时所必须面对的而且是首先要考虑的问题。就目前而言，虽然电子支付的安全问题还没有形成一个公认成熟的解决办法，但人们还是不断通过各种途径进行大量的探索，SSL安全协议和SET安全协议就是这种探索的两项重要结果，它们已经在国家间的电子支付中广泛使用。

5.4.1 SSL协议

由美国Netscape公司于1995年开发和倡导的安全套接层（SSL）协议，是目前安全电子商务交易中使用最多的协议之一。SSL协议主要用于提高应用程序之间的数据的安全系数。SSL协议的实现属于Socket层，在Internet网络层次中的位置处于应用层和传输层之间。SSL协议是国际上最早应用于电子商务的一种网络安全协议，至今仍然有很多网上商店在使用。它被许多世界知名厂商的Intranet和Internet网络产品所支持，其中包括Netscape、Microsoft、IBM、OpenMarket等公司提供的支持SSL协议的客户机和服务器产品，如IE和Netscape浏览器，IIS、Domino GoWeb Server、Netscape Enterprise Server和Apache等Web服务器。

1.SSL协议提供的安全服务

SSL协议对计算机之间的各种通信HTTP、FTP、Telnet等都提供安全保护。SSL协议主要提供如下三方面的服务：

（1）用户和服务器的合法性认证。

认证用户和服务器的合法性，使得它们能够确信数据将被发送到正确的客户机和服务器上。客户机和服务器都有各自的识别号，这些识别号由公开密钥进行编号，为了验证用户是否合法，SSL协议要求在握手交换数据时进行数字认证，以此来确保用户的合法性。

（2）加密数据以隐藏被传送的数据。

SSL协议所采用的加密技术既有对称密钥技术，也有公开密钥技术。在客户机与服务器进行数据交换之前，交换SSL初始握手信息，在SSL握手协议中采用了各种加密技术对其加密，以保证其机密性和数据的完整性，并且用数字证书进行鉴别。这样就可以防止非法用户进行破译。

（3）保护数据的完整性。

SSL协议采用HASH函数和机密共享的方法来提供信息的完整性服务，建立客户机与服务器之间的安全通道，使所有经过安全套接层协议处理的业务在传输过程中能完整准确无误地到达目的地。

SSL协议是在Internet基础上提供的一种保证私密性的安全协议。它能使客户机/服务器应用之间的通信不被攻击者窃取，并且始终对服务器进行认证，还可选择对客户进行认证。SSL协议要求建立在可靠的传输层协议（如TCP）之上。SSL协议的优势在于它是与应用层协议独立无关的。高层的应用层协议（如HTTP、FTP、Telnet等）能透明地建立于SSL协议之上。SSL协议在应用层协议通信之前就已经完成加密算法、通信密钥的协商以及服务器认证工作。在此之后应用层协议所传送的数据都会被加密，从而保证通信的安全性。

2.SSL协议的运行步骤

SSL协议的运行步骤包括：

（1）接通阶段。客户通过网络向服务商打招呼，服务商回应。

（2）密钥交换阶段。客户与服务器之间交换双方认可的密钥，一般选用RSA密码算法，也有的选用Diffie Hellman和Fortezza KEA密码算法。

（3）协商密钥阶段。客户与服务商之间产生彼此交谈的会话密钥。

（4）检验阶段。检验服务商取得的密钥。

（5）客户认证阶段。验证客户的可信度。

（6）结束阶段。客户与服务商之间相互交换结束的信息。

当上述动作完成之后，两者间的资料传送就会加密，另外一方收到资料后，再将密文资料还原。即使盗窃者在网络上取得密文资料，如果没有原先编制的密码算法，也不能获得可读的有用资料。

发送时信息用对称密钥加密，对称密钥用非对称算法加密，再把两个包绑在一起传送过去。接收的过程与发送正好相反，先打开有对称密钥的加密包，再用对称密钥解密。

在电子商务交易过程中，由于有银行参与，按照SSL协议，客户的购买信息首先发往商家，商家再将信息转发给银行，银行验证客户信息的合法性后，通知商家付款成功，商家再通知客户购买成功，并将商品寄送给客户。

SSL协议运行的基点是商家对客户信息保密的承诺。但在上述流程中我们也注意到，SSL协议有利于商家而不利于客户。客户的信息首先传到商家，商家阅读后再传至银行，这样，客户资料的安全性便受到威胁。商家认证客户是必要的，但在整个过程中，缺少了客户对商家的认证。在电子商务的开始阶段，由于参与电子商务的公司大都是一些大公司，信誉度较高，所以这个问题没有引起人们的足够重视。随着电子商务参与厂商的迅速增加，对厂商的认证问题越来越突出，SSL协议的缺点便完全暴露出来。SSL协议势必将逐渐被新的电子商务协议（如SET）所取代。

3.SSL协议的体系结构

SSL协议不是单个协议，而是两层协议，包含套接层SSL记录协议和应用层SSL握手协议、SSL更改密文规范协议和SSL警告协议。

（1）SSL记录协议。

在SSL协议中，所有的传输数据都被封装在记录中。记录是由记录头和长度不为0的记录数据组成的。所有的SSL通信包括握手消息、安全空白记录和应用数据都使用SSL记录层。SSL记录协议包括了记录头和记录数据格式的规定。

（2）更改密文规范协议。

更改密文规范协议（Change Cipher Spec Protocol）是使用SSL记录协议的最简单的SSL相关协议之一。这个协议由单个报文组成，该报文由值为1的单个字节组成。这个报文的唯一目的就是使挂起状态被复制到当前状态，改变了这个连接将要使用的密文族。

（3）告警协议。

告警协议用来将SSL协议有关的告警传送给对方实体。和其他使用SSL协议的应用一样，告警报文按照当前状态说明被压缩和加密。

告警协议的报文由两个字节组成。第一个字节的值是警告（warning，值1）或致命的（fatal，值2），用来传送报文的严重级别。如果级别是致命的，SSL协议就立刻终止该连接。同一个会话的其他连接可以继续，但是这个会话不可以再建立新的连接了。第二个字节包含了特定告警的代码。

（4）SSL握手协议。

SSL握手协议包含两个阶段四个步骤，第一个阶段的两个步骤用于建立秘密通信信道，第二个阶段的两个步骤用于客户认证。第一阶段是通信的初始化阶段，通信双方都发出Hello消息。当双方都接收到Hello消息时，就有足够的信息确定是否需要一个新的密钥。若不需要新的密钥，双方立即进入握手协议的第二阶段。否则，此时服务器方的Serverhello消息将包含足够的信息，使客户方产生一个新的密钥。这些信息包括服务器所持有的证书、加密规约和连接标识。若密钥产生成功，客户方发出Clientmasterkey消息；否则发出错误消息。最终当密钥确定以后，服务器方向客户方发出Serververify消息。因为只有拥有合适的公钥的服务器才能解开密钥。需要注意的是每一通信方向上都需要一对密钥，所以一个连接需要四个密钥，分别为客户方的公开密钥、客户方的私有密钥、服务器方的公开密钥、服务器方的私有密钥。第二阶段的主要任务是对客户进行认证，此时服务器已经被认证了。服务器方向客户发出认证请求消息：Request-Certificate。当客户收到服务器方的认证请求消息时，发出自己的证书，并且监听对方回送的认证结果。当服务器收到客户的认证，认证成功返回Serverfinish消息，否则返回错误消息，至此，握手协议全部结束。

4.SSL协议的安全措施

SSL协议采用对称密码技术和公开密码技术相结合，密码和证书实现通信数据完整性、认证性等安全服务。其安全措施如下：

（1）加密算法和会话密钥。

加密算法和会话密钥是在握手协议中协商并由Cipher Choice指定的。现有的SSL版本中所用到的加密算法包括RC4、RC2、IDEA和DES，而加密算法所用的密钥由消息散列函数MD5产生。RC4、RC2是由RSA定义的，其中RC2适用于块加密，RC4适用于流加密。

（2）认证算法。

认证算法采用ITU-Trec.X.509电子证书标准，通过使用RSA算法进行数字签名来实现。SSL认证包括服务器的认证和客户的认证两种。

①服务器的认证。在上述两对密钥中，对服务器进行认证时，只有用正确的服务器方私有密钥加密Clienthello消息形成的数字签名才能被客户正确地解密，从而验证服务器的身份。若通信双方不需要新的密钥，则它们各自所拥有的密钥已经符合上述条件。若通信双方需要新的密钥，首先服务器方在Serverhello消息中的服务器证书中提供了服务器的公有密钥，服务器用其私有密钥才能正确地解密由客户方使用服务器的公有密钥加密的Masterkey，从而获得服务器方的读密钥和写密钥。

②客户的认证。只有用正确的客户方私有密钥加密的内容才能被服务器方用其读

密钥正确地解开。当客户收到服务器方发出的Request-Certificate消息时，客户首先使用MD5消息散列函数获得服务器方信息的摘要，服务器方的信息包括Keymaterial0、Keymaterial1、Keymaterial2、Certificate challengedata（来自Request-Certificate的消息）和服务器所赋予的证书（来自Serverhello的消息）。其中Keymaterial1、Keymaterial2是可选的，与具体的加密算法有关。然后客户使用自己的私有密钥加密摘要形成数字签名，从而被服务器认证。

另外，SSL协议在“重传攻击”上有它独到的解决办法。SSL协议为每一次安全连接产生一个128bit长的随机数——“连接序号”。理论上，攻击者事先无法预测此连接序号，因此不能对服务器的请求做出正确的应答。但是计算机产生的随机数是伪随机数，它的实际周期要远比128bit小，更为危险的是其有规律性，所以说SSL协议并没有从根本上解决“信息重传”这种攻击方法，有效的解决方法是采用“时间戳”。但是这需要解决网络上所有节点的时间同步问题。

总之，SSL协议的安全性能是好的，而且随着SSL协议的不断改进，更多的安全性能好的加密算法被采用，逻辑上的缺陷被弥补，SSL协议的安全性能势必会不断加强。

目前，几乎所有操作平台上的Web浏览器（IE、Netscape）以及流行的Web服务器（IIS、Netscape Enterprise Server等）都支持SSL协议，因此使得使用该协议既便宜且开发成本较小。

5.4.2 SET协议

安全电子交易规范（Secure Electronic Transaction，SET）是Visa和MasterCard于1997年5月联合开发的一个加密的安全规范，它具有很强的安全性。该规范由以前发表的若干协议形成，它们是STT（Visa / Microsoft）、SEPP（MasterCard）和iKP协议族（IBM）。SET及其适合的诸协议是基于安全信用卡协议的一个例子。由于它得到了IBM、HP、Microsoft、Netscape、VeriFone、GTE、Terisa和VeriSign等很多大公司的支持，已成为事实上的工业标准，目前已获得IETF标准的认可。SET1.0版已经公布并可应用于任何银行支付服务。1998年，第一个兼容SET的产品已经开始应用。有时人们往往不加区别，总称为SET协议。事实上，SET本身是一组安全协议和格式的集合，使得用户可以用一种安全的方式，将已经存在的信用卡支付基础设施配置在开放网络上，如Internet。

1.SET协议提供的安全服务

（1）SET协议的主要安全目标。

①信息在Internet上安全传输，保证网上传输的数据不被黑客窃取；

②订单信息和个人账号信息的隔离，当包含持卡人账号信息的订单送到商家时，商家只能看到订货信息，而看不到持卡人的账户信息；

③持卡人和商家相互认证，以确定通信双方的身份，一般由第三方机构负责为在线通信双方提供信用担保；

④要求软件遵循相同协议和报文格式，使不同厂家开发的软件具有兼容和互操作功能，并且可以运行在不同的硬件和操作系统平台上。

（2）SET协议提供的安全服务。

①确保在支付系统中支付信息和订购信息的安全性；

②确保数据在传输过程中的完整性，即确保数据在传输过程中不被破坏；

③对持卡者身份的合法性进行检查；

④对支付接收方的身份（即商家的身份）的合法性进行检查；

⑤提供最优的安全系统，以保护在电子贸易中的合法用户；

⑥确保该标准不依赖于传输安全技术，也不限定任何安全技术的使用；

⑦使通过网络和相应的软件所进行的交互作业简便易行。

2.SET协议的运行步骤

电子商务的工作流程与实际的购物流程非常接近，使得电子商务与传统商务可以很容易融合，用户使用也没有什么障碍。从顾客通过浏览器进入在线商店开始，一直到所订货物送货上门或所订服务完成，以及账户上的资金转移，所有这些都是通过Internet完成的。如何保证网上传输数据的安全和交易对方的身份确认是电子商务能得到推广的关键，这正是SET所要解决的最主要的问题。一个包括完整的购物处理流程的SET的工作过程如图5-4所示。

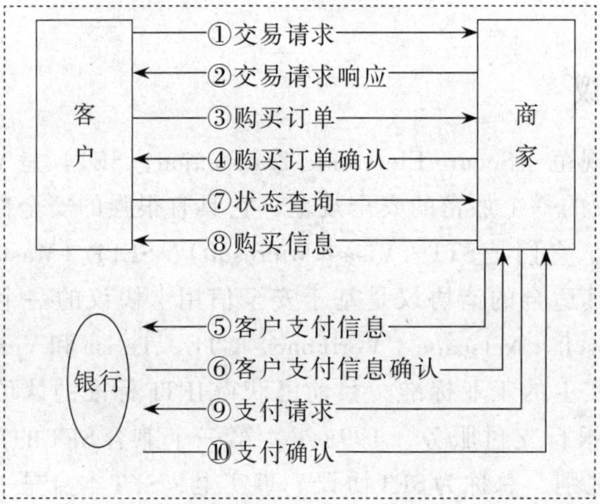

图5-4 SET协议流程

图5-4中，消息①、②是交易初始设置，客户与商家相互交换身份证书，建立一个交易ID号；在消息③的客户购买消息中，包含商品或服务名、客户签名、加密的客户信用卡信息；消息④是商家对用户购买订单的确认；消息⑤、⑥是商家对客户支付信息合法性的验证，在商家与银行（或其代理）间进行；消息⑦、⑧使用户对交易内容、状态有查询的能力；消息⑨是商家与银行间的兑现和平账过程。

前三步与SET无关，从第四步开始SET起作用，一直到第九步，在处理过程中，对通信协议、请求信息的格式、数据类型的定义等，SET都有明确的规定。在操作的每一步，持卡人、商家和支付网关都通过认证机构（CA）来验证通信主体的身份，以确保通信的对方不是冒名顶替的。

3.SET协议的体系结构

SET向基于信用卡进行电子化交易的应用提供了实现安全措施的规则。SET主要由三个文件组成，分别是SET业务描述、SET程序员指南和SET协议描述。SET规范涉及的范围包括：加密算法的应用（如RSA和DES）；证书信息和对象格式；购买信息和对象格式；确认信息和对象格式；划账信息和对象格式；对话实体之间消息的传输协议。

SET支付系统的主要参与方有：

（1）持卡人，即消费者，他们通过Web浏览器或客户端软件购物。

（2）商家，提供在线商店或商品目录给消费者。

（3）发卡人，一般为金融机构，金融机构为持卡人开立账户，并且发放支付卡。

（4）收款银行，它为商家建立账户，并且处理支付卡的认证和支付事宜。

（5）支付网关，是由收款银行或指定的第三方操纵的设备，它处理商家的支付信息，也包括来自消费者的支付指令。

SET支付系统还涉及认证机构（CA），但是它不参与SET的支付流程。它给各参与方颁发证书，各参与方可以通过查看对方的证书来确定对方是准确的而不是冒充的。要建立安全的电子商务系统，首先必须有一个健全可信的CA。CA的主要功能包括：接收注册请求，处理、批准/拒绝请求，颁发证书。

在实际运作中，CA也可由大家都信任的一方担当。例如，在客户、商家、银行三角关系中，客户使用的是由某个银行发的卡，而商家又与此银行有业务关系（有账号）。在此情况下，客户和商家都信任该银行，可由该银行担当CA角色，接收、处理客户证书和商家证书的验证请求。例如，对商家自己发行的购物卡，则可由商家自己担当CA角色。

4.SET协议的安全措施

SET协议采用的安全措施，几乎全部以数据加密技术为基础，可以说没有加密技术就没有安全电子交易。SET协议把对称密钥体制和公开密钥体制完美地结合起来，充分利用了DES效率高、速度快和RSA安全性高、密钥管理简便的优点。下面从数据的机密性、认证性和完整性等方面讨论SET所采用的安全措施。

（1）通过加密保证信息的机密性。数据机密性用于保护敏感的和个人的信息，防止有意或无意的攻击和泄露。在一个非安全的网络环境中要保证数据的安全性，需要采用加密技术和相关的密钥管理。SET在一个数字信封（Digital Envelope）中使用对称和非对称两种加密技术与算法来提供数据的机密性。发送方将消息用DES加密，并将DES对称密钥用接收方的公钥加密，形成消息的“数字信封”，将数字信封与DES加密后的消息一起发给接收方。接收者收到消息后，先用其密钥打开数字信封，得到发送方的DES对称密钥，再用此对称密钥去解开数据。只有用接收方的RSA密钥才能够打开此数字信封，从而确保了接收方的身份。

SET既保证支付数据的机密性，也需保证非支付数据的机密性，这些数据包含实际数据的提示。例如，SET不交换订购说明，但在购买请求中包含订购描述的Hash值。虽然非支付数据的机密性不在SET范围内，但是也必须采取措施以保护数据。

（2）应用数字签名技术进行鉴别。签名技术在SET中有两种应用形式，一个最重要的革新就是双重签名。

①数字签名。SET中，数字签名采用RSA算法，数据发送方采用自己的私钥加密数据，接受方用发送方的公钥解密。由于私钥和公钥之间的严格对应性，使用其中一个只能用另一个来解密，保证了发送方不能抵赖发送过的数据，完全模拟了现实生活中的签名。

②双重签名。数字签名在SET协议中一个重要的应用就是双重签名。在交易中持卡人发往银行的支付指令是通过商家转发的，为了避免在交易的过程中商家窃取持卡人的信用卡信息，以及避免银行跟踪持卡人的行为，侵犯消费者隐私，但同时不能影响商家和银行对持卡人所发信息的合理的验证，只有当商家同意持卡人的购买请求后，才会让银行给商家付费。SET协议采用双重签名来解决这一问题。

③使用X.509v3数字证书来提供信任。

SET协议使用X.509v3数字证书来提供信任。SET协议中主要的证书是持卡人证书和商家证书。持卡人证书是支付卡的一种电子化的表示。持卡人证书不包括账号和终止日期信息，而是用单向哈希算法根据账号和截止日期生成的一个码。如果知道账号、截止日期、密码值，即可导出这个码值；反之则不行。商家证书就像是贴在商家收款台小窗上的付款卡贴画，以表示它可以用什么卡来结算。在SET环境中，一个商家至少应有一对证书，与一个银行打交道；一个商家也可以有多对证书，表示它与多个银行有合作关系，可以接受多种付款方法。除了持卡人证书和商家证书外，还有支付网关证书、银行证书、发卡机构证书。在双方通信时，通过出示由某个CA签发的证书来证明自己的身份。如果对签发证书的CA本身不信任，则可验证CA的身份。依此类推，一直到公认的权威CA处，就可确信证书的有效性。每一个证书与签发证书的实体的签名证书相关联。SET证书正是通过信任层次来逐级验证的。例如，C的证书是由B的CA签发的，而B的证书又是由A的CA签发的，A是权威的机构，通常称为根CA。验证到了根CA处，就可确信C的证书是合法的。

在网上购物实现中，持卡人的证书与发卡机构的证书相关联，而发卡机构证书通过不同品牌卡的证书连接到根CA，而根CA的公开密钥对所有的SET软件都是已知的，可以校验每一个证书。

持卡人可从公开媒体上获得商家的公开密钥，但持卡人无法确定商家不是冒充的（有信誉），于是持卡人请求CA对商家认证。CA对商家进行调查、验证和鉴别后，将包含商家公开密钥的证书经过数字签名传给持卡人。同样，商家可对持卡人进行验证。

④应用散列函数保证数据完整性。数据完整性保证接收到的是实际发出的所有数据。SET协议中采用从传输数据产生的完整性数值（即HASH值）来实现。数据的完整性数值从发送方传输到接收方，接收方通过比较完整性数值来验证数据是否经过

篡改。

SET中将散列函数和数字签名一起结合使用，允许数据单元的接收方验证数据的来源和完整性，防止伪造和篡改。在SET结构中，一个数字签字是采用发送方私用密钥加密的HASH值，该HASH值提供消息内数据的完整性。如果支付数据被修改，则其HASH值不同，当接收方接到消息后，重新计算HASH值，可发现数据被修改。该HASH值被加密后保证一个第三方无法改变HASH值。因为没有发送方的私人密钥，无法将新HASH值加入到消息中。

总的来讲，SSL协议比较简单，因而其应用也相对较广泛；SET协议比较复杂，因而在某种程度上也阻碍了其推广的进程。从安全性角度看，SSL协议不如SET协议安全，对于使用信用卡支付的系统来说，SET协议则是最好的选择，SET协议是专门针对信用卡支付而设计的协议。

课堂讨论

如何构建一个完整的电子商务安全保障体系？构建一个完整的电子商务安全保障体系包括哪几个基本层次？工作中我们应该如何执行？

本章小结

本章通过引入华硕官方网站遭黑客攻击的案例，向同学们介绍了电子商务安全的重要性。在介绍了电子商务安全基本概念及电子商务安全保障体系的基础上，详细介绍了电子商务安全风险，电子商务安全认证协议和电子商务加密技术。同学们通过学习该内容，应该养成良好的电子商务安全素养，熟练运用电子商务加密技术和数字签名技术，有效地在工作中消除安全隐患，至此，就达到了我们学习本章内容的初衷。

基本训练

一、选择题（多项选择）

1.从技术上看，网上交易中信息传输风险主要来自（　　）。

A.冒名盗窃　　B.篡改数据　　C.信息丢失　　D.伪造信息

2.电子商务安全需求主要包括（　　）。

A.机密性　　B.完整性　　C.认证性　　D.有效性

3.网上交易安全管理，除了单纯从技术角度寻求解决办法，还应该从（　　）方面综合防范。

A.技术　　B.管理　　C.创新　　D.法律

4.对称密钥加密技术具有的优点包括（　　）。

A.加密速度快　　B.算法简单　　C.代价小　　D.保密度高

5.数字证书的基本数据信息主要有（　　）。

A.证书序列号　　B.证书主题

C.公钥信息　　　　D.证书有效使用期限

二、简述题

1.简述电子商务安全的概念。

2.通常应用防火墙的目的有哪几个方面?

三、案例分析题

黑客热衷攻击的重点目标

国外几年前就曾经发生过电子商务网站被黑客入侵的案例，国内的电子商务网站近两年也发生过类似事件。浙江义乌一些大型批发网站曾经遭到黑客近一个月的轮番攻击，网站图片几乎都不能显示，每天流失订单金额达上百万元。阿里巴巴网站也曾确认受到不明身份的网络黑客攻击，这些黑客采取多种手段攻击了阿里巴巴在我国内地和美国的服务器，企图破坏阿里巴巴全球速卖通的正常运营。随着国内移动互联网的发展，移动电子商务也将迅速发展并给人们带来更大便利，但是由此也将带来更多的安全隐患。黑客针对无线网络的窃听能获取用户的通信内容、侵犯用户的隐私权。

请思考：遭受黑客攻击可能会造成哪些损失?

第6章 网络营销

学习目标

□知识目标：

1. 了解网络营销的概念；
2. 掌握网络营销的特点及功能；
3. 熟悉网络营销与传统营销的差异。

□技能目标：

1. 能够熟练运用网络营销产品策略；
2. 能够熟练运用网络营销定价策略；
3. 能够熟练运用网络营销手段。

【导入案例】

《啥是佩奇》火了

《啥是佩奇》是一部电影广告宣传片，片子讲述的是一位乡下老大爷盼着儿子一家回老家过年，爷爷打电话问孙子过年想要什么礼物，孙子说想要佩奇，爷爷却不知道佩奇是什么，于是开始了一场询问村里人啥是佩奇之旅。询问的过程令人啼笑皆非，最后爷爷终于弄明白了佩奇是什么，然后用鼓风机，造出了一个“硬核佩奇”。

影片一经发布，就在社交网络走红，创造了2.3亿播放量、16亿微博转发量，其中不乏像王思聪、韩寒这样的大V转发，成为一个现象级的爆款案例。

《啥是佩奇》为什么能火?这背后，固然有反映城乡差距、折射国人焦虑的原因所在，但更重要的是，它踩中了一个特殊的时间节点——春节，击中了不少人对故乡、亲人、阖家团圆的渴望之心。

每逢佳节倍思亲，近两年，在春节前后主打亲情牌而爆火的营销案例不止《啥是佩奇》一个。2018年年初，导演陈可辛为苹果拍摄的春节短片《三分钟》也同样在社交圈和媒体上刷屏。这两个短片的爆火，无一例外都是因为戳中了在都市生活的人群的思乡之情。那些走心的亲情营销恰逢其时，品牌主们可以尝试推出与亲情相关的产品、文案和广告，如果故事讲得好，也许就能成为下一个《啥是佩奇》。

资料来源　佚名. 盘点2019年最有影响力的十大事件营销案例［EB/OL］.［2020-10-28］. http：//www.mysemlife.com/12546.

网络营销成功的关键在于是否能通过制造某一事件，吸引消费者注意力，成功利用网络让尽量多的用户参与，并在短期内迅速传播，达到预期的效果。本案例的成功之处在于，该营销策略以亲情为主题，很好地契合了春节这个万家团圆的时间节点，非常之高明，很好地把“亲情”与春节契合在一起，达到了良好的传播效果。本章我们将通过网络营销概述、网络营销策略、网络营销手段三方面知识的介绍来认识网络营销。

6.1　网络营销概述

6.1.1　网络营销的定义

网络营销就是以互联网为基础，利用数字化的信息和网络媒体的交互性来辅助营销目标实现的一种新型的市场营销方式。目前，网络营销并没有统一的定义，与许多新兴学科一样，由于不同的人对网络营销的研究方法和角度不同，因此对网络营销的认识和理解也有较大差异。网络营销的同义词包括网上营销、互联网营销、在线营销、网络行销等，这些词汇都表达了同一个意思。笼统而言，网络营销就是以互联网为主要手段开展的营销活动。国外对网络营销有许多定义和提法，如Cyber Marketing、Internet Marketing、Network Marketing、E-Marketing等。不同的词组有着不同的含义，Cyber Marketing是指网络营销在虚拟的计算机空间进行运作；Internet

Marketing是指在Internet上开展营销活动；Network Marketing是指在网络上开展的营销活动，而这里的网络不仅仅是Internet，还可以是一些其他类型网络，如增值网络VAN。目前，对网络营销比较习惯采用的翻译方法是E-Marketing，"E"表示电子化、信息化、网络化。不同的教材对于网络营销含义的提法不一，其中主要观点如下：

（1）网络营销是借助联机网络、计算机通信和数字交互式媒体来实现营销目标的一系列市场行为。

（2）网络营销是以互联网为媒体，以新的方式、方法和理念实施的营销活动，它更有效地促成了个人和组织交易活动的实现。

（3）网络营销是利用计算机网络、现代通信技术以及数字交互式多媒体技术来实现营销的现代营销方式。

（4）网络营销是指企业以现代营销理论为基础，利用互联网技术和功能，最大限度地满足客户需求，以开拓市场、增加盈利为目标的经营过程。

6.1.2 网络营销的特点

随着网络技术的日渐成熟、网络搭建成本的大幅降低，以及网络用户的日渐普及，网络能把从近在咫尺到远隔天涯的有潜在交换需求与欲望的组织和个人跨时空地连接起来，从而为企业或顾客创造更多的交换机会。网络营销区别于传统的市场营销，呈现出以下特点：

1.时域性

营销的最终目的是占有市场份额。由于互联网能够超越时间约束和空间限制进行信息交换，因此营销活动脱离时空限制变得可行，企业有了更多的时间和更大的空间进行营销，能够每周7天、每天24小时随时随地提供全球性营销服务。

2.信息化

网络空间上的产品不具有触摸性、试用性和亲和性，因此，网络营销人员要向消费者输出信息、提供服务，使产品更加真实可信、更具亲和力。

3.国际性

网络营销中采用电子数据、电子信息传递，无论你身在何处，均可与世界各地的商品生产者、销售者、消费者进行交流、订货、交易，实现快速准确、双向式信息交流。网络营销是全球化的营销，网络延伸到哪里，信息就会被传递到哪里，它没有地域限制，除了语言文字上的一些局限外，它比任何一种传统营销方式更具国际性。

4.针对性

互联网上的促销是一对一的、理性的、消费者主导的、非强迫性的、循序渐进式的。作为一种低成本与人性化的促销，它避免了推销员强势推销的干扰，通过信息提供与交互式交谈，能够与消费者建立长期良好的关系。

5.服务性

第一，营销服务的全天候。营销服务每天24小时运转，没有下班，没有节假日，能够体现随时随地服务的优势。第二，营销服务的全方位。对研发、设计、生产、销售、使用各方面提供服务，并可在订购者的网络监控下进行运作。第三，营销服务的广泛化。无论是顾客，还是一般的浏览者，都会得到体贴的服务。

6.技术性

网络营销的信息传递及服务是通过强大的技术支持来完成的。企业实施网络营销必须有一定的技术投入和技术支持，改变传统的组织形态，提升信息管理部门的功能，引进懂营销与计算机技术的复合型人才，未来才能具备市场的竞争优势。

7.整合性

一方面，互联网上的营销活动包括从商品信息发布到收款和售后服务，因此是一种全程的营销。另一方面，企业可以借助互联网将营销活动进行统一设计规划和协调实施，以统一的口径向消费者传达信息，避免传播方式的不一致性产生的消极影响。

8.高效性

计算机可储存大量的信息，方便消费者查询，发布的信息数量与精确度远超其他媒体，并能根据市场需求及时更新产品或调整价格，因此能及时有效地了解并满足顾客的需求。

9.低成本性

第一，网络营销无店面租金成本。传统店面的租金成本相当高，特别是黄金地段，可谓寸土寸金；而网络营销则只需要一台网络服务器，或租用部分网络服务器的空间即可，成本较低。第二，实现产品直销，能帮助企业减轻库存压力。传统的经营者为了降低进货成本而大量进货，这必然增加资金压力和经营风险，而且商品的库存盘点和存放也耗费大量的人力和财力；而网络营销没有库存压力，甚至可以做到“零库存”运营，实现信息时代商品流通的“Just in Time”，什么时候卖出货，什么时候才进货。第三，网络营销的促销成本低。网络营销具有极好的促销能力，其“货架”上的商品同时又是广告宣传的样品，经营者不仅不需要负担促销广告费用，而且可以利用服务器将多媒体形式的商品信息存储起来，既可以主动散发，又可以随时接受需求者的查询。

6.1.3 网络营销的功能

认识和理解网络营销的功能，是开展网络营销活动的基础与前提。网络营销的功能很多，主要有以下八个方面：

1.信息搜索功能

信息搜索功能是网络营销能力的一种反映。在网络营销中，需要利用多种搜索方法，主动、积极地获取有用的商业情报，然后进行价格比较，了解对手的竞争态势，进行决策。

2.信息发布功能

发布信息是网络营销的主要方法之一，也是网络营销的一种基本职能。无论哪种营销方式，都要将一定的信息传递给目标人群。网络营销可以凭借强大的信息发布功能把信息发布到全球任何一个地点，既可以实现信息的广覆盖，又可以形成地毯式的信息发布链；既可以创造信息的轰动效应，又可以发布隐含信息，并且信息的扩散范围、停留时间、表现形式、延伸效果、公关能力、穿透能力都是最佳的。

值得一提的是，信息发布以后可以进行跟踪，方便对回复信息的再交流和再沟通。因此，信息发布的效果明显。

3.商情调查功能

网络营销中的商情调查具有重要的商业价值。通过商情调查准确把握市场动态，是网络营销得以顺利开展的有力保障。

在竞争激烈的市场中，主动了解商情、研究趋势、分析顾客心理、窥探竞争对手动态是确定竞争战略的基础和前提。在线调查或者问卷调查等方式，不仅可以省去大量人力、物力，而且可以在线生成网上市场调研的分析报告、趋势分析图表和综合调查报告。其效率之高、成本之低、节奏之快、范围之大，都是以往任何调查形式所做不到的。这就为广大商家提供了一种快速的市场反应能力，为企业的科学决策奠定了坚实的基础。

4.销售渠道开拓功能

网络具有极强的穿透能力。传统经济时代的经济壁垒、地区封锁、人为屏障、交通阻隔、资金限制、语言障碍、信息封闭等，都阻挡不住网络营销信息的传播和扩散。新技术的诱惑力，新产品的展示力，图文并茂、声像俱显的昭示力，网上路演的亲和力，地毯式发布和爆炸式宣传的覆盖力，将整合为一种综合的信息穿透能力，快速打通封闭的坚冰，疏通种种渠道，打开拓展路线，实现和完成市场的开拓使命。这种极强的穿透能力是其他任何媒体都无法比拟的。

5.品牌价值扩展和延伸功能

美国著名营销理论专家莱利·莱特预言：未来的营销是品牌的战争。拥有市场比拥有工厂更重要。拥有市场的唯一办法，就是拥有占市场主导地位的品牌。

互联网的出现不仅给品牌带来了新的生机和活力，也有力地推动和促进了品牌的拓展和扩散。实践证明：互联网不仅拥有品牌、承认品牌，而且对于重塑品牌形象、提升品牌的核心竞争力、打造品牌资产，具有其他媒体不可替代的作用。

6.特色服务功能

网络营销提供的不是一般的服务功能，而是一种特色服务功能，其服务的内涵和外延都得到了扩展和延伸。

顾客不仅可以获得形式最简单的FAQ（常见问题解答）、邮件列表、BBS、聊天室等各种即时信息服务，还可以获取在线收听、收视、订购、交款等选择性服务，以及信息跟踪、信息定制、智能化的信息转移、网上选购、送货上门等服务。这种服务以及服务之后的跟踪延伸，不仅极大地提高了顾客满意度，使“以客户为中心”的原则得以实现，也使客户成为商家的一种重要的战略资源。

7.客户关系管理功能

客户关系管理（Customer Relationship Management，CRM），源于以客户为中心的管理思想，是一种旨在改善企业与客户之间关系的新型管理模式，是网络营销取得成效的必要条件，是企业重要的战略资源。

在传统经济模式下，由于认识不足或自身条件的局限，企业在管理客户资源方面存在着较为严重的缺陷。针对上述情况，网络营销通过客户关系管理，将客户资源管理、销售管理、市场管理、服务管理、决策管理集于一体，将原本疏于管理、各自为政的销售、市场、售前和售后服务与业务统筹协调起来，既可以跟踪订单，帮助企业有序地监控订单的执行过程，规范销售行为，了解新老客户的需求，提高客户资源的整体价值，又可以避免销售隔阂，帮助企业调整营销策略，收集、整理、分析客户反馈信息，全面提升企业的核心竞争力。客户关系管理系统还具有强大的统计分析功能，可以为人们提供决策建议，以避免决策的失误，从而为企业带来可观的经济效益。

8.经济效益增值功能

网络营销会极大地提高营销者的获利能力，使营销主体提高或获取增值效益。这种增值效益的获得，不仅来自网络营销效率的提高、营销成本的下降、商业机会的增多，还来自网络营销中新信息量的累加所带来的原有信息量的价值增值。这种无形资产促成价值增值的观念和效果既是前瞻性的，又是为多数人所不认识、不理解、没想到的一种增值效应。

网络营销所具备的资源整合能力是传统营销根本不具备又无法想象的一种战略能力。开展网络营销需要用全面的观点，充分发挥各种功能，达到整体效益最大化。

6.1.4 网络营销和传统营销

美国市场营销协会（AMA）对市场营销所下的定义是："市场营销是对构思、产品及服务进行设计、定价、促销及分销的计划与实施过程，其目的是产生满足个人和组织目的的交换。"通过网络进行营销活动并不是要取代传统营销，传统营销的许多思想、内容同样是适合网络营销的，但网络营销又不是简单地把传统营销原封不动地搬到网络环境中来。

1.网络营销与传统营销的相同点

（1）两者都是一种营销活动。

（2）两者都是为了实现企业的既定目标。企业作为盈利的经济实体，开展营销活动必须具有盈利的动机。可以说，企业的盈利是满足消费者需求的报酬。

（3）两者都把满足消费者的需求（潜在的需求和现实的需求）作为一切活动的出发点。

（4）两者在活动过程中都会使用各种策略及手段。

2.网络营销和传统营销的区别

（1）在产品上，网络营销更能满足消费者个性化的需求。在互联网上进行销售的产品可以是任何形式的产品或任何服务项目，而在传统营销领域却很难做到。

（2）在价格上，网络营销产品或服务的价格更具有竞争力。

（3）在销售上，网络营销可以采取直接销售模式，改变了传统的迂回模式，实现零库存、无分销商的高效运作。

(4) 在促销上，网络营销可以采取更丰富的实现手段，避免了传统营销对渠道以及大量的人力和广告投入的依赖。

(5) 在决策上，网络营销的决策内容更多、响应速度更快。

(6) 在经营上，网络营销可以降低成本，提高工作效率。

3.网络营销与传统营销的整合

网络营销伴随着电子商务的发展而产生，是传统营销在网络时代的延伸和发展。市场竞争日益激烈，企业要想依靠传统的营销手段在市场中取得竞争优势越来越难。虽然网络营销与传统营销相比具有巨大的优势，但也有明显的缺点：首先，网络营销不能满足非网络用户的需求；其次，并非所有产品都适合在互联网上进行营销；最后，目前我国的物流水平不高，大多数人都不会选择网购急用的物品。

网络营销的劣势恰好是传统营销的优势所在，因此二者之间具有很强的互补性。二者必须相互整合才能得到更好的发展，主要集中在以下几点：

(1) 各种营销要素和手段的整合。为保证和促进营销的有效性，传统营销要素如市场调研、目标营销、人员推销、广告促销等应与网络营销相结合，充分利用网络的优势，实现企业的营销目标。网络营销围绕“以客户为中心”这个核心，运用和协调各种不同的传播手段，最终在企业和消费者之间建立长期的、双向的、稳定的关系。

(2) 各种营销策略的整合。网络使得企业实施各种营销策略的环境发生了变化，企业的选择更为广泛和丰富。网络营销既包括在网上针对网络虚拟市场开展的营销活动，也包括在网上开展的服务与传统有形市场的营销活动，以及以传统手段开展的服务于网络虚拟市场的营销活动。基于网站的网络营销是网络营销的主体，它包括网站的规划、建设、维护、推广以及与其他营销方法的整合。若是电子商务型的网站，基于网站的网络营销还会涉及产品、价格、渠道和促销等传统营销策略要考虑的各种问题。总之，网络不是唯一的解决方案，而是整体方案的一部分，网络营销必须与公司的整体战略相互匹配和相互支撑。

6.1.5 网络营销和电子商务

网络营销和电子商务是一对既紧密联系又有区别的概念。网络营销是电子商务的组成部分，开展网络营销并不等于一定是实现了电子商务，但实现电子商务一定是以开展网络营销为前提的。它们的区别体现在以下方面：

1.网络营销与电子商务研究的范围不同

电子商务的内涵很广，其核心是电子化交易，它强调的是交易方式和交易过程的各个环节；而网络营销注重的是以互联网为主要手段的营销活动。这表明，发生在电子交易过程中的网上支付和交易后的商品配送等问题并不是网络营销所能包含的内容。同样，电子商务体系中所涉及的安全、法律等问题也不适合全部包括在网络营销中。

2.网络营销与电子商务的关注重点不同

网络营销的重点在于交易前阶段的宣传和推广，电子商务的标志之一则是实现了电子化交易。网络营销本身并不是一个完整的商业交易过程，而是为促成交易提供支持，因此是电子商务的一个重要环节。在交易发生之前，网络营销发挥着主要的信息传递作用。所以，电子商务可以被看成是网络营销的高级阶段。

网络营销与电子商务之间的联系可以概括为：首先，网络营销和电子商务有着共同的技术基础。网络营销与电子商务产生和发展的技术都是计算机网络技术。其次，网络营销是电子商务的基础，是企业电子商务整体战略的核心环节；电子商务是网络营销发展的高级阶段。网络营销战略的制定以客户的需求为导向，电子商务战略的制定以网络营销战略的制定为导向。网络营销作为创造交易机会、促成商品交易实现的企业经营管理手段，是企业电子商务活动中最基本的也是最重要的网络商业活动。作为企业整体营销战略的一个组成部分，无论是传统企业还是现代企业都需要网络营销，开展电子商务离不开网络营销手段。最后，网络营销整体战略的实现也需要电子商务其他环节工作的密切配合。网络营销不仅仅是营销部门的市场经营活动，还需要其他相关部门（如采购部门、物流配送部门、生产部门、财务部门、人力资源部门、产品开发和设计部门等）的配合。因此，网络营销的成功实现需要电子商务其他环节的高度配合。

6.1.6 网络营销和网上销售

网上销售是网络营销发展到一定阶段的产物，网络营销是为扩大销售（包括网上销售和网下销售）服务的，但网络营销本身并不等于网上销售。具体区别如下：

（1）网络营销活动并不一定能实现网上直接销售的目的，但是，很可能有利于增加总的销售；同时，网络营销作为收集信息和发布信息的一种工具，其效果可能表现在多个方面。

（2）网上销售的推广手段也不仅仅靠网络营销，还取决于多种传统的方式。一方面，网络营销活动对网上销售起到了有效的推动作用，同时也极大地推动了公司的网下销售。另一方面，网上销售不仅仅依靠互联网，还采用了很多互联网以外的方式。

课堂讨论

提起网络营销，很多企业的第一感觉就是需要组建一个强大的技术团队，其实不尽然。网络营销需要营造一个良好的销售环境，网络仅仅是一个平台而已。因为在互联网上，企业的最终客户没有变，企业的产品没有变，产品的卖点没有变，唯一变化的就是营销的平台。以前企业是在报纸、电视、杂志等平台上做广告，让消费者了解品牌、产品和服务，然后吸引消费者去终端卖场购买产品。网络营销，只不过是把营销平台换成了互联网，厂家在互联网上做广告来宣传自己的品牌、产品和服务，然后让客户直接进入自己的购物网站或去传统的地面终端店铺购买产品而已，所以营销的本质没有变。

那么，你认为网络营销有哪些常见的形式和策略呢？

6.2 网络营销策略

6.2.1 网络营销策略概述

传统的市场营销策略是由麦卡锡教授提出的4P组合，即产品（Product）、价格（Price）、渠道（Place）和促销（Promotion）。这个理论的经济学基础是厂商理论，即利润最大化。所以4P理论的基本出发点是企业利润，而没有将顾客的需求放到与企业利润同等重要的地位上来。20世纪90年代以来，美国营销学者罗伯特·劳特朋提出了4C市场营销理论，即消费者（Consumer）、成本（Cost）、便利（Convenience）和沟通（Communication）。4C理论是以顾客需求满意为导向的。21世纪初美国学者舒尔茨提出了包括市场反应（Reaction）、顾客关联（Relativity）、关系营销（Relationship）和利益回报（Retribution）的4R理论。随着以IT技术为代表的高科技产业迅速崛起，营销概念又有了新的阐述，即差异化（Variation）、功能化（Versatility）、附加价值（Value）和共鸣（Vibration）的营销组合4V理论。

市场营销理论由4P到4C，再到4R，直到4V的发展，使企业一步一步地接近客户，接近消费者。4P理论是站在企业的角度来看营销，一方面它的出现使市场营销理论有了体系感，另一方面使复杂的现象和理论简单化，有了更好的可操作性，从而促进市场营销理论的普及和应用。4C理论是在对4P理论扬弃的基础上，将整个营销活动的目标置于现实消费者和潜在消费者身上。4C理论的营销工具是营销过程中消费者、成本等基本因素的组合运用，努力做到产品、服务、成本的和谐统一。4R理论同样重视消费者的需求，但更多地强调以竞争为导向，是站在消费者的角度来看营销，同时注意与竞争对手争夺客户。4V理论首先强调企业要实施差异化营销，一方面使自己与竞争对手区别开来，树立自己独特形象；另一方面也使消费者相互区别，满足消费者个性化的需求。其次，4V理论要求产品或服务具有更大的柔性，能够针对消费者具体需求进行组合。最后，4V理论更加重视产品或服务中的无形要素，通过品牌、文化等来满足消费者的情感需求。

6.2.2 产品策略

1.网络营销产品概述

网络营销与传统的市场营销之间存在着显著差异：从事网络营销的企业，主要通过基于互联网的虚拟市场进行营销活动，与传统营销方式下的市场相比，在这种网络虚拟市场中，企业与顾客之间的互动性大大增强了，顾客的多样化和个性化需求得到了满足。为体现网络环境下顾客在产品营销运作上的作用，网络产品的层次在传统营销产品的基础上进一步扩展，在保留了传统市场营销产品整体概念中已有的三个层次

（核心产品、形式产品、附加产品）的基础上，又扩展出期望产品和潜在产品这两个层次。因此在网络营销中，产品的整体概念可分为5个层次，如图6-1所示。

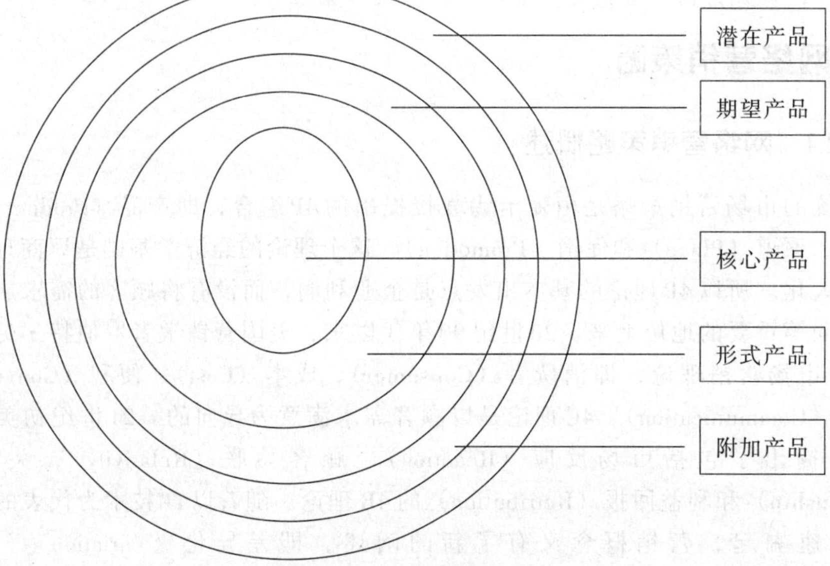

图6-1 网络营销产品整体概念层次

（1）核心产品。核心产品是指产品或服务所能提供给顾客的最基本的效用或利益。例如，女人购买化妆品并不是为了获得产品本身，而是为了通过使用产品能让自己更漂亮。网络营销的突出特点是互动性，通过网络能充分地了解顾客的需求，更好地为顾客服务是网络营销的一大优势。因此，从事网络营销的企业，在设计和开发产品核心利益时要从顾客的角度出发，要根据上次营销效果来制定本次产品设计开发方案。要以顾客为中心，使产品提供的基本效用符合顾客的需求。同时，由于不同类型的顾客对同种产品的核心需求存在着差异，因此在营销过程中也应注意识别。

（2）形式产品。核心产品是抽象的，企业必须以一定的形式如品牌、包装、质量等向顾客展示，在式样和特征方面要根据不同地区的文化来进行针对性加工。形式产品是核心产品的物质载体，产品的基本效用通过形式产品的物质形态反映与体现出来。

（3）期望产品。在网络营销中，顾客处于主导地位，消费呈现个性化的特征，不同的消费者对产品的要求可能不一样，因此产品的设计和开发必须满足顾客个性化的消费需求。顾客在购买产品前对所购产品的质量、使用方便程度、特点等方面的期望值，就是期望产品。为满足这种需求，对于物质类产品，企业在设计、生产和供应等环节必须实行柔性化管理。对于无形产品如服务、软件等，企业要能根据顾客的需要提供服务。

（4）附加产品。附加产品是指顾客在购买产品时，从产品的生产者或经营者那里得到的附加服务。产品的这一层次的主要作用是协助顾客更充分、更好地享受核心产品带来的基本效用。在网络营销中，附加产品包括售后服务、送货、质量保证、分期付款等。

（5）潜在产品。潜在产品是在附加产品层次之外，由企业提供的能满足顾客潜在需求的产品层次，它主要是产品的一种增值服务，与附加产品的主要区别在于即便没有潜在产品层次，顾客仍然拥有所需要的产品的核心利益和服务。在高新技术发展日益迅猛的时代，有许多潜在需求和利益还没有被顾客认识到，这就需要企业通过引导和支持更好地满足顾客的潜在需求。

2.网络营销产品分类

由于网络的限制，并不是所有的产品都适合在网上销售。随着网络技术的发展和其他科学技术的进步，将有越来越多的产品在网上销售。网络营销的产品按照其形态的不同可以分为两大类，即有形产品和无形产品。

（1）有形产品。有形产品是指具有具体物理形状的物质产品。在网络上销售有形产品的过程与传统的购物方式有所不同。在这里已没有传统的面对面的买卖方式，网络上的互动式交流成为买卖双方交流的主要形式。消费者或客户通过卖方的主页考察其产品，通过填写表格表达自己对品种、质量、价格、数量的选择；而卖方则将面对面的交货改为邮寄产品或送货上门，这一点与邮购产品颇为相似。因此，网络销售也是直销方式的一种。

通过网络进行销售的有形产品按照购买性质不同又可以分为以下三大类：

①便利产品。顾客购买这类产品的频率较高，在购买时不会花费太多的时间和精力，同时此类产品的价格都比较低廉，如洗发水等。便利产品还可以依据顾客购买方式的不同细分为日用品、冲动品和应急品。日用品是顾客日常消费需要购买的产品，属于习惯性的购买；冲动品是顾客本来没有计划购买，因为一时冲动，偶然购买的产品，这种产品的价格通常相对低廉；应急品是在紧急情况下购买的产品，如药品、灯泡等。

②选购产品。在购买这类产品的时候，顾客对产品的质量、样式、价格等要进行反复比较，才能最终决定是否购买。通常这类产品的使用时间都比较长，不需要高频率地购买，如高档护肤品、服装等。

③特殊产品。特殊产品是指具有特殊效益的产品。通常情况下，这类产品的销售渠道十分有限，也只有特定的顾客群体热衷于购买该产品，如轿车、打印机等。

（2）无形产品。无形产品和有形产品的本质区别在于无形产品一般是无形的，即使表现出一定的形态也是通过其载体体现出来的。网络上的无形产品可以分为两大类——软件商品和在线服务。

软件商品包括各种游戏软件、电子图书、电子报刊等。此类产品的获得方式一种是由顾客直接从网上下载该产品；另一种是与有形产品类似，将无形的数字类产品通过一定的介质（如光盘、磁盘等）进行有形化，通过送货上门的方式送达给网络订购者。一般情况下，软件销售企业会设置一定的免费使用期限，让消费者试用，消费者用得好自然会购买。

在线服务又可以分为信息咨询服务、自助式服务和网络预约服务，如股市行情分析、金融信息、远程医疗、法律救助、机票预订等。

3.网络营销服务策略

互联网经济的特征在于，消费者直接与网站内容和服务的生产发生互动，网站应千方百计地提供各种有效的服务，以满足消费者的需求。它与传统经济的最大差别在于信息消费的多样性和个性化。消费者的选择面很宽，如果内容和服务不能持续、迅速更新完善，网站就无法将注意力转化为忠诚度，从而牢牢地将消费者固定在自己的网站上。所以，提高和改善服务对于商业网站而言不仅至关重要，而且是加速发展的最佳突破口。

(1) 售前服务。企业网络营销售前服务主要是提供信息服务，一般分为两种：一种是通过自己的网站宣传和介绍产品信息（通常要求企业的网站必须有一定的知名度，否则很难吸引顾客的注意）；另一种是通过建立“虚拟展厅”充分展示产品形象，激发购买欲望。一般来说，消费者都喜欢“眼见为实”，见到实物才会购买，通过展示产品形象能让消费者看到实实在在的产品，配合导航系统，能使消费者迅速、快捷地寻找到所需产品的信息。

(2) 售中服务。售中服务主要是指销售过程中的服务。在交易过程中，企业向用户提供简单方便的商品查询、体贴周到的导购咨询、简便高效的商品订购、安全快捷的货款支付、迅速高效的货物配送等服务，以保证商品交易的顺利实现。另外，在设计营销网站时，除了提供网上订货功能，还要提供订单执行查询功能，方便顾客及时了解订单执行情况。

例如，美国联邦快递（FedEx）通过高效的邮件快递系统将邮件在递送中的信息都输送到特定数据库，客户可以直接通过互联网查询邮件的最新动态。客户可以查看自己的包裹到了哪一站、在什么时间采取什么步骤，投递不成功的原因、在什么时间会采取下一步措施，直至收件人安全地收到包裹为止。

(3) 售后服务。售后服务就是借助互联网直接沟通的优势，以便捷方式满足客户对产品帮助、技术支持和使用维护的需求，是企业为客户提供服务的有效方式。网上售后服务有两类，一类是基本的网上产品支持和技术服务；另一类是企业为满足顾客的附加需求提供的增值服务。

由于分工的日益专业化，一个产品的生产需要多个企业来配合，因此产品的支持和技术也相对比较复杂。提供网上产品支持和技术服务，可以方便客户通过网站直接找到相应的企业或者专家寻求帮助，减少不必要的中间环节。例如，美国的波音公司在网站上公布其零件供应商的联系方式，同时将有关技术资料放到网站上，方便各地飞机维修人员及时索取最新资料和寻求技术帮助。为提升企业的竞争能力，许多企业在提供基本售后服务的同时，还提供一些增值服务。

(4) 网络营销服务的方式方法。

①建立顾客数据库，积极管理客户关系。在网络营销活动中，顾客是企业的一项重要资源，企业应树立关系营销观念，建立顾客数据库，以积极管理客户关系，提高

顾客满意度，加强顾客忠诚度，培养出大批的忠诚顾客。通过顾客数据库，企业可以全面了解顾客的购买历史、个性偏好等信息，从而在合适的时间用极具针对性的促销方案向顾客推荐他所偏好或者过去购买的产品。

②提供良好的网上自动服务系统，提高顾客满意度。消费者购物过程的最后一个阶段是购后评价阶段。根据顾客的需要自动适时地提供网上顾客服务，是提高顾客满意度的重要途径。

③设计FAQ页面，解决常见问题。在网站中提供FAQ页面主要是为顾客提供有关产品、公司情况方面的信息，它既能够引发那些随意浏览者的兴趣，也能帮助那些在产品使用中遇到疑难问题的顾客迅速找到所需的信息，获得常见问题的现成答案。

④设计答疑解惑空间，解决疑难问题。其目的是解答一些不常见的且相对深入的问题，特别是一些故障类的问题。通常情况下，可以让顾客在企业的技术指导下自己解决问题，并因此树立企业或网站在顾客心目中的可信度。

⑤利用在线聊天室。在企业网站上建立网上虚拟社区，让用户对企业的产品或服务发表意见，提供售后服务人员与用户实时交流的渠道。企业设计网上虚拟社区就是让用户在购买后既可以发表对产品的评论，也可以提出针对产品的建议或与一些使用该产品的其他用户进行交流；营造一个与企业服务或产品相关的网上社区，吸引更多潜在用户参与。

⑥利用BBS。BBS是一种简单实用的方法，但一定要做到有问必答。网上解决不了的问题，应马上通过电话、传真、信函等传统方式回复用户并加以解决。

⑦电子邮件列表。电子邮件是最方便的沟通方式。企业建立邮件列表，让客户自己登记注册，然后定期向客户发布企业最新的信息，可以加强与客户的联系。这种方式的效果远远大于漫无目的、轰炸式的电子邮件广告。

⑧利用交互式的表格。目前许多网站上都有“在线反馈”“读者留言”等栏目，目的就是通过网络直接为客户进行产品售前、售中、售后的全过程服务。网站设计中还可以考虑产品信息查询、驱动程序选择、疑难问题解答等内容，也可以进一步利用“信息查询”向用户提供服务政策、服务网点、在线支持、下载中心、服务产品等信息。

4.网络营销品牌策略

品牌是一种信誉，由产品品质、商标、企业标志、广告口号、公告关系等混合交织形成。网上品牌与传统品牌有着很大不同，传统优势品牌不一定是网上优势品牌，网上优势品牌的创立需要重新规划和投资。根据美国著名咨询公司Forrester Research公司在1999年11月份发表的调查报告，知名品牌与网站访问量之间没有必然的联系，这个结果意味着公司要在网上取得成功，绝不能依赖传统的品牌优势。

网络营销面临如何提高被识别和选择的概率，以及如何提高选择者忠诚度的问题。传统的解决问题的办法是借助各种媒体树立企业形象，提高品牌知名度，通过在消费者中树立企业形象来促使消费者购买企业产品，企业的品牌就是顾客识别和选择的对象。由于域名是企业站点的联系地址，是企业被识别和选择的对象，因此提高域名的知名度，就是提高企业站点的知名度，也就是提高企业被识别和选择的概率。域名在互联网上可以说是企业形象的化身，所以必须将域名作为一种商业资源来管理和使用。

也正因为域名具有商标特性，与商标一样具有“域名效应”，因此某些域名已具有潜在价值。如以“IBM”作为域名，使用者自然会联想到IBM公司，联想到该站点提供的服务或产品同样具有IBM公司一贯承诺的品质和价值。如果域名被人抢先注册，注册者就可以很自然地利用该域名所附带的一些属性和价值，被伤害企业不但丧失商业利润，还会承受品牌形象受到无形损害的风险。

传统营销是基于“一对多”的模式，企业借助媒体提供信息、传播信息，消费者只能凭借片面的宣传和消费尝试建立对企业的认知；而互联网所体现出来的交互性、超文本特性和操作的简易性，使其更容易树立企业品牌形象，提高顾客对品牌的忠诚度。

域名的选取和命名是以英文字母为基础进行的。由于英文字母的有限性，加之域名越短越容易记忆和使用的特点，以及顶级域名的国际标准规定，域名的选择具有很大的局限性。同时由于申请者的广泛性，域名选择重复和类似的概率非常高，企业还面临域名被抢先使用或类似使用的障碍。针对这些抢注或类似注册，企业必须检索清楚后采取相应策略予以解决。

此外，考虑到域名的商标资源特性，还应该考虑下面几个方面：

（1）与企业已有商标或企业名称具有相关性。

（2）简单、易记、易用。

（3）多个域名。为强化域名的识别和独占性，避免顾客的错误识别，企业一般要同时申请多个类似相关的域名以保护自己。

（4）国际性。目前，互联网上通行的语言是英语，因此域名一般以英语单词为佳。例如，“中国”的拼音“Zhong Guo”可以很容易被中国人识别出来，可对中国文化不了解的人就不知所云，相反，使用“China”就可以兼顾国内和国外的用户。

一般来说，顶级域名选择是没有多大本质区别的，但如果是国际性企业，则应在通用域名下申请，以体现企业的国际性。从实际使用的角度来讲，到底注册哪类域名，取决于该企业开展业务的地域范围、主要用户群的居住地、主要目标市场的地域以及企业未来的发展和目标。

在注册域名时，既可以自己直接到域名管理机构进行注册（这种方式直接但需要自己准备相关材料），也可以委托专业公司代理注册（需要缴纳一定的代理费用，专业公司不但可以提供注册服务，还可以帮助企业推广注册的域名，扩大企业的知名度）。

域名的管理主要是针对域名对应的网站内容的管理，因为消费者识别和访问域名是为了获取有用的信息和服务，为此，网站必须丰富自身的服务项目。

提高网站内容的丰富性和服务性，必须注意域名及网站的发展问题，尽快彰显域名的商标特性和网站的商业价值。树立网站的品牌效应，通常应注意以下几点：

第一，多方位宣传，增加域名的曝光机会。

第二，通过产品本身的品质和顾客的使用体验来树立网站品牌。

第三，利用公关造势打造网站品牌，这对新建网站非常重要。

第四，遵守网络信息服务、网络安全保护、网络社会管理等方面的法律法规，依法规范网络行为。

第五，应持续不断塑造网站品牌形象。

6.2.3 价格策略

价格策略是企业营销策略中最富有灵活性和艺术性的策略，是企业非常重要的一种竞争手段，也是营销组合策略的重要组成部分。它直接关系市场对产品的接受程度，影响市场需求量即产品销售量的大小和企业利润的多少。因此在开展网络营销活动时，企业应该特别重视价格策略的运用，以巩固自己在市场中的地位，增强竞争能力。

1.网络营销产品定价目标

定价目标是指企业通过制定产品价格所要达到的目的。企业在为产品定价时，首先必须要有明确的目标。不同企业、不同产品、不同市场、不同时期有不同的营销目标，因而也就要求采取不同的定价策略。但是，企业定价目标不是单一的，而是一个多元的结合体。在网络营销中，企业定价目标主要有以下几种：

(1) 以维持企业生存为目标。当企业经营管理不善，或由于市场竞争激烈、顾客的需求偏好突然发生变化等原因，造成产品销路不畅、大量积压、资金周转不灵，甚至濒临破产时，企业只能为其积压的产品定低价，以求迅速出清存货，收回资金。但这种目标只能是企业面临困难时的短期目标，长期目标还是要获得发展，否则企业终将破产。

(2) 以获取当前理想的利润为目标。追求目前利润的最大化，而不考虑长期效益。选择此目标，必须具备一定的条件，即当产品声誉好，而且在目标市场上处于竞争优势地位时方可采用，否则还应以长期目标为主。

(3) 以保持和提高市场占有率为目标。市场占有率是企业经营状况和企业产品竞争力的直接反映，它的高低对企业的生存和发展具有重要意义。一个企业只有保持或提高市场占有率，才有可能持续生存和发展。因此，这是企业定价选择的一个十分重要的目标，一般通过实行全部或部分产品的低价策略来实现。

(4) 以应付或抑制竞争为目标。有些企业为了阻止竞争者进入自己的目标市场，将产品的价格定得很低，这种定价目标一般适用于实力雄厚的大企业。中小企业在市场竞争激烈的情况下，一般是以市场为导向，随行就市定价，从而也可以缓和竞争，稳定市场。

(5) 以树立企业形象为目标。有些企业实行的是“优质优价”，以高价来保证高质量产品的地位，以此来树立企业的形象。

总之，企业定价目标一般与企业的战略目标、市场定位和产品特性相关。价格的制定应主要从市场整体来考虑，它取决于需求方的需求程度和价值，取决于接受程度以及来自替代产品的竞争压力大小。在网络营销中，市场还处于起步阶段，企业进入网络营销市场的主要目的是占领市场以求得生存和发展机会，然后才是追求利润。因此，目前网络营销产品的定价一般都是低价，甚至是免费，以期在快速发展的虚拟市场中寻求立足机会。网络市场一般可分为两个部分，即消费品市场和工业品市场。对于消费品市场，企业必须采用相对低价策略来占领市场；对于工业品市场，购买者一般是商业机构和组织机构，购买行为比较理智，企业可以通过网络技术的应用来降低企业、组织之间的交易成本而达到企业的目标。

2.网络营销产品定价策略

（1）免费价格策略。免费价格策略是市场营销中常用的营销策略，它主要用于促销和推广产品，这种策略一般是短期和临时性的。但在网络营销中，免费价格策略不仅仅是一种促销策略，还是一种非常有效的产品和服务定价策略。

具体来说，免费价格策略就是将企业的产品和服务以零价格形式提供给顾客使用，满足顾客需求，例如许多数字产品，如免费电子邮箱、免费订阅等服务。免费价格策略有四类形式：第一类是产品和服务完全免费，即产品（服务）从购买、使用到售后服务所有环节都实行免费服务；第二类是对产品和服务实行限制免费，即产品（服务）可以被有限次使用，超过一定期限或者次数后，取消这种免费服务；第三类是对产品和服务实行部分免费，如一些著名研究公司的网站公布部分研究成果，如果要获取全部成果必须付费；第四类是对产品和服务实行捆绑式免费，即购买某种产品或者服务时赠送其他产品和服务。

免费价格策略之所以在互联网上流行，是有其深刻背景的。一方面，互联网的发展得力于免费策略实施；另一方面，互联网作为20世纪末最伟大的发明，它的发展速度和增长潜力令人生畏，任何有眼光的人都不会放弃成长的机会，免费策略是最有效的市场占领手段。目前，企业在网络营销中采用免费策略，一个目的是让用户形成使用习惯，再开始收费。这种免费价格策略主要是一种促销策略，与传统营销策略类似。另一个目的是发掘后续商业价值，它是从战略发展的角度来制定价格策略的，主要做法是先占领市场，然后再从市场上获取收益。

（2）定制生产定价策略。作为个性化服务的重要组成部分，按照顾客需求进行定制生产是网络时代满足顾客个性化需求的基本形式。定制生产就是按照顾客需求进行生产，以满足网络时代顾客的个性化需求。由于消费者的个性化需求差异性大，加上消费者的需求量又小，因此企业必须在管理、供应、生产和配送各个环节上都要适应这种小批量、多式样、多规格和多品种的生产和销售变化。

定制生产定价策略是在企业能实行定制生产的基础上，利用网络技术和辅助设计软件，帮助消费者选择配置或者自行设计能满足自己需求的个性化产品，同时承担自己愿意付出的价格成本。目前，这种允许消费者定制产品的尝试还处于初级阶段，消费者只能在有限的范围内进行挑选，还不能完全要求企业满足自己所有的个性化需求。

(3) 使用定价策略。在传统的交易关系中，产品买卖是完全产权式的，顾客购买产品后即拥有对产品的完全产权。随着经济的快速发展，人们的生活水平越来越高，产品需求越来越多样化，而且产品的使用周期也越来越短，许多产品购买后使用几次就不再使用，非常浪费，因此制约了许多顾客对这些产品的需求。为了解决这个问题，可以在网上采用类似租赁的按使用次数定价的方式。

所谓使用定价，就是顾客通过互联网注册后可以直接使用某公司产品，顾客只需要根据使用次数进行付费，而不需要将产品完全购买。这样做既减少了企业为完全出售产品进行不必要的大量生产和包装浪费，同时还可以吸引过去那些有顾虑的顾客使用产品，扩大市场份额。顾客根据使用次数付款，不仅节省了购买产品、安装产品、处置产品的麻烦，还可以节省不必要的开销。

采用按使用次数定价，一般要考虑产品必须适合通过互联网传输，可以实现远程调用。目前，比较适合采用按使用次数定价的产品有软件、音乐、电影等产品。

(4) 拍卖竞价策略。网上拍卖是目前发展比较快的领域。一些经济学者认为，市场要想形成最合理价格，拍卖竞价是最理想的方式。网上拍卖是指由消费者通过互联网轮流公开竞价，在规定时间内价高者赢得竞拍品。目前国外比较有名的拍卖网站是eBay，它允许商品在网上公开拍卖，拍卖竞价者只需要在网上进行登记即可，拍卖方只需将拍卖品的相关信息提交给eBay公司，经公司审查合格后即可上网拍卖。

根据供需关系，网上拍卖竞价方式有下面几种：

①竞价拍卖。它是目前最主要的拍卖方式，拍卖品既可以是二手物品和收藏品，也可以是普通商品。

②竞价拍买。它是竞价拍卖的反向过程。消费者提出一个价格范围，求购某一商品，由商家出价，出价可以是公开的，也可以是隐蔽的，消费者将与出价最低或最接近的商家成交。

③集体议价。在互联网出现以前，这种方式在国外主要体现为多个零售商联合起来以数量换价格的方式向批发商（或生产商）议价。互联网出现后，普通的消费者也能使用这种方式购买商品。集体议价模式是一种由消费者集体议价的交易方式，这在目前的国内网络竞价市场中尚属一种全新的交易方式。提出这一模式的是美国著名的Priceline公司。在国内，雅宝已经率先将这一全新的模式引入了自己的网站。

从价格角度来看，理论上有两种价格模式：浮动价格模式和固定价格模式。浮动价格模式包括竞价拍卖、竞价拍买和集体议价等竞价模式；固定价格模式包括供方定价直销、需方定价求购等定价模式。

上面提到的一些拍卖竞价方式是最市场化的方法，随着互联网市场的拓展，将有越来越多的产品通过互联网拍卖竞价。目前拍卖竞价针对的购买群体主要是消费者市场，个体消费者是拍卖市场的主体。因此，采用拍卖竞价并不是企业首要选择的定价方法，因为拍卖竞价可能会破坏企业原有的营销渠道和价格策略。适合采用网上拍卖竞价的产品，可以是企业的库存积压产品，也可以是企业的新产品，通过拍卖展示起到促销效果（许多公司将产品以低廉价格在网上拍卖，以吸引消费者的关注）。

（5）低价定价策略。借助互联网进行销售，节省了传统的渠道费用，因此网上销售价格一般来说要比实体店的销售价格低。网上的信息是公开的和易于搜索比较的，这对消费者的购买起着重要参考作用。根据研究，消费者选择网上购物，一方面是因为网上购物比较方便，另一方面是因为从网上可以获取更多的产品信息，从而以最优惠价格购买商品。企业可以根据自己的需要采取直接低价定价策略、折扣定价策略或者促销定价策略。

上面几种价格策略是企业在利用网络营销拓展市场时可以考虑的比较有效的策略，并不是所有的产品和服务都可以采用上述定价方法，企业应根据产品的特性和网上市场发展的状况来决定定价策略的使用。不管采用何种策略，企业的定价策略应与其他策略配合，以保证企业总体营销策略的实施。

6.2.4 渠道策略

市场营销理论认为，各市场主体之间的关系取决于其实力强弱和相对优势的大小，这种实力不仅体现在产品的性能、价格、售后服务上，而且体现在渠道的建设上。渠道作为企业一种极为重要的无形资产，正日益受到厂商的重视。在网络营销条件下，传统营销的分销渠道已不能满足厂商低成本与多样性的要求。在分销渠道长度方面，网络营销减少了交易的中间层次，使宽渠道的营销出现了一次质的飞跃。

1.网络营销渠道的功能

以互联网作为支撑的网络营销渠道也具备传统营销渠道的功能。营销渠道是指与提供产品或服务以供使用或消费这一过程有关的一整套相互依存的机构，它涉及信息沟通、资金转移和实物转移等。一个完善的网络营销渠道应有三大功能：订货功能、结算功能和配送功能。

（1）订货功能。它为消费者提供产品信息，同时方便厂家获取消费者的需求信息，力求达到供求平衡。一个完善的订货系统可以最大限度地减少库存，降低销售费用。

（2）结算功能。消费者在购买产品后，可以采用多种方式方便地进行付款，因此厂家（商家）应支持多种结算方式。目前流行的几种结算方式包括转账汇款、第三方支付、信用卡、货到付款等。

（3）配送功能。一般来说，产品分为有形产品和无形产品，对于无形产品如服务、软件、音乐等可以直接通过网上进行配送；对于有形产品的配送，要涉及运输和仓储问题。现在各国已经形成了专业的配送公司，如著名的美国联邦快递公司，它的业务覆盖全球，实现了全球快速的专递服务，从事网上直销的Dell公司将美国货物的配送业务交给它来完成。

2.网络营销渠道的分类

网络营销渠道可以分为三大类：第一类是通过互联网实现的从生产者到消费者的网络直接营销渠道（简称为“网上直销”）；第二类是通过融入互联网技术后的中间商机构提供网络间接营销渠道（简称为“网络时代的新型中间商”）；第三类就是将

直接营销和间接营销相结合的新媒体营销（简称为“新媒体营销”）。

（1）网上直销。网上直销与传统直接分销渠道一样，都没有中间商。网上直销渠道也要具有上面提到的订货功能、结算功能和配送功能。网上直销与传统直接分销渠道不同的是：生产企业可以通过建设专门网站，让顾客直接从网站订货；通过与一些电子商务服务机构如网上银行合作，可以直接提供结算功能，简化了资金流转过程；在配送方面，网上直销渠道可以利用互联网技术来构造有效的物流系统，也可以通过互联网与一些专业物流公司进行合作，建立有效的物流体系。

与传统分销渠道相比，网上直销渠道有许多更具竞争优势的地方。首先，利用互联网的交互特性，从过去单向信息沟通变成双向信息沟通，增强了生产者与消费者的联系。其次，网上直销渠道可以提供更加便捷的相关服务。最后，网上直销渠道的高效性可以大大减少过去传统分销渠道中的流通环节，有利于降低成本。

（2）网络时代的新型中间商。由于网络信息资源丰富，信息处理速度快，基于网络的服务便于搜索产品，但在产品（信息、软件产品除外）实体分销方面却难以胜任。目前出现了许多基于网络的提供信息服务中介功能的新型中间商，可称之为电子中间商。电子中间商提供的服务有以下几类：

①目录服务。利用Internet上目录化的Web站点提供菜单驱动进行搜索，现在这种服务是免费的，将来可能会收取一定的费用。

②搜索服务。与目录服务不同，搜索站点利用大型数据库分类存储各种站点介绍和页面内容，为用户提供基于关键词的检索服务。

③虚拟商业街。虚拟商业街（Virtual Malls）是指在一个站点内连接两个或两个以上的商业站点。虚拟商业街与目录服务的区别是，虚拟商业街定位于某一地理位置和某一特定类型的生产者和零售商，在虚拟商业街销售各种商品、提供不同服务。

④网上出版。由于网络信息传输及时而且具有交互性，网络出版Web站点可以提供大量有趣和有用的信息给消费者，目前出现的联机报纸、联机杂志就属于此种类型。由于内容丰富而且基本上免费，此类站点访问量特别大，因此出版商利用站点做互联网广告或提供产品目录，并按广告访问次数进行收费。

⑤虚拟零售店（网上商店）。虚拟零售店不同于虚拟商业街，它拥有自己的货物清单，能直接向消费者销售产品。

⑥站点评估。消费者在访问生产者站点时，由于内容繁多、站点庞杂，往往会束手无策，不知道该访问哪一个站点。提供站点评估服务，可以帮助消费者根据以往数据和评估等级选择合适站点访问。

⑦电子支付。在网络上进行交易的同时，网络营销要求能实现买方和卖方之间的授权支付。

⑧智能代理。智能代理根据消费者的偏好和要求预先为用户自动进行初次搜索，软件在搜索时还可以根据用户自己的喜好和别人的搜索经验自动学习优化搜索标准。用户可以根据自己的需要选择合适的智能代理站点为自己提供服务，同时支付一定的费用。

与传统中间商一样，电子中间商起着连接生产者和消费者的桥梁作用，同样帮助消费者进行购买决策，帮助生产者掌握产品销售状况，降低达成交易的费用。

3.新媒体营销

新媒体营销是指利用新媒体平台进行营销的模式，这些新媒体平台如博客、QQ、微信等。例如，目前较有代表性的微商就是基于移动互联网平台，以社交软件为工具而进行的。

6.2.5 网络促销策略

1.网络促销的特点

网络促销是指利用现代化的网络技术向虚拟市场传递有关商品和劳务的信息，以激发需求，引起消费者购买欲望和购买行为的各种活动。和传统的市场促销相比，网络促销具有以下三个明显的特点：

（1）网络促销通过网络技术传递商品和劳务的信息。网络促销是建立在计算机与通信技术基础之上的，并且随着技术进步而不断改进。

（2）网络促销是在虚拟市场上进行的。这个虚拟市场就是互联网，从事网络促销的人员必须跳出实体市场思维。

（3）网络促销是全球性的、全天候的活动。网络促销突破了时间和地域限制，体现为全新的电子时空观。

2.网络促销的功能

（1）告知功能。网络经济属于注意力经济，公众的注意力能够带来相应的经济回报。网络促销能够把企业的产品、服务、价格等信息传递给目标公众，引起他们的注意，进而引起购买或者使用的欲望。

（2）说服功能。网络促销的目的在于通过各种有效的方式解除目标公众对产品或者服务的疑虑，说服目标公众坚定购买。

（3）反馈功能。网络促销能够通过电子邮件及时地收集和汇总顾客的需求和意见，迅速反馈给企业管理层，对企业的经营决策具有较大的参考价值。

（4）创造需求功能。运作良好的网络促销活动，不仅可以诱导需求，而且可以创造需求，发掘潜在的顾客，扩大销售量。

（5）稳定销售功能。企业通过适当的网络促销活动，能够树立良好的产品形象和企业形象，使更多的用户形成对本企业产品的偏爱，达到稳定的销售目的。

3.网络促销组合

传统市场营销的促销形式主要有四种：广告、销售促进、宣传推广和人员推销。网络促销是在网上开展的促销活动，其四种形式分别是网络广告、站点推广、销售促进和关系营销。其中，网络广告和站点推广是网络促销的主要形式。

网络广告就是利用网站上的广告横幅、文本链接、音视频等方法，在互联网上刊登或发布广告，通过网络传递到互联网用户的一种高科技广告运作方式。

站点推广就是利用网络营销策略扩大站点的知名度，吸引用户访问网站，以起到宣传和推广企业以及企业产品的效果。站点推广主要有两类方法：一类是通过改进网站内容和服务，吸引用户访问，起到推广效果；另一类通过网络广告宣传推广站点。

销售促进就是企业利用可以直接销售的网络营销站点，采用一些销售促进方法如价格折扣、有奖销售、拍卖销售等方式宣传和推广产品。

关系营销是借助互联网的交互功能吸引用户与企业保持密切关系，培养客户的忠诚度，提高顾客的满意度。

4.网络促销的实施

开展网络促销需要促销人员深入了解商品信息在网络上传播的特点，分析网络信息的传播对象，设定合理的网络促销目标。网络促销的实施可以从以下几个方面考虑：

（1）确定网络促销对象。网络促销对象是指可能在网络市场上产生购买行为的消费群体。网络促销对象主要包括三类人员：

①产品的使用者。产品的使用者是指实际使用或消费产品的人。实际的需求是这些人实施消费的直接动因。抓住这部分消费者，网上销售就有了稳定的市场。

②产品购买的决策者。产品购买的决策者是指实际决定购买产品的人。网络促销应当把购买决策者放在重要位置上。

③产品购买的影响者。产品购买的影响者是指通过意见或者建议可以对最终购买决策者产生一定影响的人。在购买高档耐用消费品的决策方面，通常他们的影响力会起到决定性的作用。这是因为购买者对高档耐用消费品的购买往往比较谨慎，一般会在广泛征求意见的基础上再做出决定。

（2）设计网络促销内容。网络促销的最终目标是引起购买行为。这个最终目标是要通过设计具体的信息内容来实现的。消费者的购买过程是一个复杂的、多阶段的过程，如何设计促销内容应当根据购买者目前所处的购买决策过程的不同阶段和产品所处的寿命周期的不同阶段来确定。

（3）决定网络促销组合方式。网络促销活动主要通过网络广告和站点推广两种促销方法展开。由于企业的产品种类不同，销售对象不同，促销方法与产品种类和销售对象之间将会产生多种网络促销的组合方式。企业应当根据网络广告、站点推广两种方法各自的特点和优势，结合市场情况和顾客情况，扬长避短，合理组合，以达到最佳的促销效果。

（4）制订网络促销预算方案。首先，企业必须明确网络促销的方法。其次，企业需要确定网络促销的目标。最后，企业需要明确促销活动希望影响的群体及其具体细节。

（5）衡量网络促销效果。网络促销活动进行到特定阶段，必须对已经执行的促销内容进行效果评价，以衡量是否达到了预期的促销目标。

（6）加强网络促销过程的综合管理。

6.3 网络营销手段

6.3.1 网络广告

1.网络广告的概念

所谓网络广告，是指广告主在网络广告投放平台上利用网站上的广告横幅、文本链接、多媒体的方法，在互联网上刊登或发布广告，通过网络传递到互联网用户的一种高科技广告运作方式。网络广告既不同于平面媒体广告，也不同于电子媒体广告。其基本特征在于：利用数字技术制作和表达；具有可链接性，只要被链接的主页被网络使用者点击，就必然会看到广告，这是任何传统广告无法比拟的。

2.网络广告的形式

（1）横幅广告。横幅广告也称网幅广告、旗帜广告，是将一个表现商家广告内容的图片放置在广告商的页面上，这是互联网广告中最基本的广告形式（如图6-2所示）。横幅广告的分辨率一般分为180×150、300×250、336×280和240×400，可使用静态图像、GIF格式的图像文件，或用多帧图像拼接为动画图像。除普通GIF格式外，新兴的Rich Media Banner（丰富媒体Banner）能赋予横幅广告更强的表现力和交互内容。

图6-2 神州数码管理系统公司的横幅广告

（2）标识广告。它通常用来宣传商家的商标或特定标志，分辨率一般为120×60和88×31。由于尺寸比横幅广告小，所以位置灵活，易于放置，而且费用相对较低。

（3）按钮广告。它是从横幅广告演变过来的一种广告形式，图形尺寸比横幅广告要小。按钮广告的分辨率一般为170×60和120×60，广告位置为第一屏、第二屏；触发式按钮广告弹出图片的分辨率为160×160，可以被更灵活地放置在网页上的任何位置。

（4）漂浮广告。它是会飞的按钮广告，可以根据广告主的要求并结合网页本身特点设计“飞行轨迹”，加大广告的曝光率。图6-3所示的是丰田卡罗拉汽车的漂浮广告。

（5）画中画广告。画中画广告存在于某一类新闻中所有非图片新闻的最终页面，该广告将配合客户需要，链接至为客户量身定做的网站，能够大大提高广告的命中率。这种类型广告配合使用Flash的动态与声音效果，点击率比横幅广告高。图6-4是新浪新闻页面中发布的画中画广告。

图6-3 汽车漂浮广告

图6-4 新浪新闻页面中的画中画广告

（6）文字链接广告。通过一般性的简短文字，直接链接到客户的广告内容页面上。广告形式简单明了，直接体现主题，对访问者而言具有较强的针对性和引导性。图6-5为文字链接广告示例。

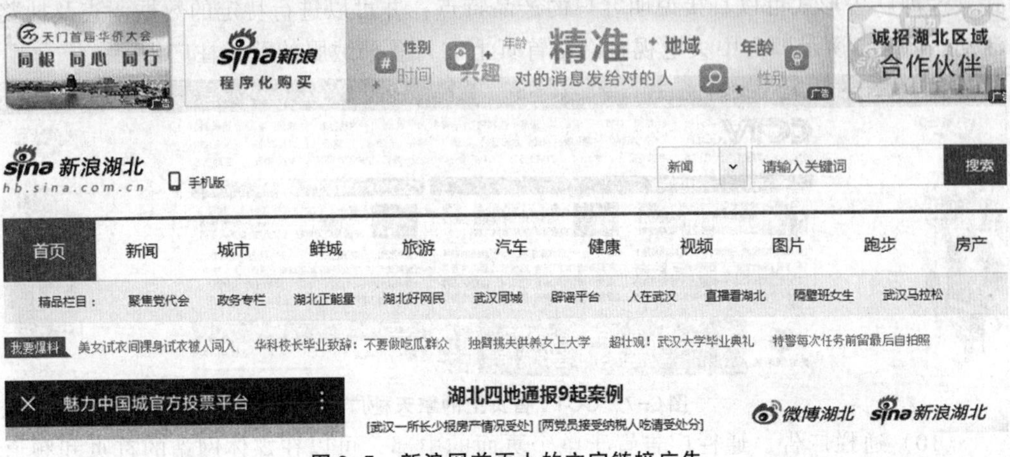

图6-5 新浪网首页上的文字链接广告

（7）弹出广告。在打开首页后弹出一个新的小窗口，出现广告，链接到客户的广告内容页面上（如图6-6所示）。

图6-6 eNet软件下载网站的弹出广告

（8）背投广告。背投广告不像弹出广告直接弹出在当前页面的前面，而是出现在当前页面的后面，一般占据整个屏幕的大小。

（9）擎天柱广告。它是利用网站页面左右两侧的竖式广告位置而设计的广告形式。这种广告形式可以直接说明客户的产品特点，并可以进行特定的数据调查及抽奖活动。图6-7所示即为中央电视台网站首页上波司登羽绒服的擎天柱广告。

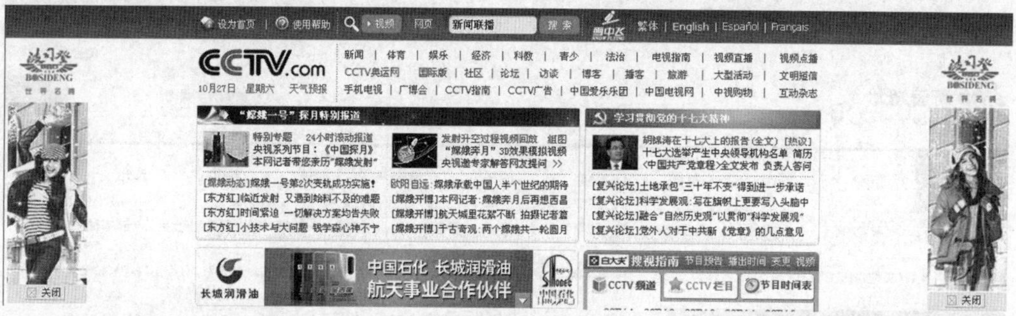

图6-7 CCTV首页上的擎天柱广告

（10）通栏广告。通栏广告置于整个页面的中部，可以在媒体网站的首页和频道页面刊登。由于通栏广告位于网页的黄金位置，因此访客在浏览页面下端信息时势必接触广告，从而能提高广告的有效曝光率。

（11）电子邮件广告。电子邮件广告具有针对性强（可以针对具体某一个人或某一类人发送特定的广告）、费用低廉的特点，为其他网络广告方式所不及。图6-8是电子邮件广告的示例。

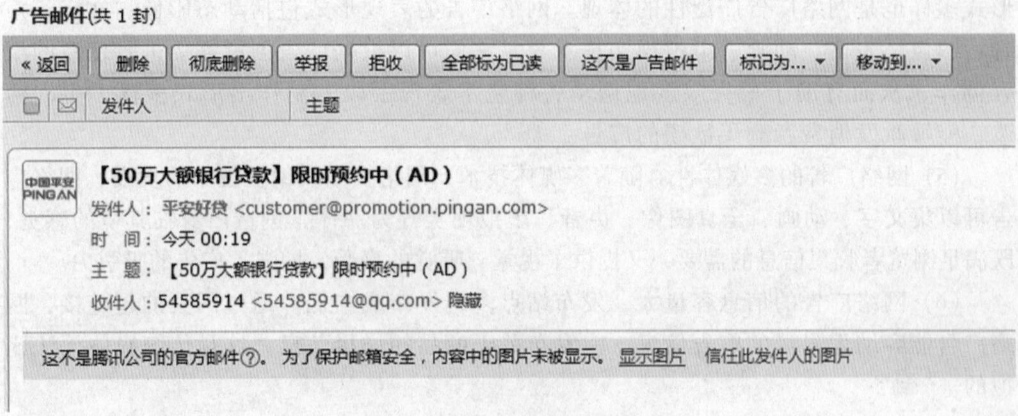

图6-8　中国平安的电子邮件广告

（12）富媒体广告。富媒体广告一般指使用浏览器插件或其他脚本语言、Java语言等编写的具有复杂视觉效果和交互功能的网络广告。这些效果的使用是否有效一方面取决于站点的服务器端设置，另一方面取决于访问者的浏览器是否能顺利查看。一般来说，富媒体广告能表现更多、更精彩的广告内容。图6-9所示的广告可以直接读取用户的鼠标位置信息，给人一种能用鼠标拉起大树的感觉。

图6-9　搜狐财经版上的富媒体广告

3.网络广告的特点

（1）全球性和全天候性。网络广告的传播不受时间、空间限制，只要具备浏览互联网的条件，任何人在任何地点、任何时候都可以接触到网络广告信息。这是传统媒介无法比拟的。

（2）实时性与持久性。网络媒体便于随时更改信息，广告主可以根据需要随时进行广告信息的改动，可以即时将最新的产品信息传递给消费者。网络媒体还可以长久保存广告信息，消费者随时可以检索、查询。

（3）交互性。交互性是网络广告区别于传统广告的最主要特点。网络广告不同于传统媒体信息的单向传播，而是信息的双向互动传播。受众可以查询、获取他认为有用的广告信息，商家也可以及时获得受众的反馈信息，并根据受众的需求、愿望传达广告信息。

（4）广泛性。网络广告传播范围比较广，并且内容详尽。传统广告由于受媒体的时间和版面的限制，其内容只能删繁就简，突出重点；而网络广告则基本不受这样的限制，可以将广告做得十分详尽，以满足想进一步详细了解有关情况的用户的需要。形式多样也是网络广告广泛性的体现。网络广告的表现形式包括动态影像、文字、声音、图像、表格、动画、虚拟现实技术等，它们可以根据广告创意需要进行任意的组合创作，从而有助于最大限度地调动各种艺术表现手段，制作出形式多样、生动活泼，能够激发消费者购买欲望的广告。

（5）网络广告的多媒体性。随着多媒体技术、网络技术及编程技术的发展，网络广告可以集文字、动画、全真图像、声音、虚拟现实等为一体，创造出身临其境的感觉，既满足浏览者收集信息的需要，又提供了视觉、听觉的享受，增强了广告的吸引力。

（6）网络广告的信息容量大，发布站点多，发布成本低。通过网页的超链接，网络广告能容纳无限量的广告信息，能发布关于商品的详尽信息，这是传统媒体无法比拟的。

（7）网络广告效果的可测量性。在互联网上可以通过权威公正的访问统计系统精确统计出每一条广告信息的曝光次数、点击次数，还可以了解目标受众接触广告的时间和地区分布，从而为广告主科学评估广告效果、制定广告策略、进行广告计费提供依据。

4.网络广告的发布

网络广告的发布有多种方式，要选择一种行之有效的广告发布方式，就需要对网络广告的发布方式及其特点有所了解。目前，应用比较广泛的网络广告发布方式有以下两种：

（1）建立自己的网站发布广告。建立自己的网站发布广告是行之有效的方法。建立自己的网站，应当提供较多非广告信息，以给网页的访问者带来其他的利益。

（2）利用知名网站发布广告。利用国内外知名网站发布广告应该说是目前最流行的网络广告方式，也是最有效的广告方式。当用户访问一些知名网站，特别是一些搜索引擎时，其主页上必有一些广告，这些广告通常被做成醒目的、生动的图形或文字形式。正因为这些网站点击率非常高，因此广告主投放在这些网站上的广告可收到很好的广告效果。

6.3.2 病毒式网络营销

病毒式网络营销并非传播病毒，而是利用公众的积极性和人际网络，让营销信息像病毒一样传播和扩散，从而达到推广的目的。病毒式网络营销的方法实质上是在为用户提供有价值的免费服务的同时，附加上一定的推广信息。它是一种通过刺激个体将营销信息向他人传递、为信息的爆炸和影响的指数级增长创造潜力的信息传递战略。

1.病毒式营销的特点

（1）价格低廉。

（2）传播速度极快。

（3）可信度高，受众无法抗拒。

（4）超越单一的网站限制。常规的网络广告必须在登录某网站后才可以看到，而病毒式营销则可以通过电子邮件等手段把信息传递到更为广泛的群体当中。

（5）推荐者帮忙寻找目标人群。病毒式营销按推荐人的积极性大概分为两类：第一种是被动式，如电子邮件和贺卡以及电子书籍，利用产品或服务及时附带，推荐人不需要任何动作；第二种是主动式，如网上售书系统和链接联盟等，都需要推荐人主动填写相关信息。

2.病毒式营销的原则及技巧

（1）提供真正有价值的产品和服务。在市场营销人员的词典中，"免费"一直是最有效的词语，大多数病毒式营销计划以提供有价值的免费产品或者服务来引起注意。市场营销人员从事的是报酬滞后的行业，他们不能在今天或者明天盈利，但是如果他们能通过一些免费服务刺激高涨的需求兴趣，相信他们可以在不久之后获利。

（2）给予推荐人适当的奖励刺激。设置特定规则给予推荐人适当的物质奖励，可以激发其进行口碑传播的主动性。

（3）必须不费力。病毒式营销在互联网上得以极好地发挥作用是因为即时通信变得容易而且廉价，数字格式使得信息复制更加简单。从营销的角度来看，必须把营销信息简单化，使信息容易传输，越简短越好，这样才能让信息传递范围从小变大。

（4）尊重个人隐私和网络礼仪。这是大多数国内企业和网站都会忽略的问题。虽然是朋友推荐，但信息毕竟不是接收者期待和事先允许的，所以必须设置询问被推荐人是否愿意继续接收同类信息的选项，并保证不利用其邮箱做其他用途（如贩卖给别人），以免以后给对方造成不必要的垃圾邮件骚扰。

（5）个性化。如信息设计为"关心你的好朋友×××向您诚意推荐……"等字样，有条件的还可以让推荐人自行加上推荐语。

（6）营造轻松氛围，不要让接收者感受到心理负担。

3.病毒式营销几种常见方法

（1）免费服务。免费的资源无论在何时都会引起大家的关注和自发的传播，如免费的邮箱、免费的空间、免费的域名等，免费服务在病毒式营销中主要起到吸引眼球、引起参与的作用。

（2）便民服务。便民服务不像免费服务一样需要一定的财力和物力，比较适合小公司或个人网站提供。在网站上提供日常生活中常会用到的一些查询（如公交查询、电话查询、手机归属地查询、天气查询等），把这些实用的查询集中到一起，能给用户提供极大的便利，会得到用户很好的口碑。

（3）邀请推荐。Google Gmail在推广初期就利用了饥饿营销与病毒式营销原理，并不接受公开注册，而是需要现有用户的邀请才能注册。稀缺使人们产生好奇心，邀请则使病毒式营销发挥到了极致。同时，"邀请"的机制使有共同兴趣爱好的用户聚成一个"圈子"，在这个圈子里用户能互相交流信息，为其他产品或服务的推广埋下伏笔。

（4）节日祝福。每当节日到来时，可以通过QQ、E-mail、微信等工具向客户发送一些祝福话语，配以精美图片，通过不断接收和转发自然就达到了病毒式营销的目的。

（5）软文推荐。通过软文将商业信息融入励志、职场、健康等话题中来，是当前病毒式营销常用的方法。

6.3.3 伙伴营销

伙伴营销是一种完全建立在互联网技术基础之上的新型商业模式，这种模式克服了许可营销的缺陷。简单来说，这种营销方式是在营销人员与顾客进行交谈时把消费者作为平等的合伙人来看待。

1.伙伴营销具备了互联网技术的两大特点

（1）互联网的发展使得企业和消费者之间可以迅速沟通，E-mail的广泛应用既加快了企业的反应速度，同时又降低了沟通成本。

（2）在伙伴营销模式中，不再是企业寻找目标顾客，而是顾客选择企业。老练的消费者会同几家同类公司保持联系，因此，企业应该通过设计满足顾客需求的广告和促销活动来影响顾客的行为，这样可以与顾客保持更为紧密的关系；反之，没有采取有效行动的公司将与消费者更为疏远。

2.伙伴营销模式的三个基本要素

（1）授权给顾客。

（2）调动顾客参与的积极性。

（3）创建一个便利的空间。

采用伙伴营销模式的公司认识到市场上真正的主动权在顾客手里，顾客不是被动的接受者，相反，他们主动参与企业的广告和促销过程，最终决定与谁建立伙伴关系。

总之，伙伴营销远远胜过许可营销，公司与顾客之间建立的是真正的伙伴关系，顾客是主动的参与者而不是被动的接受者。

6.3.4 RSS

1.RSS的概念

RSS（Really Simple Syndication），即信息聚合，是目前使用最广泛的XML应用。RSS搭建了信息迅速传播的一个技术平台，使得每个人都成为潜在的信息提供者。使用者发布一个RSS文件后，这个文件中包含的信息就能直接被其他站点调用，由于这些都是标准的XML格式，所以也能在其他的终端和服务中使用。

使用RSS获取信息的前提是，先安装一个RSS阅读器，然后将提供RSS服务的网站加入到RSS阅读器的频道即可。

2.RSS作为网络营销工具的优点

（1）RSS的使用率不断提高。

（2）RSS的送达率几乎100%。

（3）RSS信息的点击率比较高。

（4）从营销成本来看，购买RSS广告展示的成本比较低。

3.企业RSS营销指南

（1）使您的网站具有RSS订阅功能。在开发网站时，利用XML技术添加RSS订阅功能，这样用户在访问您的网站时就可以点击RSS或XML订阅您的新闻，一旦有新内容发布，订阅者就可以打开阅读。

（2）不断更新内容。当您的网站有新内容发布时，用户的RSS阅读器就会接受并显示连接，所以不断更新新闻内容是RSS营销的关键。

（3）对订阅者进行跟踪分析。收集用户的点击行为，分析他们的爱好、阅读习惯等信息，为制定网络营销策略提供数据基础。

6.3.5 直播营销

1.直播营销的定义

直播营销是指在现场随着事件的发生、发展进程同时制作和播出节目的营销方式，该营销活动以直播平台为载体，使企业实现品牌提升或是销量增长的目的。

2.直播营销的优势

直播营销是一种营销形式上的重要创新，也是非常能体现出互联网视频特色的板块。对于广告主而言，直播营销有着极大的优势：

（1）某种意义上，在当下的语境中直播营销就是一场事件营销。除了本身的广告效应，直播内容的新闻效应往往更明显，引爆性也更强。一个事件或者一个话题，相对而言，可以更轻松地进行传播和引起关注。

（2）能体现出用户群的精准性。在观看直播视频时，用户需要在一个特定的时间共同进入播放页面，这其实与互联网视频所倡扬的“随时随地性”是背道而驰的。但是，这种播出时间上的限制，也能够真正识别并抓住具有忠诚度的精准目标人群。

（3）能够实现与用户的实时互动。相较传统电视，互联网视频的一大优势就是能够满足用户更为多元的需求。不仅仅是单向的观看，还能一起发弹幕吐槽，喜欢谁就直接献花打赏，甚至还能动用民意的力量改变节目进程。这种互动的真实性和立体性，也只有在直播的时候能够完全展现。

（4）深入沟通，情感共鸣。在这个碎片化的时代里，在去中心化的语境下，人们在日常生活中的交集越来越少，尤其是情感层面的交流越来越浅。直播，这种带有仪式感的内容播出形式，能让一批具有相同志趣的人聚集在一起，聚焦在共同的爱好上，情绪相互感染，达成情感气氛上的高位时刻。如果品牌能在这种氛围下做到恰到好处的推波助澜，其营销效果一定能起到四两拨千斤的效果。

3.直播营销的发展原因

（1）移动网络提速和智能设备普及

像花椒直播这样完全诞生在移动互联网时代的视频直播app开始涌现，并受到资本市场的关注，这其实得益于移动网络速度的提升，流量资费的降低更为重要的是智能手机的普及，视频直播能够比以往更加流畅，让人们逐渐摆脱无线网络和电脑的限制，从而可以直接通过智能手机进行视频拍摄上传，这就使得视频直播能够有更多的场景，从而让企业有了全新的营销机会，可以随时随地更加立体地展示企业的文化，发出企业的声音，而不再仅仅依靠微博和微信。

（2）企业需要更立体的营销平台

在过去几年，很多企业、政府机构已在微博、微信上开通账号，将其作为企业品牌营销和文化传播的标配。不过，这些传播主要还是以图文为主。在微信上，传播方式可能还要更多一些，比如H5游戏或展示页面。但这远远不够。图文始终不够立体，用户看到的还都是静止的，并且在如今这个信息泛滥的时代，单纯的文字传播很可能被忽略。而视频直播的兴起，正好弥补了以前企业进行营销传播时的缺憾，在微博、微信之外，多了一个更为立体生动的营销阵地。

（3）网友看视频、玩视频的习惯养成

无论是移动互联网时代的机遇也好，还是企业营销的需求驱动也罢，这一切最重要的根基是用户愿意在这个平台上进行“玩耍”。越来越多的人愿意在视频平台上花费时间创造内容和浏览内容，这都得益于用户习惯的培养完成。

4.直播营销的流程

（1）直播营销精确的市场调研

直播是向大众推销产品或者个人，推销的前提是我们深刻地了解到用户需要什么，我们能够提供什么，同时还要避免同质化的竞争。因此，只有精确地做好市场调研，才能做出真正让大众喜欢的营销方案。

（2）直播营销项目自身优缺点分析

做直播，如果营销经费充足，人脉资源丰富，就可以有效地实施尽可能多的想法。但对大多数公司来说，没有充足的资金和人脉储备，这就需要充分地发挥自身的优点来弥补。一个好的项目也不仅仅是通过人脉、财力的堆积就可以达到预期的效果，只有充分地发挥自身的优点，才能取得意想不到的效果。

（3）直播营销市场受众定位

能够产生结果的营销才是一个有价值的营销。我们的受众是谁，他们能够接受什么等等，都需要做恰当的市场调研，找到合适的受众才是做好整个营销的关键。

（4）直播营销直播平台的选择

直播平台种类多样，根据属性可以划分为不同的领域。如果做电子类的辅助产品，直播推销衣服、化妆品将会带来意想不到的流量。所以，选择合适的直播平台也是关键。

（5）直播营销良好的直播方案设计

做完上述工作之后，成功的关键就在于最后呈现给受众的方案。在整个方案设计中需要销售策划及广告策划的共同参与，让产品在营销和视觉效果之间恰到好处。在直播过程中，过分的营销往往会引起用户的反感，所以在设计直播方案时，如何把握视觉效果和营销方式，还需要不断斟酌。

课堂讨论

什么是病毒式营销？病毒式营销的典型特征有哪些？你知道为什么叫病毒式营销吗？

本章小结

本章在介绍网络营销概念的基础上，详细介绍了网络营销的特点和基本功能，比较了网络营销与传统营销的差异，总结了网络营销的基本策略。本章中介绍的网络营销渠道策略、定价策略和产品策略，以及网络营销相关手段，都是现实工作中非常有参考价值和可操作性的内容，通过学习该内容，同学们可以有效地将其运用到实际工作当中。

基本训练

一、选择题（单项选择）

1.在下列网络营销工具中，最基本、最重要的是（　）。

A.搜索　B.企业网站　C.电子邮件　D.网络广告

2.网络营销实施的最高层次是（　）。

A.网上信息发布　B.网络分销联系　C.网上直接销售　D.网络营销集成

3.网络商务信息中，（　）约占信息库数据量的60%，是信息服务商的主要服务范围。

A.免费商务信息　B.收取较低费用的信息

C.收取标准信息费的信息　D.优质优价的信息

4.关于网络畅销商品的情况调查信息属于（　）。

A.免费商务信息　B.收取较低费用的信息

C.收取标准信息费的信息　D.优质优价的信息

5.网络营销工具中，Usenet即（　）。

A.邮件列表　B.新闻组　C.论坛　D.博客

二、简述题

1.网站采用的免费价格策略有哪些类型？

2.简述网络广告的构成要素。

3.网络营销策划的基本原则是什么？

三、案例分析题

支付宝集五福

支付宝（中国）网络技术有限公司是国内领先的第三方支付平台，致力于提供“简单、安全、快速”的支付解决方案。支付宝公司从2004年建立开始，始终以“信任”作为产品和服务的核心。旗下有“支付宝”与“支付宝钱包”两个独立品牌。自2014年第二季度开始成为全球最大的移动支付厂商。每逢春节之前，支付宝就推出“五福红包”活动，表示要“把欠大家的敬业福都还给大家”。这是支付宝第二次战斗。虽说2015年推出时的效果不太显著，但其推广方式有专业和巧妙之处，然后就有了2016升级版的第二次出击。支付宝还帮360搜索创造了全民“搜福”的新纪录，把自己送上了热搜榜。支付宝方面表示：以后也不会对任何一张福卡刻意营造稀缺悬念。也就是说，像过去敬业福极度稀缺的情况不会再出现了。大家都知道，集齐支付宝的五福就可以瓜分2亿元。2亿元人民币这数字听起来就很让人心动，为了瓜分这两亿，很多人便想着去试一试。所以，每当春节来临前，支付宝便火热地开展集五福行动。

那你想过为什么支付宝要花两亿去搞这个活动呢？

其实个中原因可想而知。近年QQ、微信日渐火热，红包席卷中国，红包雨铺天盖地，让支付宝有些措手不及，每到春节就有些胆战心惊。支付宝压力很大，被腾讯两个产品一起打压，得有所动作才行呀。支付宝“五福”包括富强福、和谐福、友善福、爱国福和敬业福，打开支付宝扫福就可以收集到。但大众集齐五福也不是那么容易的事，特别是敬业福，这就是它设计的巧妙之处。于是用户为了快速地集齐五福，就需要互相交换福卡，而这就要通过加好友或者加群来实现。一旦支付宝形成了这种社交方式，就可以在某种程度上制衡微信和QQ。所以说，支付宝的集五福活动设计得很巧妙，达到了预定目标。支付宝让人们知道它不仅仅只是一个支付工具，还能像腾讯那样聊天加朋友。

资料来源 佚名. 网络营销案例分享［EB/OL］.［2020-10-25］. https://baijiahao.baidu.com/s?id=1641961799597123538&wfr=spider&for=pc.

请思考：

1.阅读完该案例，你有什么启发？

2.该案例给你最大的感受是什么？

第7章 电子支付与网络银行

学习目标

□知识目标：

1. 了解传统的支付方式和网上支付系统的种类及功能；
2. 熟悉网上支付方式及第三方支付的使用；
3. 了解网络银行的发展历程及现状。

□技能目标：

1. 掌握几种具体的电子商务结算系统的概念和基本工作原理，如信用卡、电子转账、电子货币及其他新兴结算工具；
2. 掌握网络银行的概念、网络银行的主要功能和服务内容以及网络银行的建立模式；
3. 了解我国网络银行的发展现状，并能够结合实际案例发现现状中存在的问题提出有针对性的改进措施和建议。

【导入案例】

招商银行再次荣获“中国最佳品牌建设案例”大奖

2016年11月23日，由Metathink根元咨询集团、《21世纪经济报道》报社联合主办的“2016中国品牌价值管理论坛”暨“第十二届中国品牌金象奖”总决赛颁奖典礼在上海举行，招商银行再次荣获“中国最佳品牌建设案例”大奖。

如何利用互联网思维及新型传播利器，探索出适合自己的独特营销方式，快速、有效地与消费者沟通，形成品牌特色，是招商银行一直在认真做的事情。招商银行的“玩坏大楼”创意系列是其品牌营销上的又一个亮点，该作品以招商银行大楼作为主角，结合业务、热点、节庆、招商银行自身特色等延展创意，向大众树立了“招商银行是一家有温度的银行”的形象，作品获得了广大客户和员工的喜爱和认可。

招商银行开创了中国银行业的数十个第一：创新推出了具有里程碑意义的、境内第一个基于客户号管理的借记卡——“一卡通”；首个真正意义上的网上银行——“一网通”；第一张国际标准双币信用卡；首个面向高端客户的理财产品——“金葵花理财”；在境内银行业率先推出了离岸业务、买方信贷、国内信用证业务、企业年金业务、现金管理业务、银关通业务、公司理财与网上承兑汇票业务等。近年来，招商银行又确立了“内建平台、外接流量、流量经营”的互联网金融发展策略，率先推出闪电贷、刷脸取款、“一闪通”支付等创新服务，按照“手机优先”战略，迭代创新手机银行和掌上生活App，抢占移动互联网时代新高地。多年来，招商银行品牌形象得到了社会各界的广泛认可，相当一部分业务领域已成为国内商业银行的标杆。

资料来源　赵光远. 招商银行再次荣获“中国最佳品牌建设案例”大奖［N］. 齐鲁晚报，2016-11-25.

7.1　传统的支付方式

7.1.1　现金

现金结算是一种历史悠久的结算方式。从很早以前的以兽骨、贝壳等为媒介到后来的以贵金属为媒介，再到一直沿用至今的以纸质货币为媒介的支付形式，现金结算在社会经济中一直扮演着不可或缺的角色。在现金交易中，买卖双方处于平等地位，而且交易是匿名进行的，卖方不用了解买方的身份，现金就是最好的身份证明。因为现金本身是有效的，其价值是由发行机构加以保证的，加之现金具有使用方便和灵活的特点，因此日常生活中多数交易活动都是通过现金来完成的。

现金有两种形式，即纸币和硬币，由中央银行或政府授权的银行发行。

当然，现金交易也有不足之处：第一，受时间和空间的限制，对不在同一时间或低调进行的交易就不便于用现金交易；第二，当涉及大宗买卖时，不适宜用现金支付，因为现金的面额都比较小，携带大量现金时会产生不便与安全问题。

7.1.2　票据

票据是出票人依票据法发行的、无条件支付一定金额或委托他人无条件支付一定金额给收款人或持票人的一种文书凭证。票据所具有的汇兑功能使得大宗交易成为可能。

票据交易方式是在现金方式不能满足支付需要后产生的。人们笼统地把股票、债券、汇票这类记载一定文字，代表一定权利的文书凭证称为票据。在商业交易中，特别是当交易双方分处两地或者两个国家时，票据结算是比较便捷的一种方式。票据使交易在异时、异地进行成为可能，并且更为方便，突破了现金交易的一些局限性。尽管如此，票据本身也存在缺陷，如票据的真伪、遗失等会给票据使用带来一些问题。

狭义票据专指票据法所规定的汇票、本票和支票三种形式。

（1）汇票是出票人签发的，委托付款人在见票时，或者在指定日期无条件支付确定的金额给收款人或者持票人的票据。

（2）本票是出票人签发的，承诺自己在见票时无条件支付确定金额给收款人或者持票人的票据。

（3）支票是出票人签发的，委托办理支票存款业务的银行或者其他金融机构在见票时无条件支付确定的金额给收款人或者持票人的票据。

7.1.3　信用卡

信用卡是银行或金融公司发行的，授权持卡人在指定的商店或场所进行记账消费的信用凭证。

信用卡这种支付方式最早出现于美国，刚开始是用于一些百货店招徕顾客，扩大生意，后来慢慢地在饮食、娱乐等行业也开始使用，甚至从美国扩展至全球。从1978年中国银行广东分行代理香港东亚银行信用卡业务开始，伴随着我国改革开放的不断深化，信用卡在我国也得到了快速发展。1985年3月1日，中国银行珠海分行发行了我国第一张信用卡——人民币中银卡，后来我国的国有商业银行也相继发行了自己的信用卡（如牡丹卡、龙卡、金穗卡等），标志着我国信用卡业务进入了一个全新的发展时期。

信用卡主要有如下三个特点：第一，多功能。不同的信用卡，功能和用途不同，但主要有转账结算、消费借贷、储蓄和汇兑四种功能；第二，高效便捷；第三，减少现金流通。

信用卡能为持卡人和特约商户提供简化高效的结算服务，减少现金流通量，还可避免随身携带大量现金的不便，为支付提供较好的安全保障。

7.2 电子商务网上支付系统概述

7.2.1 电子商务与网上支付系统

电子商务是一种全新的商务模式，对传统支付结算模式的冲击很大。传统支付结算模式以手工操作为主，以银行的金融专用网络为核心，通过传统的通信方式（邮递、电报、传真等）来进行凭证的传递，从而实现货币的支付结算。其中，它使用的支付工具不论是现金还是支票、汇票都是有形的，在安全性、认证性、完整性和不可否认性上有较高的保障，但它又存在效率低、成本高等问题。而由电子商务带来的网络化使有形的东西无形化了，在网上支付系统中，不论是将现有的支付模式转化为电子形式，还是创造出网络环境下的新的支付工具，它们多多少少都具有无形化的特征。货币可以是智能卡芯片上的一组数据，也可以是硬盘中的一个文件，网络中的一组二进制流在一次支付中不会产生任何实体性的东西，只是生成了若干文件而已。面对这样的一种支付系统，我们应该重新考虑它的支付规律，制定新的管理运行模式，以符合其崭新的面貌与特点。

网上支付系统因借助于互联网而具有便捷、低成本等优势，但也引发了安全以及信用方面的问题。一个网上支付系统要实现在公共网络上传输敏感的支付信息，就必须采取先进可行的安全技术。此外，网上支付系统在将支付工具、支付过程无形化的同时，也将原来面对面的信用关系虚拟化了。代表支付结算关系参与者的只不过是网络中的某些电子数据，如何确认这些电子数据所代表的身份以及这些身份的真实性？这就需要建立CA认证体系，以确保这个无形世界中存在真实的信用关系，这也是网上支付得以进行的基石。此外，电子商务中的各种支付手段也要依托于某种信用形式。例如，信用卡、电子支票都是银行提供的银行信用；电子货币是用来模拟现金交易的，它涉及持有电子钱包的群体向发放电子钱包的群体提供信用；网络银行的涉及面更广，没有信用更无法运行。

对网上支付而言，银行的参与是必不可少的，网上支付必须借助银行的支付工具、支付系统以及金融专用网才能最终得以实现。以B2C为例，参与方通常包括消费者（持卡人）、商户和银行。交易流程一般包括如下几个步骤：消费者向商户发送购物请求，商户把消费者的支付指令通过支付网关送往商户开户行（收单行）；收单行通过专用网络从消费者开户行（发卡行）取得支付授权后，把授权信息送回商户；商户取得授权后，向消费者发送购物回应信息。如果支付获取与支付授权并非同时完成，商户还要通过支付网关向收单行发送支付获取请求，以便把该笔交易的金额转账到商户账户中；银行之间则通过自身的支付清算网络来完成最后的行间清算。由此可见，支付结算环节是由支付网关、收单行、发行卡以及金融专用网络构成的，离开了银行便无法完成网上支付。因此，电子商务中的网上支付体系应该是集购物流程、支付工具、安全技术、认证体系、信用体系以及现在的金融体系于一体的综合系统。

7.2.2 网上支付系统的基本构成

客户是指在互联网上与某商户或企业有商务交易关系并且存在未清偿的债权、债务关系的一方。客户使用自己已拥有的网上支付工具发起支付，是网上支付体系运作的原因和起点。

商家则是拥有债权的商品交易的另一方。它可以根据客户发起的支付指令向金融体系请求获取货币给付，即请求结算。商家一般设置专门的后台服务器来处理这一过程，包括认证以及对不同工具的处理。

客户开户行是指客户在其中拥有了账户的银行。客户所拥有的支付工具就是由开户行提供的，客户开户行在提供支付工具的同时也提供了一种银行信用，即保证支付工具的兑付。在信用卡支付体系中，客户开户行又被称为发卡行。

商家开户行是指商家在其中拥有账户的银行。其账户是整个支付过程中资金流向的地方，商家将客户的支付指令提交给其开户行后，就由开户行负责支付授权的请求以及行间的清算等工作。商家开户行是依据商家提供的合法账单（客户的支付指令）来工作的，因此又称为收单行。

支付网关是指公用网与金融专用网之间的接口，支付信息必须通过支付网关才能进入银行支付系统，进而完成支付的授权和获取。支付网关的建设关系着支付结算的安全以及银行自身的安全，关系着网上支付结算的安排以及金融系统的风险，必须十分谨慎。因为电子商务交易中同时传输了交易信息与支付信息两种信息，必须保证这两种信息在传输过程中不能被无关的第三者阅读，包括商家不能看到其中的支付信息(如信用卡卡号、授权密码等)，银行不能看到其中的交易信息（如商品种类、商品总价等)。这就要求支付网关一方面必须由商家以外的银行或其委托的信用卡组织来建设；另一方面网关不能分析交易信息，对支付的信息只起保护传输的作用。

金融专用网则是银行内部及银行间进行通信的网络，具有较高的安全性，包括中国现代化支付系统（CNAPS)、人行电子联行系统、商行电子汇兑系统、银行卡授权系统等。我国银行的金融专用网发展迅速，为逐步开展电子商务提供了必要的条件。

认证机构则为参与的各方（包括客户、商家与支付网关）发放数字证书，以确认各方的身份，保证网上支付的安全性。认证机构必须确认参与者的资信状况（如通过对在银行的账户状况、与银行交往的历史信用记录等来判断)，因此也要有银行的参与。

除以上参与各方外，网上支付系统还包括支付中使用的支付工具以及遵循的支付协议，网上支付系统是参与各方与支付工具、支付协议的结合。其中，目前经常被提及的网上支付工具有银行卡、电子货币、电子支票等。银行卡的发展已有一段时间，但多数只用在专用网络中，公共网络中的银行卡支付还有待发展。电子货币常被称为全新的网上支付工具，能离线操作，但其实际上是对传统现金交易的模拟。电子支票也是对传统支票业务过程的电子化，目前在专用网上的应用已经较为成熟。除此之外，人们还常将网络银行看作一种网上支付方式，通过网络银行，可以模拟资金转账、开展汇兑、委托收款等业务，还可以进行金融创新活动。

在网上交易中，消费者发出的支付指令在由商户发送到支付网关之前是通过公用网传递的，这一点与持卡POS消费有着本质的区别，因为POS利用的是专线。互联网交易必须考虑公用网上支付信息的流动规则及其安全保护，这就是支付协议的责任所在。目前，已经出现了一些比较成熟的支付协议（如SET协议）。通常情况下，一种协议针对某种支付工具，对交易中的购物流程、支付步骤、支付信息的加密/认证等方面做出规定，以保证在复杂的公用网中的交易双方能快速、有效、安全地实现支付与结算。

7.2.3 网上支付系统的种类

虽然网上支付系统发展的方向是兼容多种支付工具，但事实上做到这一点是比较困难的。因为各种支付工具之间有着较大的差距，在支付流程上也各不相同。根据系统中使用的支付工具不同，可以将网上支付系统大致分为三类，即信用卡支付系统、电子转账支付系统和电子货币支付系统。

1.信用卡支付系统

信用卡支付系统的特点是每张卡对应着一个账户，资金的支付最终是通过转账实现的。由于在消费中实行“先消费、后付款”的支付办法，因此信用卡账务的处理是后于货款支付的。也就是说，购物支付是通过银行提供的消费信贷完成的，对信用卡账户的处理是事后的事情，因此属于“延时付款”一类，与电子转账有实质上的区别。信用卡支付系统需要采用在线操作，而且可以透支。不同类型的信用卡具有不同的使用特点，见表7-1。

2.电子转账支付系统

电子转账支付系统的特点是支付过程中的操作直接针对账户，对账户的处理即意味着支付的进行，是一种“即时付款”的支付办法。在支付过程中，由于发起人不同又可分为付款人启动的支付和接收人启动的支付。在此系统中，付款人对支付的确认十分重要，这就需要一些确认手段，如支票。因此这一系统又包括直接转账的支付系统和电子支票支付系统。由于涉及账户，此系统也必须在线操作，但不允许透支。

3.电子货币支付系统

电子货币支付系统的特点是支付过程中不直接对应任何账户，持有者事先预付资金，便可获得相应货币值的电子货币（智能卡或硬盘文件），因此可以是离线操作，是一种“预先付款”的支付系统。

7.2.4 网上支付系统的功能

虽然货币的不同形式会带来不同的支付方式，但安全、有效、便捷是各种支付方式共同追求的目标。对一个支付系统而言（可能专门针对一种支付方式，也可能兼容几种支付方式），它应有以下功能：

表7-1　　　　　　　　　**不同类型信用卡的使用特点**

分类	类型	使用特点
结算方式	贷记卡	发卡行允许持卡人“先消费、后付款”，提供给持卡人短期消费信贷，到期依据有关规定完成清偿
	准贷记卡	有小额透支功能
	借记卡	持卡人在开立信用卡账户时按规定向发卡行交一定的备用金，消费后银行会自动从其账户上扣除相应的消费款项，急需时可提供小额的善意透支额度
发卡对象	个人卡	持卡人是有稳定收入来源的社会各界人士，其信用卡账户上的资金属持卡人个人存款
	公司卡	又称单位卡，是各企事业单位、部门中指定人员使用的卡，其信用卡账户资金属于公款
持卡人信用等级	金卡	透支限额相对较高
	普通卡	透支限额相对较低
使用范围	国际卡	可以在全球许多国家和地区使用，如著名的VISA卡和Master卡等
	国内卡	只局限于在某地区内使用，如我国各大商业银行发行的人民币长城卡、牡丹卡、太平洋卡等都属于地方卡
发卡机构的性质	银行卡	由银行（含邮政金融机构）发行的银行卡
	非银行卡	由其他财务机构发行的非银行卡（如美国运通卡等）
发卡机构与联合发卡的合作性质	认同卡	与非营利性机构合作发行的认同卡
	联名卡	与营利性机构合作发行的联名卡
持卡人的主次	主卡	主卡就是信用卡的开户者本人申请使用的卡
	附属卡	附属卡就是申请者本人的配偶或成年子女使用的卡

1.使用数字签名和数字证书实现对各方的认证

为保证协议的安全性，对参与交易的各方身份的有效性进行认证，通过认证机构或注册机构向参与各方发放数字证书，以证实身份的合法性。

2.使用加密技术对业务进行加密

可以采用单钥体制或双钥体制进行信息加密，并采用数字信封、数字签名等技术来加强数据传输的保密性，以防止未被授权的第三者解读获取的信息。

3.使用消息摘要算法以确认业务的完整性

为保护数据不被未授权者建立、嵌入、删除、篡改、重放，从而完整无缺地传输给接收者，可以采用数据杂凑技术。通过对原文的杂凑生成消息摘要一并传送给接收者，接收者就可以通过摘要来判断所接受的消息是否完整；如不完整，则要求发送端重发以保证其完整性。

4.当交易双方出现异议、纠纷时，保证对业务的不可否认性

系统能帮助通信用户对付来自其他合法用户的威胁，如发送用户对他所发消息的否认，接收者对他接收消息的否认等。支付系统必须在交易的过程中生成或提供足够充分的证据来迅速辨别纠纷中的是非。目前可以采用仲裁签名、不可否认签名等技术来实现。

5.能够处理贸易业务的多边支付问题

网上贸易活动的支付要牵涉客户、商家和银行等多方，其中传送的购货信息与支付信息必须连接在一起，因为商家只有确认了支付信息后才会继续交易，银行也只有确认了购付信息后才会进行支付。同时，商家不能读取客户的支付信息，银行不能读取商家的订单信息，这种多边支付的关系可以通过双联签字等技术来实现。

7.3 网上支付方式

7.3.1 信用卡网上支付方式

1.信用卡网上支付系统模型

信用卡网上支付技术很成熟，目前的支付系统都是建立在金融专用网基础上的。通过金融专用网的终端，持卡人可以获得身份验证、消费结算、消费信贷、转账结算、通存通兑、自动取款、代发工资、代理收费等服务。因此，信用卡支付系统的一大特点就是需要在线实时操作，进行持卡人身份的真实性以及信用额度的验证和处理。目前，在金融专用网上开展此类业务会受到银行营业时间的限制，而随着电子商务的发展，网上信用卡支付系统不仅可以扩展到所有的公共网络，而且在时间上也扩展到全天24小时，这就需要增加相应的机构和技术来支持这种扩展。

要将金融专用网的信用卡支付系统延伸到公共网络，必须要对消费者和商家之间的节点进行处理，使之成为能处理信用卡操作的终端。

在整个支付系统中，信用卡的读取与处理十分重要，因此应在客户端配备专门的读卡设备，如同传统系统中的金融终端一样。再由浏览器扩展部分把读卡设备驱动程序与浏览器捆绑在一起，使信用卡支付系统能支持浏览器方便地访问各电子商务站点。

在商家的电子商务站点中，除WWW服务器为顾客提供商品目录外，还有专用的后端交易服务器，其中设有支付处理模块，专门用来处理客户发送过来的支付指令，以及与信用卡信息中心进行交互。信用卡信息中心是为信用卡支付系统的运转专门设立的机构，它由银行、信用卡发行机构（在我国是银行）以及商家联合经营，建立在信用卡信息数据库共享的基础之上。信用卡信息中心能够进行信用卡的真伪识别、持卡人身份合法性的认证以及信用额度的确认，并具有在此基础上进行支付授权的功能。而由此产生的转账数据，可于当日或待银行下一营业日开始之后，再发往收单行进行处理。由于信用卡信息中心的信息库是建立在银行、发卡机构以及商家数据库中有关顾客、信用卡、消费等方面的数据基础之上的，因此信息十分完备统一，对诸如顾客卡挂失、停止使用的有关处理，以及对信用卡有关数据的确认会容易得多。另外，它不受制于银行的业务处理时间，能进行24小时的联机实时处理。

2.信用卡网上支付方式的业务流程

信用卡网上支付方式的业务流程如下：

（1）客户访问商家的主页面、浏览商品、验证商家的CA证书。

（2）客户挑选商品、填写订单、插入信用卡、输入识别码（PIN码），由浏览器扩展部分进行验证，如果符合就打开信用卡，读取卡中数据，并由用户形成支付指令，与订单同时发送到商家。

（3）商家后端服务器中的支付处理模块在收到订单信息和支付信息之后，初步确认客户的交易意图，在完成客户身份认证之后，将两种信息发往信用卡信息中心进行确认并申请授权。

（4）经支付网关检查过的合法支付指令被传送到信用卡信息中心进行联机实时处理，经过对卡的真实性、持卡人合法性以及信用额度的确认后，信用卡信息中心决定是否授权，并将结果传回商家服务器。

（5）接到信用卡授权后，商家便可继续交易，向客户发送货物，并向其索取交易完成的标志（在此，信用卡实现了“先消费、后付款”的功能，其中银行提供的信用是交易顺利进行的保障）。

（6）信用卡信息中心可在当日、次日或约定的一定时间间隔内将信用卡授权产生的转账结算数据传往收单行进行账务处理。

（7）收单行将转账数据及相关信息传往发卡行进行认证（这是在信用卡信息中心认证基础上的再认证，充分保证支付系统的安全性）。

（8）转账业务经发卡行认证后传回收单行。同时，发卡行将客户的消费金额记入个人消费信贷账户中，并开始计息，收单行把商家的货款记入其存款账户中。至此，转账过程结束。

（9）转账结果再分别由发卡行和收单行传往信用卡信息中心，以便更新数据库，从而方便商家和客户的查询。

信用卡网上支付方式这种业务流程十分适合B2C模式，小额的B2B模式也比较适用。信用卡信息中心的建立可提高整个系统的处理效率，而且国际性的信用卡信息中心还可进行国际上的认证业务，从而使信用卡能跨国使用，十分符合电子商务跨国界交易的特点。信用卡支付系统使用记名消费的模式，使得透支成为可能，增强了系统的安全性，但同时也丧失了匿名性这一特征，使之不能很好地保护消费者的隐私，不太适合C2C模式的支付。

信用卡信息中心在系统中的地位举足轻重，但同时也带来了安全以及系统性能方面的问题，可以考虑建立多级的分中心以分散业务，并加强中心的安全防护工作。

7.3.2 电子支票支付方式

1.电子支票支付系统模型

电子支票是一个经付款人私钥加密的写有相关信息的电子文件。它由客户计算机内的专用软件生成，一般包括支付数据（支付人、支付金额、支付起因等）、支票数据（出票人、收款人、付款人、到期日等）、客户的数字签名、CA证书、开户行证明文件等内容。由于支票是银行见票即付的票据，因此开出支票的事先授权十分重要，在电子支票系统中，客户开户行的授权证明文件是其重要内容。

电子支票支付系统提供发出支票、处理支票和网上服务，是纸制支票的电子化延伸。付款人向收款人发出电子支票以抵付货款，收款人用此电子支票向银行背书以启动支付，经认证的合法电子支票在支付过程中就作为将存款从付款人账户转入收款人账户的确认依据。这是一种付款人启动支付的模式。大量的电子支票还可以经票据交换所进行清算，即通过票据交换组织互相抵销各自应收应付的票据金额，然后只进行最终差额的转账。由于整个过程的自动化程度很高，即使交易额很少，这种方式也是比较划算的。

2.电子支票支付方式的业务流程

电子支票支付方式的业务流程如下：

（1）客户到银行开设支票存款账户，存入款项（此步骤也可通过互联网实现），申请电子支票的使用权。

（2）客户开户行审核申请人的资信状况（如存款是否充足、有无欺诈记录等），决定是否给予使用电子支票的权利。开户行可以发放统一开发的电子支票生成软件来标志使用权的赋予，这个专用软件能自动生成含有开户行证明标志的电子支票，方便开户行提供特色服务，但通用性较差，若使用不同开户行的电子支票，则需要安装多个专用软件，造成使用上的不便。因此电子支票的生成软件可以是多家银行通用的，其中某个开户行的授权信息只是作为电子支票生成的一个参数，这种系统对信息的认证性、安全性的要求也更高，是一种较为成熟的电子支票支付体系。

（3）顾客网上购物，填写订单完毕，使用电子支票生成器和开户行发放的授权证明文件生成此笔支付的电子支票，一同发往商家。

（4）商家将电子支票信息通过支付网关发往收单行请求验证，收单行将通过验证后的信息传回商家。收单行给出验证记录以便据此为商家入账，客户开户行给出确认记录以便据此转账（甚至可以暂时“冻结”此笔款项，以防止欺诈和其他商业纠纷）。

（5）若支票有效，商家则确认客户的购货行为，并组织送货。

（6）在支票到期日之前，商家将支票向收单行背书提示，请求兑付。商家可以积累一定数量的电子支票进行批量处理。背书的过程生成“数字时间戳”以及其他背书标志，以防止商家利用支票复制多次背书欺诈。收单行根据上一步的验证信息确定是否接受背书，背书成功则发送完成消息返回商家。

（7）持有多张不同开户行的电子支票的收单行与开户行之间选择固定的时间经票

据交换所进行支票的清算，轧出应收应付的差额，据此记账。

电子支票支付系统十分适合B2B模式中的货款支付。电子支票的即时认证能加快交易速度，并在一定程度上保障交易的安全性，减少了处理纸质支票时的时间成本与财务成本，对支票丢失或被盗的挂失处理也方便有效得多。并且，票据交换所的加入，在很大程度上提高了整个支票系统的运行效率，轧差处理使得无论多大多小的交易额都能得到低成本的处理。所有这些优点都促进了B2B商务模式运作的高效与低成本，因此具有很强的生命力。但电子支票支付系统对保密性有较高的要求，这是在设计这个系统时应充分考虑的因素。

7.3.3　电子货币支付方式

1.现金与电子货币

在传统的支付工具中，现金具有举足轻重的作用。在一些国家，甚至70%以上的交易都是使用现金来支付的，其他支付工具（如存款货币、支票等）的使用也是建立在能与现金自由兑换的基础上的。在所有的支付工具中，人们对现金的偏好是毫无疑问的，其中的原因很多，但一定与现金的如下特点有关：

（1）现金（特指某国的法定货币）具有最终法律的特征。现金是法律规定的最终支付手段，任何债权人都不能拒收，任何债务人都有义务应债权人的要求用现金清偿债务；现金以国家信用为后盾，以国家法律为保障，因此具有普遍的可接受性。

（2）现金支付具有分散、匿名的特性。在付款人与收款人之间，只需授受现金即可使支付完全终结，不需要任何第三者的介入（除现金发行环节有银行介入外，通常不用与银行打交道），也无须改写和记录在任何地点的账目。因此，现金支付具有地点上的分散性和参与者的匿名性的特征。

（3）现金支付具有技术上的“离线处理”的特性。收付款双方通过亲身参与鉴定现金的真伪，不需要任何机构的连线确认和支持，也几乎没有交易费用，因此交易效率更高。

（4）现金具有国家强制力赋予的信用性以及发行上的有限性（稀缺性）。正因为现金的数量是有限的，相对于人们的欲望而言是稀缺的，因而维持了人们对现金价值的信任。

基于以上特性，在现金管理中有两点是至关重要的：一是发行量的控制；二是防止伪造，即要能保证收付款双方能准确、简单地判明现金的真伪。从技术上讲，电子货币由于可以使用密码技术，对货币的重要信息加密保护，其技术的复杂性致使伪造电子货币极其困难。另外，由于人们对传统货币现金的偏好，因此也出现了对电子货币的极大需求。

针对现金的上述特点，电子货币的创造也应遵循相应的规律，即稀缺性、可接受性、离线处理性、匿名性、防伪性等。

2.电子货币的优点

货币的演变经历了从商品交换到纸质货币再到电子货币的过程。电子货币随信息技术和互联网的发展而产生，其逐步取代传统货币已成必然趋势。随着社会生产力的提高，社会商品交换的需求和数量在不断增长，货币的形态也从贝壳、贵金属、普通金属发展到纸币和票据，直至发展到今天的电子货币。以计算机技术为核心的信息技术的发展引起了生产和生活方式的巨大变革，也推动了货币形态的发展。方兴未艾的电子商务，促生了种种电子支付手段和工具，人们将其称为电子货币（Electronic Money），也有人称为电子通货、数字现金、数码通货、电子现金等。人们所称的“电子货币”，所含范围极广，如信用卡、储蓄卡、借记卡、IC卡、消费卡、电话卡、煤气卡、电子支票、电子钱包（Electronic Wallet）、网络货币、智能卡等，几乎包括了所有与资金有关的电子化的支付工具和支付方式。

电子货币是在传统货币基础上发展起来的，与传统货币在本质、职能及作用等方面存在着许多共同之处。如电子货币与传统货币的本质都是固定充当一般等价物的特殊商品，这种特殊商品体现在一定的社会生产关系之上。二者同时具有价值尺度、流通手段、支付手段、储藏手段和世界货币五种职能。它们对商品价值都有反映作用，对商品交换都有媒介作用，对商品流通都有调节作用。

电子货币与传统货币相比，二者的产生背景不同，如社会背景、经济条件和科技水平等。其具体区别主要是：电子货币用电子脉冲代替纸张传输和显示资金，通过微机处理和存储，没有传统货币的大小、重量和印记；电子货币只能在转账领域内流通，且流通速度远远快于传统货币的流通速度；传统货币可以在任何地区流通使用，而电子货币只能在信用卡市场上流通使用；传统货币是国家发行并强制流通的，而电子货币是由银行发行的，其使用只能宣传引导，不能强迫命令，并且在使用中要借助法定货币去反映和实现商品的价值，结清商品生产者和消费者之间的债权和债务关系；电子货币相较传统货币而言对社会的影响范围更广、程度更深。

电子货币优于纸币之处在于它安全（在生成、递送、存储、认证、交易等过程中）、超距、迅速、低成本、匿名性、精确性，这大大增强了现金的可移动性。

3.电子货币的种类

到目前为止，各种已开发的电子货币支付系统大致可分为两类，分别采取了两种不同的手段。

（1）硬盘数据文件形式的电子货币。实现电子货币的第一种手段，是将按一定规则排列的一定长度的数字串（即一种电子化的数字信息块或数据文件）作为代表纸币或辅币所有信息的电子化手段。例如，可用“990006099”这个数字串表示60元现钞。当电子货币用于支付时，只需将相当于支付金额的若干信息块综合之后，用电子化方法传递给债权人一方，即可完成支付。这是一种对实体货币的纯粹的电子化模拟。

但是，保存于硬盘中的数字化的电子信息块作为一种数据文件，具有可被完整复制的特点，要想保持电子货币的稀缺性和防伪性，就必须采用加强的密码技术或其他安全措施，使得合法的发行主体之外的任何个人或组织不可能制造（或复制）出这种数字信息文件。但这些加强手段往往又将银行牵涉进来，进行电子货币的真伪识别以及重复使用识别，从而削弱了其分散处理和离线处理的特性。

（2）IC卡形式的电子货币。实现电子货币的第二种手段，是将货币价值的汇总余额存储在IC卡中，即将IC卡作为货币价值的计数器，甚至可将IC卡看作记录货币余额的账户（只是这个账户由持卡人自己持有并管理），当从卡内支出货币金额或向卡内存入货币金额时，改写IC卡内的记录余额。这也相当于改写持卡人的IC卡存款账户。从卡内支出货币金额的去向和向卡内写入货币金额的来源可以是另一张IC卡、持卡人在银行的存款账户或商户的读卡器，并且在转移的过程中必然是一方增加，另一方减少，增加的金额恰好是减少的金额，这一点与现金支付十分相似，从而保证了支付工具的稀缺性。IC卡形式的电子货币除在银行账户之间的转移外，其余的转移操作均可独立完成，不与银行发生任何联系，从而保证了其分散匿名性和离线操作性。

数据文件型的电子货币由于其本身就存在硬盘中，因此在网络中的流通和传递就显得相对方便；而IC卡电子货币本身保管在IC卡中，读取与写入必须采用专用设备，在网络化过程中显得相对复杂一些。

数据文件型的电子货币由于是保存在计算机硬盘中的，所以携带十分不便；而IC卡电子货币利用一张薄薄的塑料卡为载体，携带十分方便，从这个角度来看，IC卡电子货币的普及率要高一些。同时，由于计算机的普及程度远远超过电子货币的专用读卡器，从这方面来看，又不利于IC卡电子货币的普及。

就安全性而言，一方面，IC卡因其耐篡改的特征（IC卡内存储的内容无论是读取还是改写，在物理上都极难实现），相比可以简单地读写的硬盘文件具有更高的安全特性；另一方面，IC卡内嵌入的微处理器比计算机的计算能力差，难以进行高强度的密码处理，因此难以达到高度的逻辑安全性。从这个角度上看，数据文件型的电子货币又有较高的安全性。

从以上的分析可以看出，两种形式的电子货币各有利弊，在性能上可以说是平分秋色的。因此，在实践中，许多数据文件型电子货币系统在向IC卡方向发展，而IC卡现金系统也在向网络化方向发展。

若从人们对电子货币需求的因素来看，匿名性、离线处理性以及安全、便携是人们对电子货币的主要要求，因此，我们认为，具有网络支付功能的IC卡形式的电子货币是电子货币的发展方向。这对B2C模式、公共服务模式，尤其是C2C模式的实现意义十分重大。

4.电子货币网上支付的业务流程

在整个电子货币支付系统中，有一个参与者十分重要，这就是电子货币的发行机构。为控制电子货币的发行量，发行机构应在央行的严密监控下进行电子货币的发行，发行机构本身也应有十分严格的资格审批程序。发行机构根据客户所存款额（用现金缴存或转账缴存均可）向客户发放等值的电子货币，并保证电子货币的防伪性，客户就可以持电子货币进行日常支付、网上购物以及网上个人间的其他支付等。其业务流程如图7-1所示。

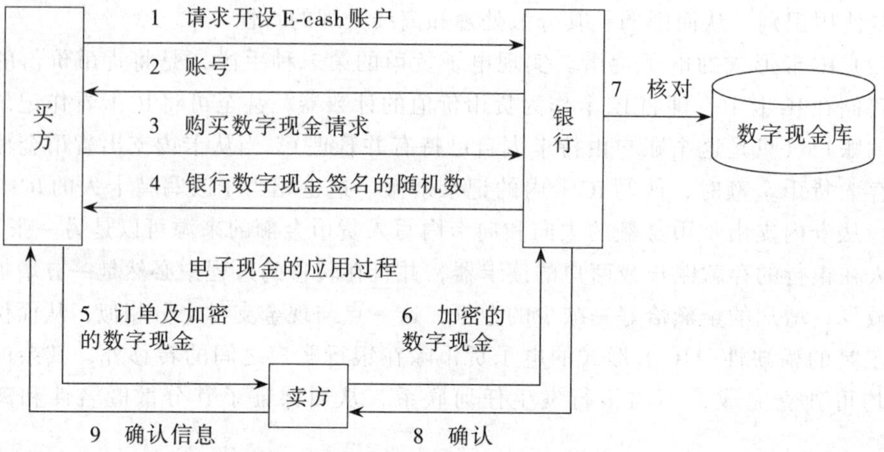

图7-1 电子货币网上支付的业务流程

（1）客户用现金或银行存款向发行机构申请兑换电子货币。现金直接交付，银行存款则通过金融专用网由客户开户行的存款账户转入发行机构的账户中。发行机构则将同等金额的货币数字输入客户的计算机或智能卡中。其中，客户计算机上的电子钱包是管理电子货币的软件或硬件设备。

（2）客户持电子货币进行网上购物，转移货款金额到商户的电子钱包中。

（3）商户验证电子货币的数量及真伪（若为硬盘数据文件型电子钱包，则通过与发行机构的连线进行联机操作；验证智能卡型电子货币，则由电子钱包验证，可完全脱离银行的介入），向客户组织发货。至此，交易与支付都告完成，交易效率很高。

（4）商户将一定量的电子货币向发行机构申请兑换成存款账户。

（5）发行机构验证并收回电子货币，同时将等额的货币由自己的银行账户中转移到商家的银行账户中。

若电子货币的转移是在个人之间发生的，则通过两者专用的电子钱包来进行支付转移，这一过程既可在网上进行，也可在网下进行。而且随着电子货币的发展和普及，智能卡型电子货币可在流通中反复使用，无须每次都向发行机构兑换回传统现金。也就是说，在很大程度上它可以代替现金流通。考虑到其对金融领域的冲击，电子货币的发行与管理应该是十分谨慎的。

在整个网上支付系统中，电子货币的传送环节以及存储环节也应该充分考虑。在公共网络中，必须保证电子货币的传送是安全可靠的，即电子货币应该安全、完整地送到另一端，既不会被窃取、篡改，也不会丢失或重复接收。这些要通过加密技术、杂凑技术以及加强的传输控制协议等来实现。电子货币的存储也是一个十分重要的问题，因为没有专门的银行账户与之对应，也不能跟踪其流通轨迹，一旦电子货币丢失（如卡丢失、毁坏、硬盘故障等），就意味着用户的货币确实丢了。既然电子货币的丢失是难以避免的，那么就应该从技术上加强其存储保护，以尽可能减少技术故障带来的损失。在这一点上，性质优良的智能卡具有较高的优越性。

7.3.4 第三方支付

中国电子商务的快速发展，以及电子支付巨大的需求和市场空间，使得第三方支付服务模式应运而生。第三方支付平台已经成为电子商务的重要组成部分，它作为一个新兴行业在互联网发展的同时，将与企业和个人结合得更加紧密。到底什么是第三方支付呢？下面我们就来了解一下第三方支付的相关基础知识。

1.第三方支付的起源及定义

（1）第三方支付的起源。第三方支付起源于美国的独立销售组织（Independent Sales Organization，ISO）制度，它是收单机构和交易处理商委托ISO做中小商户的发展、服务和管理工作的一种机制。企业开展电子商务势必接受信用卡支付，因而需要建立自己的商业账户（Merchant Account）。商业账户是一个以商业为目的的因接收和处理信用卡订单而建立的特殊账户。收单银行必须是VISA或MasterCard组织的成员银行，这类银行需要由VISA或MasterCard组织认证。收单机构的商户拓展、评估、风险管理、终端租赁、终端维护、客户服务等往往需要借助ISO完成，ISO扮演着商户与收单机构的中介角色。

（2）第三方支付的定义。通常，第三方支付是指具备一定实力和信誉保障的独立机构，采用与各大银行签约的方式，为商户与消费者提供与银行支付结算系统接口和通道服务的网络支付模式。

第三方支付服务商通过和银行、运营商、认证机构等合作，并以银行的支付结算功能为基础，向企业和个人用户提供个性化的支付结算服务和营销增值服务。

2.第三方支付平台的特点

（1）第三方支付平台是一个为网络交易提供保障的独立机构。

（2）第三方支付平台不仅具有资金传递功能，而且可以对交易双方进行约束和监督。

（3）第三方支付平台支付手段多样灵活，用户可使用网络、电话、微信等多种方式进行支付。

（4）相比SSL、SET等支付协议，利用第三方支付平台进行支付操作更加简单和易于接受。

第三方支付平台本身依附于大型的门户网站，而且以与其合作的银行的信用为依托，能较好地突破网上交易中的信用瓶颈，有利于推动电子商务的快速发展。

3.第三方支付平台的功能

第三方支付平台前端直接面对网上客户，后端连接各家商业银行，或通过人民银行支付系统连接各家商业银行。

第三方支付平台的功能大致可归纳如下：

（1）接收、处理信息，并向开户银行传递网上客户的支付指令。

（2）进行跨行之间的资金清算（清分）。

（3）代替银行开展金融增值服务。

4.第三方支付系统的分类

第三方支付系统按功能可以分成两种形式：

（1）支付网关模式。第三方支付平台将多种银行卡支付方式整合到一个界面上，充当电子商务交易各方与银行的接口，负责交易结算中与银行的对接，消费者通过第三方支付平台付款给商家。第三方支付为商家提供一个可以兼容多银行支付方式的接口平台，如银联电子支付、NPS网上支付等。

（2）信用中介模式。为了增强线上交易双方的信任度，更好地保证资金和货物的流通，充当信用中介的第三方支付服务应运而生，实行“代收代付”和“信用担保”。交易双方达成交易意向后，买方必须先将支付款存入其在支付平台上的账户内，待买方收货通知支付平台后，由支付平台将买方先前存入的款项从买方的账户中划拨至卖方在支付平台的账户中。这种支付形式以支付宝为代表，具有电子钱包功能，可以进行电子货币的存取和消费账单的显示。

5.第三方支付应用平台

第三方支付系统的主体有消费者、商家、第三方支付平台、CA认证机构和银行，其结构如图7-2所示。

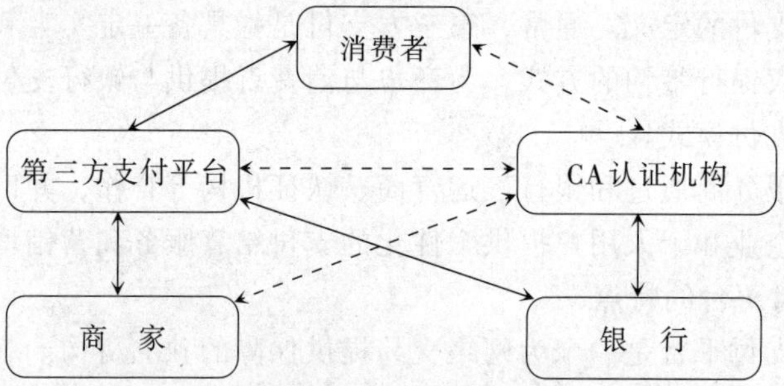

图7-2　第三方支付应用平台结构图

6.第三方支付的交易流程（如图7-3所示）

（1）消费者在电子商务网站选购商品，最后决定购买，买卖双方在网上达成交易意向。

（2）消费者选择以第三方支付平台作为交易中介，用借记卡或信用卡将货款划到第三方账户，并设定发货期限。

（3）第三方支付平台通知商家，消费者的货款已到账，要求商家在规定时间内发货。

（4）商家收到消费者已付款的通知后按订单发货，并在网站上做相应记录，消费者可在网站上查看自己所购买商品的状态；如果商家没有发货，则第三方支付平台会通知消费者交易失败，并询问是将货款划拨回其账户还是暂存在支付平台。

（5）消费者收到货物并确认满意后，通知第三方支付平台将货款划入商家账户；如果消费者对商品不满意，或认为与商家承诺有出入，可通知第三方支付平台拒付货款并将货物退回商家。

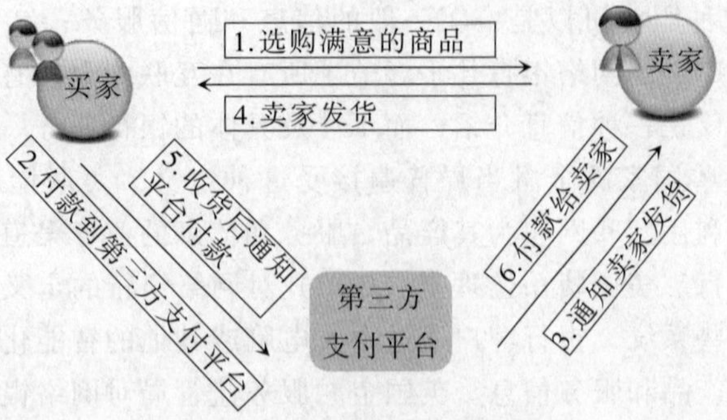

图7-3　第三方支付的交易流程

课堂讨论

我们学习了电子交易与支付的基本概念，想必大多数同学都有网购的经历，使用过在线支付工具。请你举例谈一谈使用过哪些在线支付工具，在线支付给你的生活带来了哪些便利。

7.4　网络银行

7.4.1　网络银行概述

网络银行是依托信息技术、互联网的发展而兴起的一种新型银行服务手段，有学者认为它是电子银行的一种，也有学者认为它是在电子银行的基础上发展起来的，因此，在给网络银行下定义之前，首先要来考察一下电子银行的概念。

在英文文献中，网络银行与电子银行这两个概念经常具有同样的含义。电子银行（Electronic Bank或e-Bank）并不是一个新概念，但是个人电脑的普及和互联网给了它快速发展的可能。国内有学者认为电子银行是由公司银行（Firm Bank，FB）和家庭银行（Home Bank，HB）构成的，前者是指金融机构与各公司、政府或事业单位的计算机联机，后者是指金融机构与各个家庭的计算机或终端联机。从这两个意义上说，电子银行与网络银行之间存在差别。

由于网络银行的发展速度非常快，且其标准、发展模式还处于演变之中，人们目前很难给网络银行下一个规范的定义。一般而言，网络银行就是基于互联网或其他电子通信手段提供各种金融服务的银行机构或虚拟网站。它通常包括三个要素：一是需要有互联网或其他电子通信网络，如计算机网络、传真机、电话机或其他电子通信手段；二是基于（无论是模拟形式的还是数字形式的）电子通信的金融服务提供者，如提供电子金融服务的银行或证券服务机构；三是基于电子通信的金融服务消费者，如以电子通信形式消费的各类终端或用户，或者基于虚拟网站的各种金融服务代理商等。

另外，从欧美现有的一些定义和实际运作模式来看，网络银行按其服务内容可分为广义和狭义两种。广义的网络银行是指在网络中拥有独立的网站，并为客户提供一定服务的银行，这种服务可以是：①一般的信息和通信服务；②简单的银行交易；③所有银行业务。广义的网络银行几乎涵盖了所有在互联网上拥有网页的银行，尽管这种网页有可能仅仅是一种信息介绍，而不涉及具体的银行业务。

英美、亚洲一些国家的金融当局普遍接受这种定义。美联储对网络银行的定义是：网络银行是指利用互联网作为其产品、服务和信息的业务渠道，向其零售和公司客户提供服务的银行。美国货币监理署（OCC）对网络银行的定义是：网络银行是指一些系统，利用这些系统，银行客户通过个人电脑或其他的智能化装置，进入银行账户，获得一般银行产品和服务信息。英国金融服务监管局对网络银行的定义是：网络银行是指通过网络设备和其他电子手段为客户提供产品和服务的银行。

狭义的网络银行是指在互联网上开展一类或几类实质性业务的银行，这些业务包括上述的②和③，但不包括①，一般都执行了传统银行的部分基本职能。

国际金融机构、欧洲央行倾向于采用这种定义。巴塞尔银行监管委员会对网络银行的定义是：网络银行是指那些通过电子渠道，提供零售与小额产品和服务的银行。这些产品和服务包括存贷业务、账户管理、金融顾问、电子账务支付，以及其他一些诸如电子货币等电子支付的产品与服务（BCBS，1998）。欧洲银行标准委员会对网络银行的定义是：网络银行是指那些利用网络为通过使用计算机、网络电视、机顶盒及其他一些个人数字设备连接上网的消费者和中小企业提供银行产品和服务的银行（ECBS，1999）。

导致形成不同的网络银行定义，并不仅仅是因为不同国家、机构和个人对网络银行问题的看法存在一定的差异，还与一国网络银行的发展和监管策略密不可分。

由于网络银行严格的法律定义还未出现，而网络银行的发展很快，需要加以适当的管理，在这种情况下，一般的做法是将网络银行划分为两类——分支型网络银行和纯网络银行，分别加以界定和管理。

分支型网络银行是指现有的传统银行设立的网络银行，这里的网络银行使用的是广义定义，它类似于该银行的其他物理分支机构或柜台，对其监管一般沿用了与物理分支机构相类似的政策。

纯网络银行本身就是一家银行，是为专门提供在线银行服务而成立的。纯网络银行也可以称为“只有一个站点的银行”，这类银行一般只有一个办公地址，既无分支机构，也没有营业网点，几乎所有业务都通过网上进行。对它的界定，一般使用狭义的网络银行定义，监管方式与传统银行有一定的差异，大部分国家和地区都制定了一些专门的监管措施。

网络银行的发展与网络经济和电子商务的发展紧密相关，在电子商务中，网络银行充当着资金流动管理者的角色。

7.4.2 网络银行的发展阶段

关于网络银行的发展阶段，有几种不同的划分标准，因涉及各个国家和地区，具体情况又有所差别。一般而言，我们倾向把它划分为三个阶段：第一阶段是20世纪

50年代至80年代中后期，为计算机辅助银行管理阶段；第二阶段是20世纪80年代中后期到90年代中期，为银行电子化或金融信息化阶段；第三阶段是从20世纪90年代中期至今，为真正意义上的网络银行阶段。

1.计算机辅助银行管理阶段

20世纪50年代末，计算机逐渐在一些发达国家的银行业务中得到应用，但是，最初银行应用计算机的主要目的是解决手工记账速度慢的问题，从而提高财务处理能力和减轻人力负担。因此，早期的金融电子化基本技术是简单的脱机处理，主要用于分支机构及各营业网点的记账和结算。商业银行的主要电子化设备包括用于管理存款、计算本息的一般计算机，用于财务统计和财务运算的卡片式编目分类打孔机，由计算机控制的货币包装、清点机，用于鉴别假钞、伪钞的鉴别机，以及电脑打印机等。此外，也开始利用计算机分析金融市场的变化趋势供决策使用。

到了20世纪60年代，金融电子化开始从脱机处理发展为联机系统，使各银行之间的存、贷、汇等业务实现电子化联机管理，并且建立起较为快速的通信系统，以满足银行之间汇兑业务发展的需要。70年代，发达国家的国内银行与其分行或营业网点之间的联机业务，逐渐扩大为国内不同银行之间的计算机网络化金融服务交易系统，国内各家银行之间出现了通存通兑业务。可以说，80年代前期，发达国家的主要商业银行基本实现了业务处理和办公业务的电子自动化。在此期间，商业银行出现了两次联机高潮，一次是在60年代，使各商业银行的活期存款可以直接经过计算机处理传输到总行，加强了商业银行的内部纵向管理；另一次是在80年代，建立了水平式的金融信息传输网络，电子资金转账网络成为全球水平式金融信息传输网络的基本框架之一。

20世纪60年代末兴起的电子资金转账（Electronic Funds Transfer，EFT）技术及网络，为网络银行的发展奠定了技术基础。所谓电子资金转账系统，是指使用主计算机、终端机、磁带、电话和电信网络等电子通信设备及技术手段进行快速、高效的资金传递的系统。与传统支付方式相比，EFT方式具有多方面的优势。首先，EFT改变了传统的手工处理票据模式，可以快速有效地处理支付信息，降低处理成本和票据纸张费用等交易成本；其次，EFT改善了资金管理的质量；再次，EFT提高了支付效率；最后，EFT可以间接地解决支票丢失或被盗等管理问题。当然，我们也应当看到，EFT面临的电子系统安全问题并不比传统方式面临的问题少。

电话银行兴起于20世纪70年代末的北欧国家，到80年代中后期得到迅速发展。电话银行是基于电话通信技术的发展而出现的金融服务品种的创新结果。然而，电话银行服务存在着其自身难以克服的缺陷，最大的缺陷之一是迄今依然主要依靠语音识别、记录系统提供金融服务，这给客户带来了诸多不便。因为与文字记录不同，在金融服务通信中，客户的语音和听力都无法规范，因而在进行重大金融服务交易时隐含着差错、误解或矛盾的隐患。针对重大金融服务交易的传真复核确认制度过于烦琐和复杂，这种制度一方面降低了电话银行的经营效率，另一方面也增加了双方的交易成本。

2.银行电子化或金融信息化阶段

电话银行的上述缺陷影响了其发展范围和速度，随着计算机普及率的提高，商业银行逐渐将发展的重点从电话银行调整为PC银行，即以个人电脑（PC）为基础的电子银行业务。20世纪80年代中后期，在国内不同银行之间网络化金融服务系统的基础上，形成了不同国家之间和不同银行之间的电子信息网络，进而形成了全球金融通信网络。在此基础上，各种新型的电子网络服务，如在线银行服务（PC银行）、自动柜员机系统（ATM）、销售终端系统（POS）、家庭银行系统（HB）和公司银行系统（FB）等也应运而生了。

银行电子化使传统银行提供的金融服务变成了全天候、全方位和开放型的金融服务，电子货币成为电子化银行所依赖的货币形式。随着信息技术的进步，银行电子化水平也在逐步提高，ATM技术从最初只能提供少数几种交易发展到可以处理100多种交易。

家庭银行是银行电子化的重要内容，在家庭银行的发展初期，个人电脑主要用来处理来自银行的原始账户数据。家庭银行的软件由银行免费提供，或是由消费者在零售店购买，主要有Intuit公司的Quicken、微软公司的Money和美卡公司的Managing Your Money等个人财务管理软件。

移动银行、PC银行、家庭银行、电话银行、自助银行和无人银行等都是基于银行电子化的金融服务模式。

移动银行就是利用ATM和计算机无线连接技术与银行实现信息交换而形成的金融服务提供形式。移动银行可以通过改装后的汽车将银行服务延伸到偏远乡村，也可以采用蜂窝数字包控制（CDPD）技术保证数据安全快捷的交换，实现银行金融服务的虚拟移动。家庭银行主要是针对家庭中个人电脑的普及和家庭特点而开展的电子化金融服务形式，为家庭提供各种家用财务管理软件和一系列金融配套服务。无人银行比自助银行具有更高的电子化和智能化处理水平，客户通过与数据库联网的两个电脑终端，可以完成现金存取、转账、支付和货币兑换等交易，实现对分行的部分替代效应和提高各营业网点的业务处理能力。

电子钱包是银行电子化的另外一种形式，它可以用ATM将银行存款调入卡中，从而大大方便了客户的多元化需求。目前，这种电子钱包已在不少国家和地区试用。此外，VISA卡也是银行电子化的一种重要产物，它不仅可以在ATM和POS上运行，而且适合在移动电话、可视电话等各种电子设施中使用。

随着银行电子化的发展，电子货币转账逐渐成为银行服务的主要业务形式。所谓电子货币，就是以电子信息的形式取代传统的现金支付和票据转账结算而形成的电子资金转账系统。电子货币以分布在金融机构和服务网点的终端机及计算机网络为物质条件，以提款卡、信用卡、IC卡和电子支票等形式为媒介，使货币以电子数据的形式在银行网络间进行传递，从而形成电子货币流通体系。

3.网络银行阶段

20世纪90年代中期，在互联网的商业性应用过程中逐渐出现了网络银行。世界上第一家网络银行——安全第一网络银行于1995年10月18日在美国亚特兰大开业，这是银行服务从传统到现代的一次重大变革，也标志着网络银行阶段的真正开始。

尽管网络银行与计算机辅助银行管理和银行电子化都是在电脑及其通信系统上进行操作的，但是，网络银行的软件系统不是在终端上运行的，而是在银行服务器上运行的，因而使网络银行提供的各种金融服务不会受到终端设备及软件的限制，具有更强的开放性和灵活性。因此，网络银行与企业银行、家庭银行、电话银行、自助银行和无人银行等不属于同一个概念，前者比后者具有更强的服务适应性和开放性。简单地说，网络银行既不需要固定场所，也不需要在电脑中预先安装相应软件，它在任何一台电脑上都能进行金融服务的交易。银行服务的整体水平将集中体现在前台业务受理和后台数据处理的一体化综合服务能力及其整合能力上。

网络银行为客户提供服务的主要手段包括互联网、PC、电话、IC卡、可视电话和银行分支机构等。信息技术是网络银行发展的支撑条件，但仅有信息技术是不够的。在网络银行阶段，银行业最稀缺的不是技术，也不是资金，而是经营理念和经营方式。因而，如何使银行业适应信息技术的发展而发生改变，比对信息技术的单纯应用要来得更为重要。

网络银行发展到今天只有短短的十几年，但是它已经显现出了传统银行所无法比拟的全天候、个性化的竞争优势，因此，可以预言，网络银行必将成为银行业发展的主要趋势，而虚拟金融服务也必将在实践中克服种种弊端而走向成熟和完善。

7.4.3 网络银行迅速发展的原因

当前，网上银行业务在世界各国已获得了迅速发展，究其原因，大致包括以下三个方面：

1.技术原因

计算机技术、网络技术和电信技术的飞速发展，为网络银行的发展提供了技术支持。

（1）网络高速接入技术不断发展和成熟。根据全球最大的CDN服务商Akamai提供的《2017年第一季度互联网发展状况安全报告》，全球网速均值为7.2Mbps，在最快的前10名国家和地区当中，亚洲占据4席，堪称是网速最快的地区。信息科技和网络通信技术的飞跃式发展为网络银行的迅速发展提供了技术支持。《世界互联网发展报告2017》指出，全球移动互联网爆发式扩张正在接近尾声，世界互联网连接规模增长步入动力转换期，互联网发展进入从“人人互联”向“万物互联”转变跨越的新阶段，人工智能等新兴网络信息技术成为全球科技竞争的新高地，数字经济成为世界各国谋求经济增长的新动能，网络空间成为全球治理体系变革的新领域，智慧社会成为人们生产、生活的新社会形态，互联网日益成为“你中有我、我中有你”的命运共同体。

（2）互联网的安全保密技术以及行业内部专用网络与公共网络接口安全技术等网络安全技术的不断完善，一系列加密软件和控制硬件的研制成功，各种安全协议标准的出现，数字签名等技术的日益普及和规范，为网络银行的发展提供了安全保障。

2.社会原因

电子商务的发展构成了网络银行的社会商业基础，而互联网的普及、网络用户的壮大则构成了网络银行的客户基础。

（1）电子商务的发展，既要求银行为之提供相配套的网上支付系统，也要求网络银行提供与之相适应的虚拟金融服务。从一定意义上讲，所有网上交易都由两个环节组成：一是交易环节；二是支付环节。前者在客户与销售商之间完成，后者需要通过网络银行来完成。显然，没有银行专业网络的支持，没有安全、平稳、高效的网上支付系统运作的支撑，就不可能实现真正意义上的电子商务。

（2）互联网已遍及全球200多个国家和地区，网络用户迅猛增长。《2016年世界互联网发展乌镇报告》指出，目前移动蜂窝网络已覆盖95%的人口，2016年年底，全球固定宽带用户数将达到8.84亿，移动宽带用户数将达到36亿。信息通信技术继续成为全球研发投入最集中、创新最活跃、应用最广泛、辐射带动最大的技术创新领域。全球云计算市场规模预计2016年至2020年复合年增长率达22%，大数据市场规模预计从2015年的0.14万亿美元增长到2020年的1.03万亿美元。eMarketer的报告显示，2016年，全球电子商务零售市场规模达1.915万亿美元，其中北美地区电商市场规模达4 233.4亿美元，中国网络零售额达8 990.9亿美元。

3.内部原因

网络银行发展的最根本原因，既是出于对服务成本的考虑，又是出于对行业竞争优势的追求，也就是说，是来自银行业内部发展的原因。

20世纪90年代以来，随着金融全球化、自由化的出现和金融创新的发展，金融领域的竞争日趋激烈，金融风险不断增加。为改善交易条件以提高效率和增强竞争力，出现了全球范围内金融业的网络化浪潮。

一般认为，互联网能为商业银行带来以下优势，从而提高其综合竞争力：

（1）降低商业银行的经营业务成本。据美国一家金融机构统计，在互联网上进行每一笔货币结算的成本不超过13美分，而通过电话银行要54美分，在银行的分理机构则要1.08美元。

（2）降低商业银行的管理维护成本。例如，银行雇员大量减少，节省了工资支出；不需要大量的物理办公场所，节省了租金和装修、照明、水电等大量杂费的支出。

（3）客户足不出户就能随时享受优质、高效的银行服务，极大地方便了客户。

小资料

Analysys易观发布的《中国第三方支付移动支付市场季度监测报告2017年第1季度》数据显示，2017年第1季度，中国第三方支付移动支付市场交易规模达188 091.2亿元人民币，环比增长46.78%（如图7-4所示）。

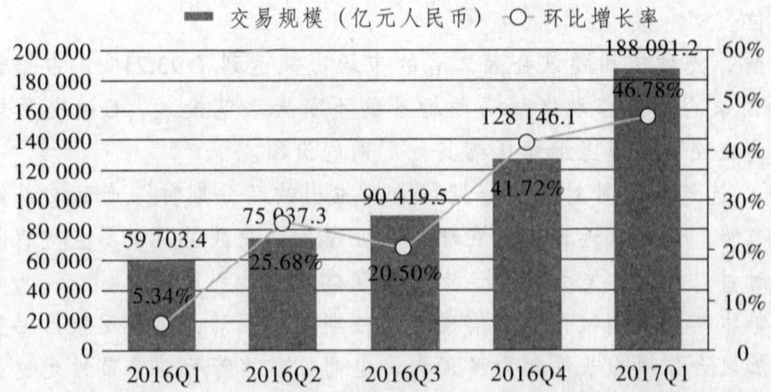

说明：以上数据根据厂商访谈、易观自有监测数据和易观研究模型估算获得，易观将根据掌握的最新市场情况对历史数据进行微调。

图7-4　2016Q1—2017Q1中国第三方支付移动支付市场交易规模

Analysys易观分析认为，相对于四季度的电商销售旺季，一季度进入社交类支付规模增长的高峰期，加之理财行业利率的持续走高带动金融类交易规模的扩大，一季度整体交易规模仍然保持较高的增速。

2017年第一季度，移动支付市场前三甲的位次保持不变，但份额继续发生变化。蚂蚁金服电商类业务交易规模保持平稳增长，其中阿里自有电商业务移动端业务的规模贡献较大。此外，在经历初期提现收费的短期溢出后，支付宝个人转账业务交易规模呈现稳定状态。

受益于金融类业务交易规模的扩大，特别是余额宝交易规模的扩大，支付宝以53.70%的市场份额继续夺得移动支付头名（如图7-5所示）。

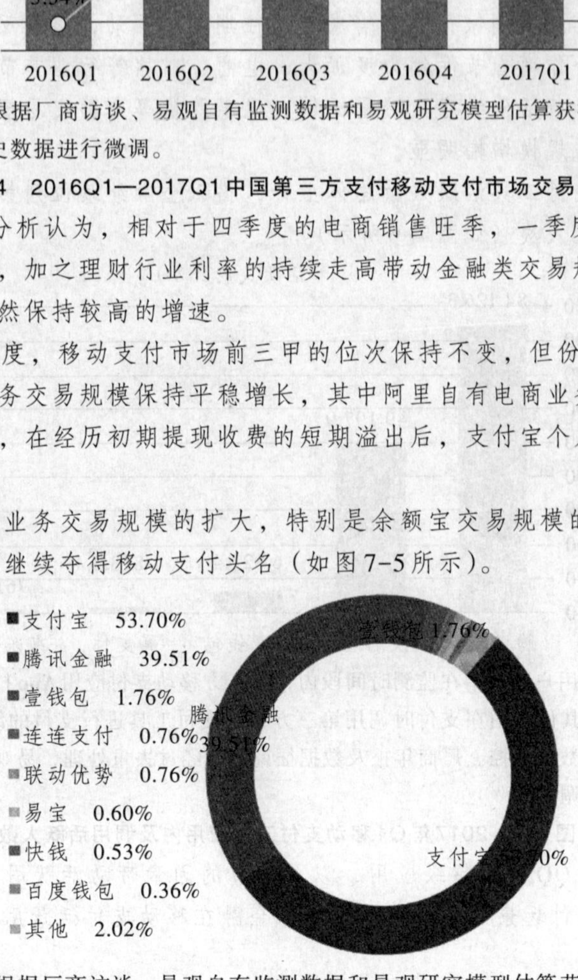

说明：以上数据根据厂商访谈、易观自有监测数据和易观研究模型估算获得，易观将根据掌握的最新市场情况对历史数据进行微调，部分企业未涵盖。

图7-5　2017年Q1中国第三方支付移动支付市场交易份额

春节让一季度成为社交类支付的传统旺季，随着用户使用习惯的深入，以及更多中老年用户的加入，腾讯金融红包和转账等社交场景交易规模继续呈现高速增长态势。此外，由于其对出行、外卖、商超等线下移动支付场景的持续拓展，腾讯金融对第三方服务场景的把控仍在进一步增长。腾讯金融本季度市场份额达到39.51%，位列市场第二位。

总体上看，支付宝和腾讯金融二者的市场份额达到了93.21%，占据绝对主导的地位，由于两家企业在移动终端高频场景的不断大手笔投入，C端交易规模持续爆发，两家厂商在交易规模上继续压缩其他厂商的份额。

Q1季度，连连支付针对消费分期行业所推出的“分期付”产品交易规模继续呈现高速增长态势。此外，连连支付在理财行业覆盖商户数量及交易量均保持规模性增长，加之实时付款产品的发力，连连支付本期排名上升到第四位。

联动优势本季度直销银行业务需求相比往期更加强劲，银行反接产品直销通交易增速较快。加之合作商春节促销力度加大，电商、航旅等行业季节性迅速扩大消费增长，移动和包在春节话费缴存、流量促销、优惠购机等方面交易规模的迅速扩大，联动优势本季度交易规模增幅明显。

本季度移动支付工具活跃人数总体上升，腾讯金融继续位列第一，支付宝季度活跃人数达到4.92亿人次（如图7-6所示）。

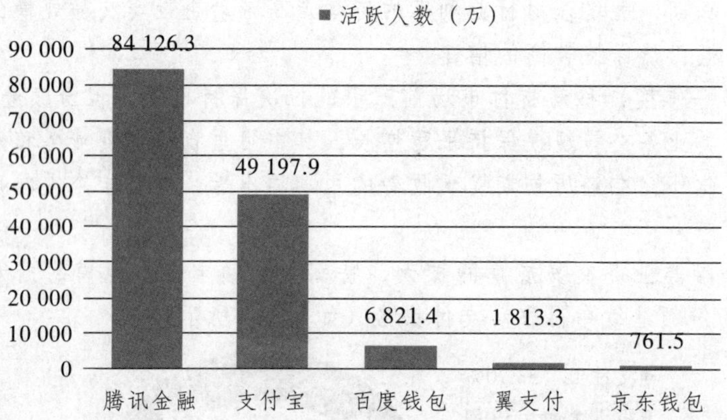

数据说明：活跃用户数是指在监测时间段内，第三方移动支付应用App打开一次（含）以上并停留5秒以上，以及其他应用在支付时调用第三方移动支付工具进行支付的统计为一位活跃用户，数据来源为易观千帆数据监控、厂商年报及数据征询，已经过去重处理，易观会根据掌握的最新市场情况对数据进行微调。

图7-6 2017年Q1移动支付工具应用内及调用活跃人数

凭借着微信、QQ两大超级应用，以及春节的因素带动活跃用户进一步增长，加之对线上和线下支付场景的不断拓展，腾讯金融在移动支付活跃用户中以8.41亿人次再次位居首位。

支付宝提现收费后经历初期短暂调整，一季度转账等个人类业务用户规模呈现高位稳定趋势。同时，受到金融类业务规模进一步扩大的影响，理财类活跃用户增幅较为明显，从而使支付宝活跃用户数得到提升。

本季度百度钱包活跃用户数继续增长，达到6 821.4万。在外卖、商旅、团购等场景之外，百度钱包正向医疗、教育等更多场景渗透，由此带来更多调用和下载。此外，本季度百度钱包平台金融属性进一步增强，理财和信贷功能也日益丰富。其中，

“百度有钱花”继续领跑教育分期信贷服务市场；百度理财的产品形态不断丰富。随着理财和信贷两大金融服务的升级，百度钱包的金融平台角色也更为突出，带动百度钱包活跃用户规模进一步扩大。

资料来源　易观．2017年第1季度中国第三方支付移动支付市场交易规模188 091亿元人民币［EB/OL］．［2017-07-17］．https：//www.analysys.cn/analysis/22/detail/1000762/.

本章小结

本章主要介绍了网上支付的基本理论、支撑网络平台、基本类型以及网络支付的分类，阐明了我国第三方电子支付平台的产生和发展、第三方支付平台的运作机制，以及第三方支付平台的优点、国内主要使用的第三方支付工具。要求学生掌握其中电子商务网络支付体系的基本构成、网络支付的基本过程与基本模式，并了解国内外网络支付发展状况。

基本训练

一、选择题（不定项选择）

1.传统支付形式包括（　　）。

A.现金　　B.支票　　C.智能卡　　D.微信支付

2.电子支付是指电子交易的当事人使用安全电子支付手段，通过（　　）进行的货币支付或资金流转。

A.网络　　B.开户银行　　C.发卡银行　　D.中介银行

3.电子支付的类型包括（　　）。

A.网上支付　　B.电话支付　　C.移动支付　　D.支票

4.网上支付系统的基础设施有（　　）。

A.电子货币　　B.金融电子化网络

C.网络安全认证机构　　D.电子化机具

5.中国第一家网上银行是（　　）。

A.中国银行　　B.招商银行

C.中国工商银行　　D.中国建设银行

二、简答题

1.与传统的支付方式相比，网上支付具有哪些特征？

2.作为消费者，你愿意采用哪种方式支付？为什么？

三、论述题

以支付宝为例，分析第三方支付企业的盈利方式。

第8章 电子商务物流管理

学习目标

□知识目标：

1.物流的含义和分类；

2.电子商务物流的概念及特点；

3.现代物流技术在电子商务中的应用。

□技能目标：

1.熟悉物流的基本流程；

2.能够完成网上发货操作和退换货操作；

3.能够给客户提供良好的物流方面的服务。

【导入案例】

京东商城的物流模式

京东商城是中国最大的综合网络零售商，是中国电子商务领域深受消费者欢迎和具有广泛影响力的电子商务网站之一，在线销售家电、数码通信、电脑、家居百货、服装服饰、母婴、图书、食品、在线旅游等12大类数万个品牌百万种优质商品。京东商城已经在北京、上海、广州、成都、武汉设立了华北、华东、华南、西南、华中分公司，各地物流中心均采用租用库房的方式建立。它的配送是以某个一线城市为中心和基本点，进而覆盖周边地区的方式展开的。

京东商城自建了一套物流信息与管理系统，通过该平台，消费者可以随时查询关于商品本身的各种信息；对比价格走势，获得最佳的购买时机；货物配送实时监控，便于消费者随时了解货物运输的动态信息。另外，为了让消费者能体验到具有竞争力的物流配送效率以及服务水平，京东商城还推出“限时达”和“次日达”服务。京东商城“211限时达配送区域”共覆盖了全国23个城市，即当天上午11点前提交的现货订单，当天送达；夜里11点前提交的现货订单，次日15点前送达。“次日达”配送服务覆盖了全国151个城市，当天16点前提交现货订单，次日可送达订货者所在的城市。全方位的物流配送网络的形成，使京东商城能够随时为中国任何一个地区的任意客户提供满意的物流服务。

此外，京东商城在自营配送到达不了的区域内，选择与当地的快递公司合作来完成货物的配送任务。另外，在配送成本较高的大家电时，京东商城还选择与厂商进行合作，从而降低自身的成本。比如，海尔在太原就有自己的仓库和合作的物流公司。京东与海尔合作，不仅能利用海尔在本地的知名度替自己扩大宣传，也较好地解决了资金流和信息流的问题。这样大大减少了物流运输成本，也可以节省相关方面的开支，如仓库建设的费用、配送服务管理费等，同时可以帮助京东回归自己的核心业务，专注于自身的业务发展。

京东商城的物流模式在它的竞争力方面起到了重要的作用：通过灵活多样的商品展示空间，消费者在京东上进行查询、购物等多种操作时，都不再受时间和地域的限制。实践证明，京东商城经过多年打造的迅捷有效的庞大物流体系通过了电子商务市场上的各类消费者的严格考验，赢得了良好的物流口碑。

资料来源 吴琼. 京东商城的物流模式 [J]. 企业管理，2015（8）.

8.1 物流概述

物流是电子商务的要素之一。随着电子商务的进一步发展，物流对电子商务的作用日益突出。在欧美经济发达国家，物流业的发展历经近百年时间。尽管我国物流业发展起步较晚，整体水平尚待提高，但其发展速度是有目共睹的。目前，支撑电子商务活动的现代物流发展还存在诸多问题。为此，我们需要对电子商务物流理论知识加以进一步学习和探讨，以加快我国电子商务物流事业的发展步伐。

8.1.1 物流的起源及定义

1.“物流”一词的起源

在第二次世界大战期间，围绕战争供应问题，美国军队研究并应用后勤管理理论，实现了对军火等战争物资的运输、补给、存储等的全面管理，取得了很好的效果。此后，后勤管理逐渐形成了单独的管理科学，“后勤”一词在企业中广泛应用。人们注意到，这时“后勤”一词已经不仅仅是军事上的含义了，它包含了生产过程和流通过程的物流，因而是一个包含范围广泛的物流概念。

物流活动是随着人类社会的产生而出现的，而现代物流的概念则是在人类社会发展到一定阶段才被提出的。虽然各种观点都认为物流概念起源于美国，但关于这一概念真正被提出却有三种不同的说法：

第一种说法是1901年约翰·格鲁威尔在美国政府《农产品流通产业委员会报告》中提出的，他在这份报告中第一次论述了对农产品流通产生影响的各种因素和费用。

第二种说法是1905年琼西·贝克在《军队和军需品运输》一书中提出的，他认为“那个与军备的移动与供应相关的战争的艺术的分支就叫‘物流’”。

第三种说法是1915年阿奇·萧在《市场流通中的若干问题》一书中提出的，在书中他明确地将企业的流通活动分为创造需求的活动和物流活动，并指出“物流是与创造需求不同的一个问题”。

由于我们要讨论的是有关电子商务的问题，因此在这里，我们更加偏向于从经济学角度来阐述的第三种说法，即认为物流概念第一次被提出是在1915年。

2.物流的定义

对于物流的定义，不同的国家、不同的机构、不同的时期有所不同。

美国物流管理协会的定义是：物流是对货物、服务及相关信息从供应地到消费地的有效率、有效益的流动和储存进行计划、执行和控制，以满足客户需求的过程。

中国的“物流”一词是从日文资料引进来的外来词，源于日文资料中对“Logistics”一词的翻译。

国家标准《物流术语》(修订版)(GB/T 18354—2006) 将物流定义为：物品从供应地向接收地的实体流动过程。根据实际需要，将运输、储存、装卸、搬运、包装、流通加工、配送、回收、信息处理等基本功能实施有机结合。

物流中的“物”通常与以下几个概念相关：

(1) 物资。泛指物资资料，较多指工业品生产资料。它与物流中“物”区别在于，“物资”中包含相当一部分不能发生物理性位移的生产资料，这一部分不属于物流学研究的范畴，例如建筑设施、土地等。另外，属于物流对象的各种生活资料，又不能包含在作为生产资料理解的“物资”概念之中。

在电子商务物流运作过程中，很多企业已经在探索中形成了自己独特的物流组织模式。概括来讲，电子商务物流组织模式可以分为自营、外包和自营与外包相结合的三种模式。

（2）物料。物料是生产领域中的一个专门概念。生产企业中除最终产品之外，在生产领域流转的一切材料，如燃料、零部件、半成品、外协件，以及生产过程中必然产生的边、角、余料、废料及各种废物等统称为“物料”，它是物流中“物”的一部分。

（3）货物。货物是交通运输领域中的一个专门概念。交通运输领域经营的对象分为“物”和“人”两大类，除“人”之外，“物”统称为货物，它是物流中“物”的主要部分。

（4）商品。商品和物流的“物”是相互包含的。商品中的一切可发生物理性位移的物质实体都是物流研究的“物”（不包括无形商品和“不动产”）。物流的“物”有可能是商品，也有可能是非商品。

（5）物品。有形物的通称。

8.1.2　物流的功能

物流活动由物资运输、仓储、装卸、包装、流通加工、配送、物流信息处理等项工作构成。上述构成也常被称为“物流活动的基本功能”。

物流系统的功能要素通常包括运输、储存保管、包装、装卸搬运、流通加工、配送、物流信息处理等，如果从物流活动的实际工作环节来考查，物流由上述七项具体活动构成。

除了传统的物流服务外，电子商务还具有增值性的物流服务。增值性的物流服务功能包括以下几层含义：

（1）增加便利性的服务功能。

（2）加快反应速度的服务功能。

（3）降低成本的服务功能。

（4）延伸服务功能。

8.1.3　物流的分类

1.按照物流活动的范围划分

按照物流活动涉及的范围不同，可以将物流分为国际物流和区域物流。

（1）国际物流。作为现代物流体系中发展较快、规模较大的一个物流领域，国际物流是伴随和支撑国际间经济交往、贸易活动和其他国际交流所发生的物流活动。

（2）区域物流。相对于国际物流而言，一个国家范围内的物流、一个城市的物流和一个经济区域的物流称为区域物流。

2.按照物流系统性质划分

按照物流系统的性质对物流进行分类，可以将物流分为社会物流、行业物流和企业物流三大类：

（1）社会物流。社会物流是指超越一家一户的以一个社会为范畴面向社会为目的的物流。

（2）行业物流。顾名思义，在一个行业内部发生的物流活动被称为行业物流。

（3）企业物流。企业物流是从企业角度研究与之有关的物流活动，是具体的、微观的物流。企业物流可细分为企业生产物流、企业供应物流、企业销售物流、企业回收物流、企业废弃物流。

3.按照在社会再生产过程中的作用划分

按照在企业经营过程的不同阶段中物流所起的作用，可以将物流分为供应物流、销售物流、生产物流、回收物流、废弃物流等不同的种类。

（1）供应物流。供应物流是指包括原材料等一切生产物资的采购、进货运输、仓储、库存管理、用料管理和供应管理，也称为原材料采购物流。它是生产物流系统中独立性相对较强的子系统，并且和生产系统、财务系统等生产企业各部门以及企业外部的资源市场、运输部门有密切的联系。

（2）销售物流。销售物流是指生产企业、流通企业出售商品时，物品在供方与需方之间的实体流动。销售物流是企业物流系统的最后一个环节，是企业物流与社会物流的又一个衔接点。它与企业销售系统相配合，共同完成产成品的销售任务。销售活动的作用是企业通过一系列营销手段出售产品，满足消费者的需求，实现产品的价值和使用价值。

（3）生产物流。生产物流一般是指原材料、燃料、外购件投入生产后，经过下料、发料，运送到各加工点和存储点，以在制品的形态从一个生产单位（仓库）流入另一个生产单位，按照规定的工艺过程进行加工、储存，借助一定的运输装置，在某个点内流转，又从某个点内流出，始终体现着物料实物形态的流转过程。

生产物流和生产流程同步，是从原材料购进开始直到产成品发送为止的全过程的物流活动。原材料、半成品等按照工艺流程在各个加工点之间不停顿地移动、转移，形成了生产物流。它是制造产品的生产企业所特有的活动，如果生产中断了，生产物流也就随之中断了。

生产物流的发展历经了人工物流—机械化物流—自动化物流—集成化物流—智能化物流五个阶段。

（4）回收物流。回收物流是指在生产、流通、消费各环节中产生的不再被消费者需要的废旧物品变成被消费者认可的产品这一整个过程的所有物流活动。

（5）废弃物流。废弃物流是指将经济活动中失去原有使用价值的物品，根据实际需要进行收集、分类、加工、包装、搬运、储存等，并分别送到专门处理场所时所形成的物品实体流动。它仅从环境保护的角度出发，不管对象物有没有价值或利用价值，而将其妥善处理，以免造成环境污染。

4.按照物流活动的主体划分

按照物流活动的主体不同，可以将物流分为企业自营物流、专业子公司物流、第三方物流。

（1）企业自营物流是指为企业自身经营活动服务的物流。

（2）专业子公司物流是指部分电子商务企业采取把自己的一部分职工分离出来，

成立物流子公司的物流经营方式。

（3）第三方物流（Third-Party Logistics，TPL）是指由供方与需方以外的物流企业提供物流服务的业务模式。

5.按照物流对象的特殊性划分

按照物流对象的特殊性不同，物流分为一般物流和特殊物流。

（1）一般物流是指具有共同特点的普遍适用的物流活动。物流活动的一个重要特点是涉及全社会、各企业，因此物流系统的建立及物流活动的开展必须有普遍的适用性。

（2）带有特殊性的制约因素、应用领域、管理方式、劳动对象、机械装备特点的物流皆属于特殊物流范围。

8.2　电子商务与物流的关系

8.2.1　电子商务物流的定义

目前国际上对电子商务物流并没有明确的定义，我们在此阐述的电子商务物流指的是服务于电子商务活动的物流。在本质上，它从属于现代物流，是现代物流的重要组成部分。与其他物流不同的是，它更强调物流的电子化、第三方物流、第四方物流以及物流配送。

传统物流体系与现代物流体系的构成分别如图8-1、图8-2所示。

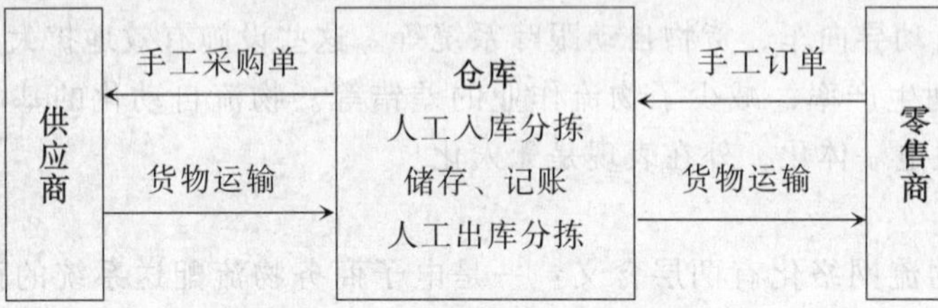

图8-1　传统物流体系示意图

8.2.2　电子商务物流的特点

电子商务时代的来临，给全球物流带来了新的发展，使现代物流具备了一系列新的特点。

1.信息化

在电子商务物流的实际运作过程中，条码技术、数据库技术、电子订货系统、电子数据交换、企业资源计划、供应链管理等技术与观念得到了普遍的应用，所有电子商务物流的一个首要特点就是信息化。其外在表现就是物流信息的商品化、物流信息收集的数据库化和代码化、物流信息处理的电子化和计算机化、物流信息传递的标准化和实时化、物流信息存储的数字化等。

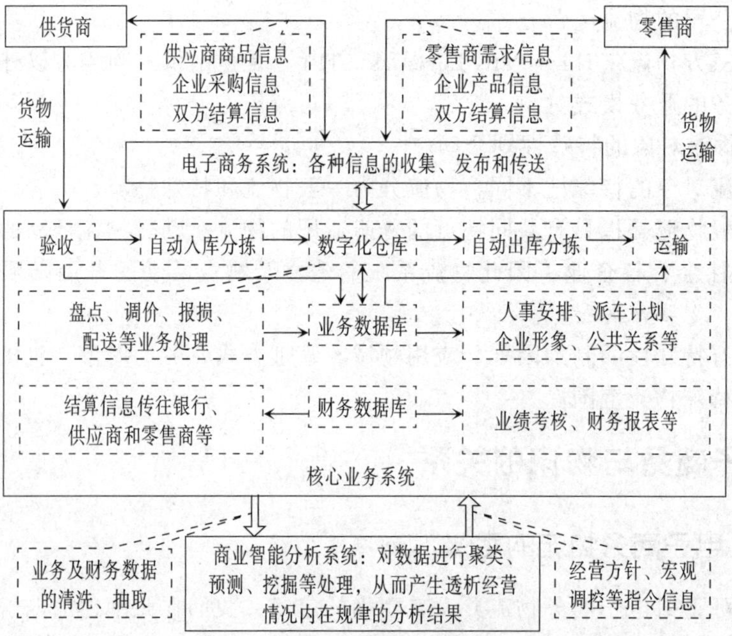

图8-2　现代物流体系示意图

2.自动化

电子商务物流的第二个特点就是自动化。在电子商务物流运作过程中，各种自动化的设施也得到了充分的应用，如条码/语音/射频自动识别系统、自动分拣系统、自动存取系统、自动导向车、货物自动跟踪系统等。这些设施有效地扩大了物流作业能力，提高了劳动生产率，减少了物流作业的差错等。物流自动化的基础是物流信息化，其核心是机电一体化，外在表现是无人化。

3.网络化

电子商务物流网络化有两层含义：一是电子商务物流配送系统的计算机通信网络，物流配送中心与供应商或制造商的联系要通过计算机通信网络，上下游客户之间的联系也要通过计算机通信网络。二是电子商务物流组织的网络化，即通过企业内联网、外联网以及互联网实现全球运筹式的产销模式，按照全球客户的订单组织分散式的生产，调动全球的网络资源为企业所利用，然后通过全球物流网络将产品发送出去。

4.智能化

电子商务物流智能化是物流自动化、信息化的一种高层次应用。物流作业过程大量的运筹和决策，如库存水平的确定、运输（搬运）路径的选择、自动导向车的运行轨迹和作业控制、自动分拣机的运行、物流配送中心经营管理的决策支持等问题都需要借助大量的信息才能解决。在物流自动化的进程中，物流智能化是不可回避的技术难题，好在专家系统、机器人等相关技术在国际上已经有比较成熟的研究成果。为了提高物流现代化的水平，物流的智能化已成为电子商务下物流发展的一个新趋势。

5.柔性化

在电子商务活动中，企业往往需要根据客户需求的变化来灵活调节生产工艺，没有配套的柔性化的电子商务物流系统是不可能达到目的的。早在20世纪90年代，国际生产领域纷纷推出柔性制造系统、计算机集成制造系统、制造资源计划、企业资源计划以及供应链管理的概念和技术，这些概念和技术的实质是要将生产、流通进行集成，根据需求端的需求组织生产，安排物流活动。如今，这些概念和技术在电子商务物流领域得到了广泛的应用，使得电子商务物流充分地满足了企业柔性化生产的需求。

6.一体化

电子商务物流一体化是指不同职能部门之间或不同企业之间通过物流活动的合作，达到提高物流效率、降低物流成本的效果，即专业化物流管理的技术人员充分利用专业化物流设备、设施发挥专业化物流运作的管理经验，以求取得整体最优的效果。

7.国际化

电子商务物流国际化的实质是按国际分工协作原则，依照国际惯例，利用国际化的物流网络、物流设施和物流技术，实现货物在国际间的流动和交换，促进区域经济发展和资源优化配置。

另外，物流设施、商品包装的标准化，物流的社会化、共同化也都是电子商务物流模式的新特点。

8.2.3　电子商务对物流活动的影响

电子商务对物流产业的发展发挥着显著的影响。通过互联网，物流公司能被更大范围的客户主动找到，能够在全国乃至世界范围内拓展业务；贸易公司和工厂能够更快捷地找到性价比适合的物流公司；网上物流致力于把世界范围内大量的有物流需求的货主企业和提供物流服务的物流公司都聚集到一起，提供中立、诚信、自由的网上物流交易市场，帮助物流供需双方高效地达成交易。

目前已经有越来越多的客户通过网上物流交易市场找到了客户，找到了合作伙伴，找到了海外代理。电子商务将是一场商务大变革，它打破了区域和国界，开辟了巨大的网上市场，作为保证电子商务运作的物流将获得进一步发展。发展物流是我国企业参与国际竞争的需要，是缩短与发达国家物流业差距的一次机遇，具有良好的前景。

1.电子商务改变人们传统的物流观念

在电子商务活动中，物流的各种职能及功能可以通过虚拟化的方式表现出来。在这种虚拟化的过程中，人们可以通过各种组合方式，寻求物流的合理化，使商品实体在实际的运动过程中达到效率最高、费用最省、距离最短、时间最少的效果。

2.电子商务改变物流的运作方式

第一，传统物流的运作方式是紧紧伴随着商流展开的，而在电子商务活动中，物流的运作是以信息为中心的，通过网络上的信息传递，可以有效地实现对物流的实施控制，实现物流的合理化。第二，在传统的物流活动中，对物流实时控制都是以单个的运作方式来进行的。

3.电子商务改变物流企业的经营形态

第一，电子商务要求物流以社会的角度来实现系统的组织和管理，打破传统物流分散的状态。这就要求企业在组织物流的过程中不仅要考虑本企业的物流组织和管理，而且更重要的是要考虑全社会的整体系统。第二，在电子商务时代，物流企业之间也存在着激烈的竞争，这就要求物流企业联合起来，形成一种协同竞争的状态，以实现物流高效化、合理化、系统化。

4.电子商务促进物流基础设施的改善和物流技术与管理水平的提高

第一，电子商务高效率和全球性的特点，要求物流也必须达到这一目标。而物流要达到这一目标，良好的交通运输网络、通信网络等基础设施则是最基本的保证。第二，物流技术水平的高低是实现物流效率高低的一个重要因素，要建立一个适应电子商务运作的高效率的物流系统，加快提高物流的技术水平则有着重要的作用。第三，只有提高物流的管理水平，建立科学合理的管理制度，将科学的管理手段和方法应用于物流管理当中，才能确保物流的畅通进行，实现物流的合理化和高效化，促进电子商务的发展。

5.电子商务对物流人才提出了更高的要求

电子商务不仅要求物流管理人员既具有较高的物流管理水平，也要求物流管理人员要具有较高的电子商务知识，并在实际的运作过程中能有效地将二者有机地结合在一起。

尽管我国电子商务起步较晚，但发展态势很好，国家和企业都十分重视发展电子商务，并在电子商务方面取得巨大的成绩。电子商务的大发展必然带动我国物流的大发展。未来，电子商务将走向国际化与全球化，跨境电子商务将成为全球贸易新形式。随着全球新一轮科技革命的到来，产业转型升级将迎来重大机遇，其中智慧物流正在成为物流业转型升级的重要源泉，这必然对物流人才提出更高的要求。《“互联网+”高效物流实施意见》（发改经贸〔2016〕1647号）提出，“鼓励企业与高校、公共服务机构、行业协会等合作设立培训基地与研发机构，联合培养互联网和物流领域复合型专业人才，完善激励机制，培育一批物流新技术、新设备研发应用领军人才和技术带头人。充分利用现有人才引进计划，引进国际物流领域高端人才，为大力推进‘互联网+’高效物流发展提供高水平的智力支持”。

8.2.4 物流对电子商务的影响

电子商务由电子商务实体、电子市场、交易事务和信息流、商流、资金流、物流等基本要素构成，物流作为“四流”中最为特殊的一种，是指物质实体也就是商品的流动过程，具体指运输、储存、配送、装卸、保管和物流信息管理等各种活动（如图8-3所示）。物流虽然只是电子商务若干环节中的一部分，但往往是商品和服务

于包装面积较小的商品上。与EAN-13码相比，EAN-8码没有制造厂商代码，仅有前缀码、商品项目代码和校验码。

小资料

《商品二维码》(GB/T 33993—2017) 正式发布

2017年7月，《商品二维码》(GB/T 33993—2017) 正式发布，并于2018年2月1日起正式实施。该标准的发布，对于商品二维码在我国的推广、管理、应用与服务提供了重要指南，具有非常重要的指导意义。

它规定了商品二维码的数据结构、信息服务和符号印制质量要求，具有创新性、科学性、先进性和适用性，对于指导我国商品制造商用好二维码技术，确保商品跨系统跨领域流通和信息互通，降低二维码应用风险和社会综合应用成本，搭建二维码良好生态系统，以及商品的跨国流通标识与信息互连互通具有重要的现实意义。

资料来源：协同智能制造.《商品二维码》国家标准正式发布 [EB/OL]. [2017-09-20]. http: //news.e-works.net.cn/news/category802/news73151.htm.

(2) 储运单元条码。储运单元条码是专门表示储运单元编码的条码。储运单元是指为便于搬运、仓储、订货、运输等，由消费单元（即通过零售渠道直接销售给最终用户的商品包装单元）组成的商品包装单元。在储运单元条码中又分为定量储运单元和变量储运单元。定量储运单元是指由定量消费单元组成的储运单元，如成箱的牙膏、瓶装酒、药品、烟等。而变量储运单元是指由变量消费单元组成的储运单元，如布匹、农产品、蔬菜、鲜肉类等。

(3) 贸易单元128条码。128条码是一种长度可变的、连续型的字母数字条码。与其他一维条码相比，128条码是较为复杂的条码系统，应用范围较大。128条码的内容由左侧空白区、起始符号、数据符、校验符、终止符、右侧空白区组成。128条码具有A、B、C共三种不同的编码类型，可提供ASCII中128个字元的编码使用。

目前所推行的128码是EAN-128码，EAN-128码是根据EAN/UCC-128码作为标准将资料转变成条码符号，并采用128码逻辑，具有完整性、紧密性、连接性和高可靠度的特性。应用范围涵盖生产过程中一些补充性的、易变动的信息，如生产日期、批号、计量等。其可应用于货运标签、携带式资料库、连续性资料段、流通配送标签等。其优点包括：产品可变性信息的条码化；国际流通的共同协议标准；较佳的产品运输质量管理；更有效地控制生产、配送及销售；提供更安全可靠的供给源等。

3.条码技术的应用

由于条码技术具有输入速度快、信息量大、准确度高、成本低、可靠性强等优点，因而发展十分迅速。目前，它已广泛应用于交通运输业、商业贸易、生产制造业、仓储业等生产及流通领域。它不仅在国际范围内为商品提供了一套完整的代码标识体系，而且为供应链管理的各个环节提供了一种通用的语言符号。

以零售业为例，公司主机的条码数据和商品价格定期（每天）更新，下载至店面微机。店面微机具有两个功能：第一，管理前台POS，包括通过扫描器收集数据的

POS终端；第二，管理后台POS，包括分析销售数据、下电子订单、打印产品价格和条码标签。

8.4.3 EDI技术

1.EDI技术概述

电子数据交换（Electronic Data Interchange，EDI），是指按照同一规定的一套通用标准格式，将标准的经济信息通过通信网络传输，在贸易伙伴的电子计算机系统之间进行数据交换和自动处理。

2.EDI技术标准化

EDI技术标准主要分为以下几个方面：（1）基础标准；（2）代码标准；（3）报文标准；（4）单证标准；（5）管理标准；（6）应用标准；（7）通信标准；（8）安全保密标准。

3.EDI技术的应用

（1）EDI技术在供应链管理过程中的应用。EDI是一种信息管理或处理的有效手段，它是对供应链上的信息流进行管理的有效方法。EDI的目的是充分利用现有计算机及通信网络资源，提高贸易伙伴间通信的效益，降低成本。

（2）EDI技术在我国的应用现状。EDI应用获益最大的是零售业、制造业和物流业。在这些行业中的供应链上应用EDI技术能够显著提高传输发票、订单的效率。例如，物流EDI是指货主、承运业主以及其他相关的单位之间，通过EDI技术进行物流数据交换，并以此为基础实施物流作业活动的方法。物流EDI参与单位有货主（如生产厂家、贸易商、批发商、零售商等）、承运业主（如独立的物流承运企业等）、实际运送货物的交通运输企业（铁路运输企业、水路运输企业、航空运输企业、公路运输企业等）、协助单位（政府有关部门、金融企业等）和其他的物流相关单位（如仓储企业、专业配送企业等）。

在智慧物流体系构建过程中，必须重视核心技术应用，而POS系统与EDI技术的结合，能够将销售的动态数据及时传送到生产、采购、供应环节，实现整个供应链即时数据的共享和数据的传输及交换。

8.4.4 RFID技术

1.RFID技术概述

射频识别（Radio Frequency Identification，RFID）技术，是20世纪80年代发展起来的一种新兴自动识别技术，它是一项利用射频信号通过空间耦合（交变磁场或电磁场）实现无接触信息传递并通过所传递的信息达到识别目的的技术。其标签具有体积小、容量大、寿命长、可重复使用等特点，可支持快速读写、非可视识别、移动识别、多目标识别、定位及长期跟踪管理。RFID技术与互联网、通信等技术相结合，可实现全球范围内物品跟踪与信息共享。RFID技术应用于物流、制造、公共信息服务等行业，可大幅提高管理与运作效率，降低成本。

2.RFID技术的应用

RFID技术目前主要应用的领域包括：交通领域、医疗领域、防伪技术领域、物流领域、安全防护领域、管理与数据统计领域。下面以物流领域为例，简要介绍一下RFID技术的应用情况。

（1）入库和检验。当贴有电子标签的货物运抵配送中心时，入口处的阅读器将自动识读标签，根据读到的信息，管理系统会自动更新存货清单，同时，根据订单的需要，将相应货物发往正确的地点。这一过程将传统的货物验收入库程序大大简化，省去了烦琐的检验、记录、清点等大量需要人力的工作。

（2）整理和补充货物。装有移动阅读器的运送车自动对货物进行整理，根据计算机管理中心的指令自动将货物运送到正确的位置上，同时将计算机管理中心的存货清单更新，记录下最新的货物位置。存货补充系统将在存货不足时自动向管理中心发出申请，根据管理中心的指令，在适当的时间补充相应数量的货物。在整理货物和补充存货时，如果发现有货物堆放到了错误位置，阅读器将随时向管理中心报警，根据指示，运送车将把这些货物重新堆放到指定的正确位置。

（3）订单填写。通过RFID系统，存货和管理中心紧密联系在一起，而在管理中心的订单填写，将发货、出库、验货、更新存货目录整合成一个整体，最大限度地减少了错误的发生，同时也节省了人力。

（4）货物出库运输。应用RFID技术后，货物运输将实现高度自动化。当货物在配送中心出库，经过仓库出口处阅读器的有效范围时，阅读器自动读取货物标签上的信息，不需要扫描，就可以直接将出库的货物运送到零售商手中。

8.4.5　GIS

1.GIS概述

地理信息系统（Geographical Information System，GIS），是20世纪60年代开始迅速推广开来的地理学研究新成果。作为多学科交叉的产物，它以地理空间数据为基础，采用地理模型分析方法，适时地提供多种空间的和动态的地理信息，是一种为地理研究和地理决策服务的计算机技术系统。

2.GIS的应用

据不完全统计，现实数据库信息中大约75%的信息具有空间性，政府部门信息中大约85%的信息具有空间性。因此，GIS在众多领域都将扮演重要角色，不仅能帮助人们解决全球环境变化和区域可持续发展等重大问题，而且将呈现社会化的应用趋势，成为人们在科研、生产、生活、学习和工作中不可缺少的工具与手段。

目前，GIS在物流领域中的应用主要是利用其强大的地理数据功能来完善物流分析技术。国外公司已经开发出利用GIS的专业性物流分析工具软件。完整的GIS物流分析软件集成了车辆路线模型、网络物流模型、分配集合模型和设施定位模型等。

8.4.6 GPS

1.GPS概述

全球定位系统（Global Positioning System，GPS），是美国从20世纪70年代开始研制，耗资200亿美元，于1994年全面建成的具有在海、陆、空进行全方位实时三维导航与定位能力的新一代卫星导航与定位系统。

GPS以全天候、高精度、自动化、高效益等显著特点，赢得广大测绘工作者的信赖，并成功地应用于大地测量、工程测量、航空摄影测量、运载工具导航和管制、地壳运动监测、工程变形监测、资源勘察、地球动力学等多种学科，从而给测绘领域带来一场意义非凡的技术革命。

随着技术方面的不断改进和软硬件条件的不断完善，GPS的应用领域正在不断拓展，目前已遍及国民经济各个部门，并日益深入人们的日常生活。

GPS包括三大部分：空间部分——GPS卫星星座；地面控制部分——地面监控系统；用户设备部分——GPS信号接收机。

2.GPS的应用

GPS主要用于船舶和飞机导航、地面目标的精确定时和精密定位、地面及空中交通管制、空间与地面灾害监测等。20世纪90年代以来，GPS在物流领域得到越来越广泛的应用，主要包括：

（1）用于汽车自定位、跟踪调度、陆地救援。

（2）用于内河及远洋船队最佳航程和安全航线的测定，航向的实时调度、监测及水上救援。

（3）用于空中交通管理、精密进场着陆、航路导航和监视。

（4）用于铁路运输管理。

（5）用于军事物流。

拓展阅读

苏宁物流与顺丰，两种物流模式的极致演绎

年中大促，各方“互撕”，巧的是提前暴露出了整个物流行业的焦虑。比如前不久的顺丰与菜鸟事件，一秒前还在公开秀恩爱，转眼间就开始提刀PK。

随着国内电子商务的快速发展，民营物流的闸门被猛然敲开，巨大的红利喷涌而出。在这波红利中，顺丰成为其中最突出的代表，以至于顺丰上市之初，顺丰老板王卫豪掷10余亿元红包。此外，还有一批为了自身零售业务提升效率而建设最后成为巨头的民营物流，其中成立于1996年的苏宁物流便是典型代表。

这两种环境背景、两种场景背景之下诞生的物流模式成为如今中国民营物流规模化的两大阵营，并且这两大阵营都有着明显的竞争力、扩张性与成长性。

顺丰与苏宁物流这两个代表，在物流行业变革的当下，会将各自的阵营带向哪个方向，成为物流行业乃至整个零售行业未来的最终走向。那么，他们各自演绎了一个什么样的物流形态呢？

顺丰：直营物流的样板

前不久，顺丰与菜鸟事件在业内引起巨大的震动，也正是顺丰物流在零售产业的重要性逐渐增强的体现，从规模来看，顺丰目前区域运转中心有69个，仓储物流面积为302万平方米，快递点数量为13 000个，公司目前覆盖全国331个地级市、2 620个县区级城市。

与“四通一达”加盟模式不同的是，顺丰采用直营模式，主要面向中高端市场，竞争相对较小，有利于提高服务品质和公司口碑。目前“四通一达”平均每单毛利已降至1元以下，而顺丰依然能维持在4元以上，这是顺丰的优势所在。同时，为避免对阿里等电商平台的过度依赖，顺丰近年来从多维度扩张多元化业务（如图8-4所示），试图建立自身话语权，为该阵营的民营物流指出了新的方向。

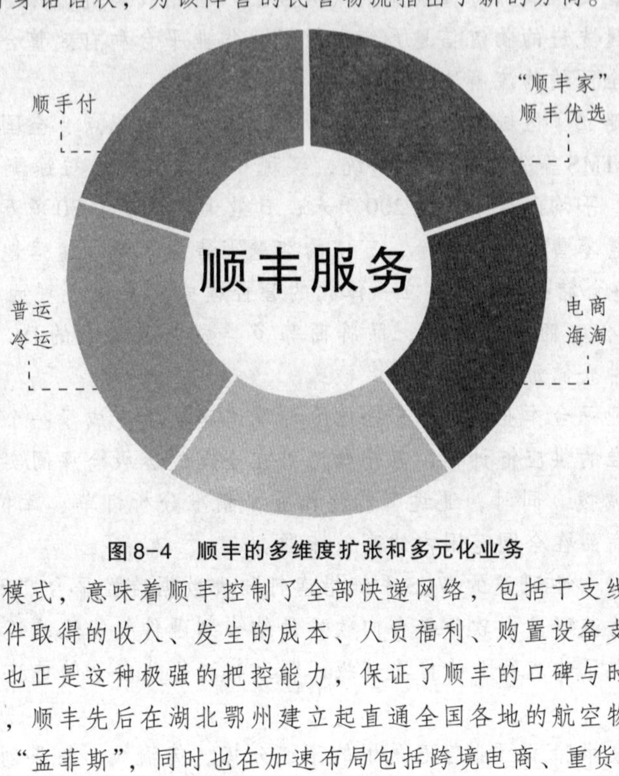

图8-4　顺丰的多维度扩张和多元化业务

顺丰的直营模式，意味着顺丰控制了全部快递网络，包括干支线运输、中转场和配送网点，收派件取得的收入、发生的成本、人员福利、购置设备支出等都纳入顺丰控股统一结算。也正是这种极强的把控能力，保证了顺丰的口碑与时效性。

在过去几年，顺丰先后在湖北鄂州建立起直通全国各地的航空物流核心枢纽，意图打造中国版的“孟菲斯”，同时也在加速布局包括跨境电商、重货物流、城际配送、冷链物流这四大处于高速增长及快速整合期的物流行业。

在智能物流的布局方面，顺丰控股自主研发了完整的运营管理体系（订单管理系统、分拣支持系统、时效管理系统、指挥调度系统等），自2016年便开始建立以大数据驱动的仓库选址、商家销量预测、库存分仓策略和智能调拨方案。在智能硬件设备开发上，手持终端、自动分拣设备、智能分拣柜等硬件设备的投入使用，大大减少了手工操作，提升了效率。目前正结合人工智能、物联网等技术，积极探索和研发智能硬件，进一步提升各环节的运作效率，降低运营成本。

但顺丰有一个“短板”就是仓储，所有的终端厂以及仓库都不具有很强的仓储能力，所有的货品采取的方式都是快进快出。顺丰有一个非常重要的指标就是存货指标，如果存货超出限定标准，会引起整个快递链条的断裂，这就是顺丰一直强调时效的原因。

苏宁物流：自营物流的代表

成立于1996年的苏宁物流有着更加强大的零售场景属性。在规模上，苏宁在2017年收购天天快递，并完成股权交割。受其影响，目前苏宁的区域运转中心已经从原来的32个增加至93个，仓储物流面积达到630万平方米，快递点数量增加到16 267个。同时线上线下两大零售平台也是苏宁物流的优势所在。

也正是与零售场景的融合，苏宁长期以来一直坚持自建物流体系的配送模式，同时成为供应链的重要组成部分，物流的决策被纳入营销战略进行综合管理，形成协调的竞争战略。通过先进的物流信息系统、机械化作业平台和有效整合的物流网络，苏宁物流能够提供全面的物流解决方案。

苏宁在全国建立了区域配送中心、城市配送中心、转配点、全国三级物流网络体系，依托WMS、TMS等先进的信息系统，实现了长途配送、短途配送与零售配送到户的一体化运作，平均配送半径达200千米，日最大配送能力80多万件。

依托苏宁智慧零售的整体概念，苏宁的智慧零售业开始加速落地，苏宁零售仓储体系采用“业务+仓储+技术”三位一体化的管控模式，具体表现为围绕零售场景的多元化，构建符合电商、零售商、品牌商等多类型业务需求的DC、RDC、FC、微仓、门店仓等多种仓储形式。

在大数据管理平台作业下，苏宁全国仓储网络事实上变成了一个即时共享的云存储系统，配合精准的供应链计划，苏宁物流可在全国的各级仓库间实现智能分仓、就近备货和预测式调拨。同时，通过智能化作业，精准分析订单、库位、路径、区域，苏宁物流保证了商品在全国范围内的高效流通。

2016年，苏宁自主研发的WCS系统指南针和大数据监控平台“天眼”上线运营，前者标志着苏宁物流研发由软件平台向软硬件结合到硬件智能化的迈进。同时，苏宁云仓的上线也实现了物流行业的再次升级，帮助物流行业在仓储拣选环节实现了效率的大幅提升。

苏宁货到人技术除了行业普遍采用的高速分拣、传输线，最具创新的应该是SCS旋转库系统和仓库机器人系统。SCS系统可以实现按订单全自动拣货，除最后从料箱取货外无须人工操作，使得苏宁物流的拣货速度提高了7倍。苏宁快递可以将从拣配任务下发到装车发货的时间缩短到平均40分钟。除了南京苏宁云仓，苏宁的超级云仓网也正在建设中，12个云仓构筑成一个高度智能的仓储网，为全链路的供应链服务提供智能设施支持。

事实上，不管是顺丰还是苏宁，对于物流体系不同的改造方式，最终都走向一个目标——提升运营效率，降低成本。在各自扩张之路上，各方布局、各个环节都在开始重叠，快递与物流的界限已经越来越模糊。未来物流发展会往何处去，是苏宁物流的自营模式，还是顺丰的直营模式，或是多种模式并行交错发展？这些问题的答案需要整个行业用时间和实践去回答，而唯一能确定的是物流行业正在面临着新一轮的重构。

资料来源 汉网. 苏宁物流与顺丰，两种物流模式的极致演绎［EB/OL］.［2017-12-12］. http: //news.cnhan.com/html/minsheng/20170622/841552.htm.

8.5 电子商务物流组织模式

从企业运营的角度来看，企业采取的物流模式一般有自营物流、物流外包、自营与外包相结合三种模式，具体如图 8-5所示。

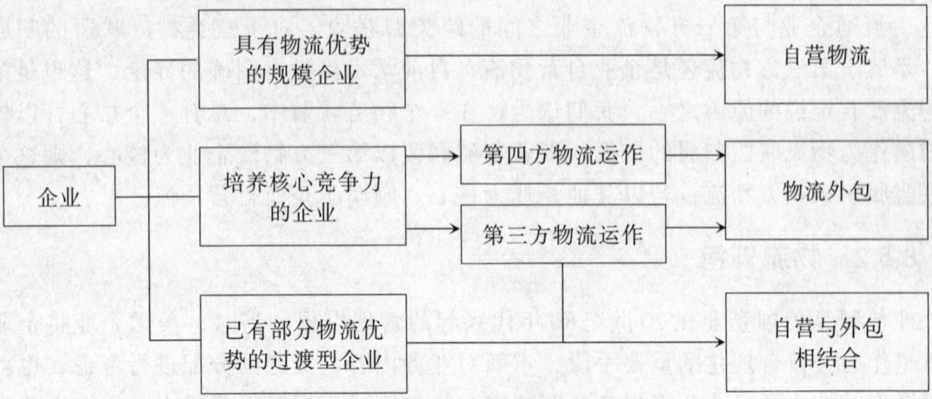

图8-5 企业物流模式

8.5.1 自营物流

从物流活动的起源考察，最初的物流活动都是由企业自己承担的。后来，随着社会生产力的发展、社会分工的深化以及规模经济的巨大优势，一部分企业将物流业务外包给第三方物流企业，于是企业自营物流演变成物流的一种类型。必须说明的是，虽然我们强调第三方物流的重要性，但并不否认企业自营物流的合理性。事实上，目前企业自营物流仍然是物流业务的主要部分。

1.自营物流模式的特点

（1）自营物流的优势。企业自营物流最明显的优势是可以使企业充分利用已有的资源，并使其物流战略有效地同企业战略结合成为有机整体。企业已有的可利用的资源也正是选择自营的基本条件。

（2）自营物流的劣势。企业选择自营物流必须考虑对大量资金、设备、场地设施的占用，此外还必须拥有专业的物流技术人员。

（3）选择自营物流的企业条件。由上面的优劣势产生的原因可以看出，企业对自营物流的选择应该首先考虑到自身的条件，对那些财力、物力有限的中小型企业而言，那些已经成为包袱的物流业务，完全可以由专业物流公司来更好地经营。而那些与自身业务关联性非常强、必须由自己来经营的物流业务，则要考虑如何以先进的物流管理观念、技术、硬件来降低成本，优化流程和供应链。

2.自营物流模式的类型

企业自营物流的类型较为复杂。一般认为，企业自营物流有生产企业自营物流、批发企业自营物流、零售企业自营物流三种类型。随着供应链管理思想的引入和电子商务的兴起，上述三种类型的自营物流业内部及相互之间的联合成为一种趋势，出现了以生产企业为核心联合供应商与销售商的物流联盟、以批发商为核心联合零售商的物流联盟、以连锁经营总部为核心的连锁店物流联盟等多种类型。

从以上分析中可以看出，物流联盟实际上有两大类：一是第三方物流联盟；二是企业自营物流联盟。在众多的物流联盟中，有一种类型是我们必须注意到的，即生产企业、流通企业与第三方物流企业之间的跨类型联盟。对于这类物流联盟的归属问题，是属于第三方物流还是企业自营物流，目前学术界没有明确的界定，这也是第三方物流没有定说的原因之一。我们认为，在一个物流联盟中，总有一个核心，以核心的归属作为物流联盟归属的依据，即若物流联盟以第三方物流企业为核心，则这个物流联盟属于第三方物流；若以其他企业为核心，则属于企业自营物流。

8.5.2 物流外包

外包制是美国企业在20世纪80年代兴起的管理思想。当时，美国企业将企业流程重组作为经营合理化的重要手段，重新对业务内容、资源的分配进行考虑，也就是通过撤出非核心竞争业务来提高经营效率，外包则成为当时降低成本、提高企业竞争能力的重要手段而受到重视。

物流外包行业发展历程如图8-6所示。

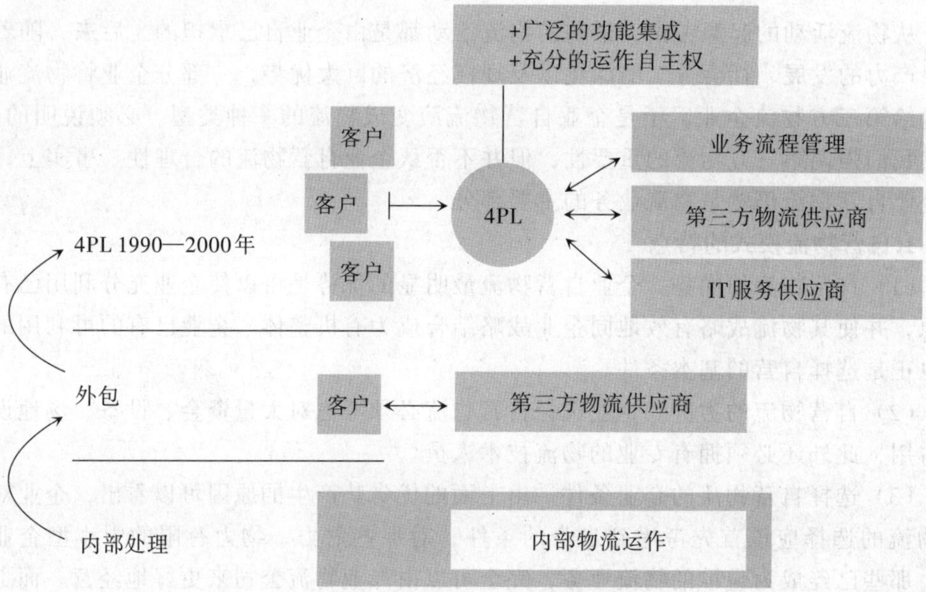

图8-6 物流外包行业发展历程

1.物流外包的优势

与国际物流市场相比，中国长期存在物流成本过高的问题。2016年，全国物流总费用占GDP比重接近16%，远高于发达国家7%~8%的水平，也明显高于巴西、印度等金砖国家。在电子商务活动中，企业通过物流外包，可以集中经营资源，有效降低物流成本，提高企业的核心竞争力。具体来说，物流外包能够带来如下的优势：

（1）企业得到更加专业化的服务，从而降低运营成本，提高服务质量。

（2）解决本企业资源有限的问题，更专注于核心业务的发展。

（3）可以提高企业的运作柔性。

（4）可以减少监督成本，提高效率。

（5）可以分散或降低行业风险。

2.第三方物流（3PL）

第三方物流的模式在发达国家已经比较成熟，从业务划分的角度来看，目前第三方物流的模式主要有以下几类。

（1）第三方物流运输服务。第三方物流运输服务所包含的主要内容有航空运输、汽车运输、铁路运输、水运、多式联运等。

（2）第三方物流仓储服务。第三方物流仓储服务包括越库作业、上门收货服务、包装/组装、分货管理、存货管理、位置服务等。

（3）第三方物流特别服务。第三方物流特别服务包括逆向物流、直接配送到商店、进出口清关、IS0认证、直接送货到家等。

（4）第三方物流国际互联网服务。第三方物流国际互联网服务包括搜寻/跟踪、电子商务、电子执行、通信管理、电子供应链等。

（5）第三方物流的技术服务。第三方物流的技术服务包括EDI、信息系统开发、网络技术支持、通信服务等。

3.第四方物流（4PL）

第三方物流虽然能为企业节约物流成本、提高物流效率，但是不能整合社会所有的物流资源和全面解决物流瓶颈问题，无法使物流整体运作达到最高效率，因此需要一个新型的物流服务商，集合业内最优秀的第三方物流供应商、技术供应商、管理咨询顾问和其他增值服务商，为客户提供系统的供应链解决方案，帮助企业真正实现持续运作、成本降低和区别于传统的外包业务的真正资产转移。由此，第四方物流（Fourth Party Logistics，4PL）应运而生。这一概念最早由著名的管理咨询公司埃森哲公司提出，从概念上来看，第四方物流是有领导力量的物流提供商通过整合供应链的影响力，提供综合的供应链解决方案，为其顾客带来更大的价值。而从一个组织的角度来看，第四方物流可以看成是第三方物流服务商、IT服务商、管理咨询公司的集合。

第四方物流的集成服务如图8-7所示。

第四方物流的核心能力在于能控制和管理整个物流过程，并对整个供应链提供解决方案，再通过电子商务把这个过程集成起来，以实现快速度、高质量、低成本的物流服务。

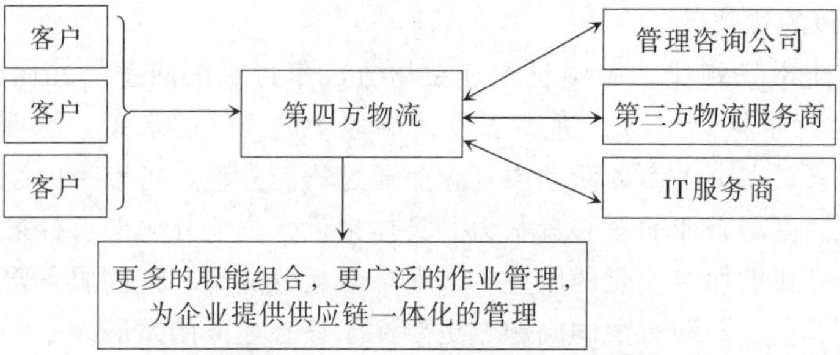

图 8-7　第四方物流的集成服务

（1）第四方物流的特点。第四方物流的特点如图 8-8 所示，包含以下几个方面：

①提供一整套完善的供应链解决方案。

②供应链过程协作和供应链过程的再设计。

③实施流程一体化，系统集成和运作交接。

④承担多个供应链职能和流程的运作。

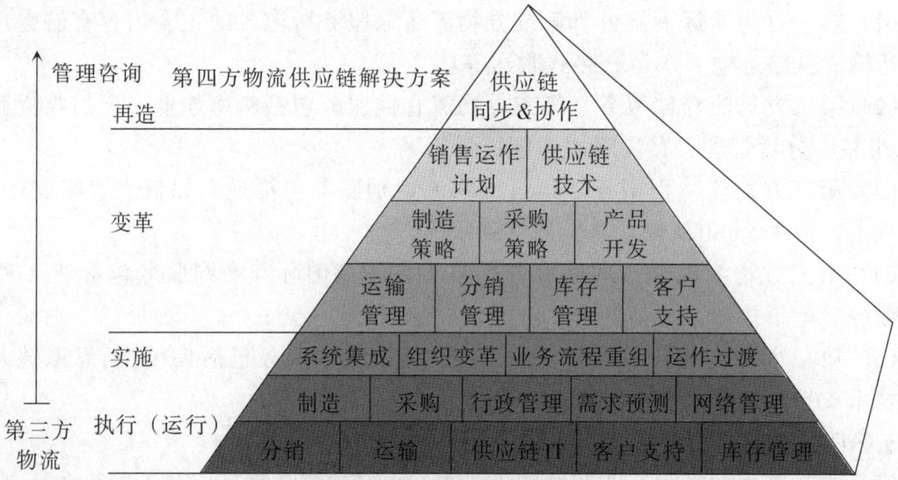

图 8-8　第四方物流的特点

（2）第四方物流的运作模型。第四方物流的运作模型由第四方物流的协同运作模型、方案集成商模型和行业创新者模型构成。

①协同运作模型。第四方物流和第三方物流共同开发市场，前者向后者提供一系列的服务，具体包括：技术、供应链策略技巧、进入市场能力和项目管理专长。第四方物流往往会在第三方物流公司内工作，双方要么签订商业合同，要么结成战略联盟。

②方案集成商模型。第四方物流为客户提供运作和管理整个供应链的解决方案。第四方物流对本身和第三方物流的资源、能力和技术进行综合管理，为客户提供全面的、集成的供应链方案。第四方物流可以集成多个服务供应商的能力和客户的能力。

③行业创新者模型。在行业创新者模型中，第四方物流为多个行业的客户开发和提供供应链解决方案，以整合整个供应链的职能为重点，行业解决方案会给整个行业

带来最大的利益。第四方物流会通过卓越的运作策略、技术和供应链运作实施来提高整个行业的效率。

8.5.3　自营与外包相结合的模式

自营与外包相结合的企业物流运作能够同时发挥自营、外包两种运作模式的优势。至于是将企业物流的哪一部分自营，哪一部分外包，应根据企业的具体情况以及当地的经济发展状况、社会基础设施，对方企业的规模实力、信誉以及是否受特许、专卖体制影响等因素综合考虑。目前，从事电子商务运作的企业常用的做法是：非核心业务物流外包，核心业务物流自营；供给物流和销售物流外包，生产物流自营。

8.6　电子商务下的物流解决方案

8.6.1　国外电子商务下的物流解决方案

1.美国：物流中央化

在美国，物流中央化的物流模式强调“整体化的物流管理系统”，是一种以整体利益为重，冲破按部门分管的体制，统一从整体进行规划管理的物流模式。

（1）在市场营销方面，物流管理含分配计划、运输、仓储、市场研究、为用户服务五个过程。

（2）在流通和服务方面，物流管理过程包括需求预测、订货过程、原材料购买、加工过程，即从原材料购买直至送达顾客的全部物资流通过程。

2.日本：高效配送中心

(1) 物流过程：生产—流通—消费—还原（废物的再利用及生产资料的补足和再生产）。

（2）物流是非独立领域，受多种因素制约。

（3）物流（少库存多批发）与销售（多库存少批发）相互对立，必须统筹安排来获得整体成本最小的效果。

（4）物流的前提是企业的销售政策、商业管理、交易条件。

（5）产品设计阶段决定效率。

（6）交货条件、订货条件、库存量条件对物流的结果影响巨大。流通中的物流问题已转向研究供应、生产、销售中的物流问题。

3.适应电子商务的一种全新的物流模式——物流代理

物流代理（Third Party Logistics，TPL）字面含义为第三方提供物流服务，可定义为：物流渠道中的专业化物流中间人，以签订合同的方式，在一定期间内为其他公司提供的所有或某些方面的物流业务服务。

8.6.2　国外电子商务下先进物流模式案例介绍

我们以美国为例，介绍一下其电子商务所依托的配送中心的类型。

1.美国配送中心的类型

在美国，配送中心有多种类型，主要分为批发型、零售型和仓储型三种。

（1）批发型。美国加州食品配送中心是全美第二大批发配送中心，该中心实行会员制，主要依靠计算机进行管理。业务部通过计算机获取会员店的订货信息，及时向生产厂家或者储运部发出要货指示单，厂家和储运部再根据要货指示单的先后缓急安排配送的先后顺序，将分配好的货物放在待配送口等待发运。配送中心24小时运转，配送半径一般为50千米。

（2）零售型。美国沃尔玛公司的配送中心是典型的零售型配送中心。在沃尔玛各连锁店销售的商品，根据各地区收入和消费水平的不同，其价格也有所不同。总公司对价格差价规定了上下限，原则上不能高于所在地区同行业同类商品的价格。

（3）仓储型。美国福来明公司的食品配送中心是典型的仓储式配送中心。它的主要任务是接受美国独立杂货商联盟加州总部的委托，为该联盟在该地区的350家加盟店配送商品。

2.美国配送中心的运作流程

美国配送中心的库内布局及管理井井有条，使繁忙的业务互不影响，其主要特点如下：

（1）库内货架间设有27条通道、19个进货口。

（2）以托盘为主，4组集装箱为一货架。

（3）商品的堆放分为储存的商品和配送的商品。根据商品的生产日期、进货日期和保质期，采取先进先出的原则，在货架的上层是后进的储存商品，在货架下层是待出库的配送商品。

（4）品种配货多是数量多的整箱货，所以用叉车配货；店配货多是细分货，所以利用传送带配货。

（5）轻量、体积大的商品（如卫生纸等）用叉车配货；重量大、体积小的商品用传送带配货。

（6）在特殊商品（如高价值的药品、滋补品等）存放区，为防止货物丢失，一般用铁丝网围起来，并提示“无关人员不得入内”。

课堂讨论

选择某一电子商务企业（B2B、B2C类型）进行考察，运用价值链理论分析其物流管理过程中存在的问题，并提出解决这些问题的方案。

8.6.3 我国物流业的发展现状及发展趋势

作为支撑国民经济发展的基础性、战略性产业，物流业供给侧结构性改革深入推进，行业发展取得重大成就。中国物流业总体规模快速增长，物流服务水平显著提高，发展的环境和条件不断改善，为进一步加快发展中国物流业奠定了坚实基础。

2018年智慧物流发展得到了业界广泛关注，成为物流业发展与创新的一道亮丽风景；2019年智慧物流发展继续加速，成为物流行业最大的创新热点。

1.我国物流业的发展现状

（1）我国物流业发展水平显著提高。一些制造企业、商贸企业开始采用现代物流管理理念、方法和技术，实施流程再造和服务外包；传统运输、仓储、货代企业实行功能整合和服务延伸，加快向现代物流企业转型；一批新型的物流企业迅速成长，形成了多种所有制、多种服务模式、多层次的物流企业群体。物流费用成本呈下降趋势，促进了经济运行质量的提高。

（2）我国物流基础设施条件逐步完善。交通设施规模迅速扩大，物流园区建设开始起步，仓储、配送设施现代化水平不断提高，一批区域性物流中心正在形成。物流技术设备加快更新换代，物流信息化建设有了突破性进展。

（3）我国物流业发展环境明显好转。早在国家“十一五”规划纲要中就明确提出“大力发展现代物流业”，中央和地方政府相继建立了推进现代物流业发展的综合协调机制，出台了支持现代物流业发展的规划和政策。当前，物流统计核算和标准化工作以及人才培养和技术创新等行业基础性工作取得明显成效。

（4）智慧物流成行业发展新动力。新一轮技术革命已成为行业发展的新动力。“互联网+”高效物流引导物流业与互联网深度融合，催生了大量新的业态和模式。随着人工智能时代的临近，物联网、云计算、大数据、区块链在物流领域的应用逐步加强，应用效果十分显著。特别是智能仓库、无人分拣、机器人、无人驾驶、无人机配送等已进入实质探索阶段，自动化、智能化发展成为行业重要特征。

当然我们也要看到，我国当前物流业发展仍然面临一些突出的问题，比如，有效需求不足和供给能力不够矛盾交织；社会物流总费用仍然较高和企业盈利水平偏低问题突出；物流基础设施总量过剩和结构性短缺互见并存；体制机制约束依然明显，市场环境治理有待加强；用户对物流服务质量的要求与物流企业服务能力之间仍有较大差距等。

2.我国物流业的发展趋势

从总体来看，我国物流业目前正处于以转型升级为主线的发展新阶段，行业发展逐步从追求规模数量增长向质量效益提升转变，从成本要素驱动向效率提升、创新驱动转变，从单纯降低物流成本向降本与增效协同发展转变，传统的物流产业通过引入新技术、新模式、新理念、新机制，不断提速转型升级，提升供给侧结构性改革成效，加快释放行业发展新动能。我国物流业的发展趋势有以下几点值得关注：

（1）创新驱动。十九大报告指出，创新是引领发展的第一动力，是建设现代化经济体系的战略支撑。我们要把握新一轮技术革命的机遇，把创新作为发展的第一动力；要大力推进技术改造和装备升级，促进自动化、智能化发展；要深入开展理念、模式、技术、业态等多方面创新。

（2）智慧物流。近几年来，物联网、云计算、大数据、区块链等技术在物流领域得到逐步应用，给行业发展带来巨大变革。新兴的互联网平台企业得到快速发展，技术改造和装备升级不断推进，特别是智能仓库、仓储机器人、无人驾驶、无人机配送、无人分拣等技术已在物流业进行探索和应用。未来，要充分利用现代信息技术和智能技术装备，推动物流信息化、自动化、无人化，推进物流行业智能升级。

（3）网络优化。铁路、公路、水运、航空是物流业发展的重要基础设施。十九大报告专门指出，要加强水利、铁路、公路、水运、航空、管道、电网、信息、物流等基础设施网络建设。这将为未来物流业大发展提供更加完善的基础保障，利于打造布局合理、衔接一体、功能齐全、绿色高效的物流基础设施网络体系。

（4）绿色发展。物流行业是能耗大户，特别是近几年“雾霾”严重，对物流业绿色低碳发展的要求十分迫切。而随着电商、外卖行业的大发展，快递、外卖包装引发的环境污染问题更为严峻。努力减轻物流运作的资源和环境负担，兼顾自身发展与生态文明的要求成为企业寻求可持续发展的必选项。绿色、生态在十九大报告中多有提及，也充分说明，企业要发展，必须顺应生态文明这一新要求和新趋势。

（5）开放共享。十九大报告中指出，要以“一带一路”建设为重点，坚持引进来和走出去并重，遵循共商共建共享原则，加强创新能力开放合作，形成陆海内外联动、东西双向互济的开放格局；优化区域开放布局，加大西部开放力度；赋予自由贸易试验区更大改革自主权，探索建设自由贸易港。

本章小结

电子商务为物流的发展带来新的机遇的同时，也使得物流本身面临着一些新的挑战。对于企业来说，如何在网络时代创立自己的物流模式和管理方式，有效地开展经营活动，寻找新的商机，跟上时代的发展潮流，已成为一个现实而又迫切需要解决的问题。对于政府来说，如何在网络时代制定出科学合理的物流政策，促进电子商务物流的发展，将对整个国民经济的发展产生深远影响。在电子商务这个大环境下，如何进行物流管理，促进电子商务和物流的和谐发展，具有重要的理论和现实意义。

基本训练

一、选择题（不定项选择）

1. 物流被认为是（　　）。

A. 第一利润源　　B. 第二利润源　　C. 第三利润源　　D. 不产生利润

2. 供应链的基本要素包括（　　）。

A. 供应商和生产厂商

B. 供应商、制造商、分销商、零售商

C. 生产厂商、批发及物流商、零售商

D. 供应商和流通业

3. 与传统物流相比较，电子商务物流的特点有（　　）。

A. 自动化　　B. 信息化　　C. 网络化

D. 智能化　　E. 标准化

4.在电子商务物流模式中，自营模式的优点有（ ）。

A.效率较高、成本较低　　B.控制力强

C.协调性强　　D.服务性强

E.专业性强

5.射频识别技术的英文缩写是（ ）。

A.RFID　　B.POS　　C.EDI　　D.GPS

二、简述题

1.电子商务对物流活动的影响有哪些?

2.自营物流模式的优势有哪些?

三、案例分析题

大众包餐公司是一家提供全方位包餐服务的企业，服务分为递送盒饭和套餐服务。通常每天都有顾客打电话来订购盒饭，但由于设施等原因，大众包餐公司要求顾客只能在上午10点前电话预订，以便确保当天递送到位。

在套餐服务方面，该公司的核心能力是可以为企事业单位提供冷餐会、大型聚会，以及为普通家庭提供家宴和喜庆宴会。客户所需的各种菜肴和服务可以事先预约，但由于这项服务的季节性很强，又与各种节假日相关，需求量忽高忽低，有旺季和淡季之分，因此要求顾客提前几周甚至提前1个月预订。

包餐行业的竞争是十分激烈的，高质量的食品、可靠的递送、灵活的服务以及低成本的运营都是这一行业求生存、谋发展的根本。近年来，大众包餐公司已经开始感觉到来自愈来愈挑剔的顾客和几家新加入的专业包餐商的竞争压力。顾客们愈来愈需要菜单的多样化、服务的柔性化，以及响应的及时化。

公司老板最近参加了现代物流知识培训班，对准时化运作和第三方物流服务的印象很深，他认为这些理念正是大众包餐公司要保持其竞争能力所需要的东西。但是他也感到疑惑，不确定大众包餐公司能否借助第三方的物流服务。

请你分析下列问题：

（1）大众包餐公司的经营活动可否引入第三方物流服务？请说明理由。

（2）对于引入第三方物流服务，你有何建议?

第9章 电子商务的法律法规

学习目标

□知识目标：

1.掌握电子商务法的相关概念；
2.理解电子商务交易的法律规范；
3.了解国内外电子商务法律法规概况；
4.熟悉电子商务中知识产权的法律规范。

□技能目标：

1.能够对我国电子商务法律法规的立法现状有清晰的认识；
2.能够运用现有的法律法规，分析相关法律问题；
3.能够针对具体案例，做到灵活应变，处置合理。

【导入案例】

市场监管局查办杭州首起违反《电子商务法》案件

日前，桐庐县市场监管局向××信息技术公司送达了行政处罚决定书，认定该公司在运营某网络平台的过程中，因在后台控制、筛选用户评论，致使前台页面显示的皆为少数用户的好评类评论，违反《电子商务法》的有关规定。据悉该案也是杭州市场监督管理领域的首起运用《电子商务法》查办的案件。

经查，该公司运营的网络平台，主要为桐庐主城区商家和消费者在电子商务中提供网络经营场所及交易撮合等服务，供交易双方独立开展交易活动。该公司符合《电子商务法》规定的电子商务平台经营者的定义。2018年9月18日以来，该公司将其运营的网络平台默认设置"商品评价"为"需后台审核展示"，即消费者在平台对商品或服务进行的评价，被该公司后台控制、筛选，方能在前台网页显示。至2019年7月8日，县市场监管局查明，683条商品评价中，未展示的有157条，其中多为差评。

桐庐县市场监管局相关工作人员表示，《电子商务法》的第三十九条第一款规定，电子商务平台经营者应当建立健全信用评价制度，公示信用评价规则，为消费者提供对平台内销售的商品或者提供的服务进行评价的途径。依据此规定，县市场监管局依法对该信息技术公司进行了处罚。

电子商务的一大特点是商品的评价信息会左右消费者购买的意图。正因如此，一些商家或平台动起了"歪脑筋"，企图屏蔽消费者的负面评价，让更多的消费者购买自己的商品或者服务。在此，县市场监管局提醒，商家或平台应当诚信经营，以优质的商品和服务来赢得消费者的点击量和好评，从而赢得市场。

资料来源　赵洋，黄蓉萍.市场监管局查办杭州首起违反《电子商务法》案件[N].今日桐庐，2019-08-22（2）.

9.1　电子商务法律法规概述

电子商务交易活动纷繁复杂，它实现了信息的交流以及资金和财产的流转。在进行电子商务活动时，必须对当事人的权利、义务的交易行为进行规范。当电子信息在商业交易领域替代信函、协议书等传统书面交易形式时，就不可避免地与传统的交易制度产生冲突，这给电子商务的应用造成了困难和障碍。为了克服这些困难和障碍，许多国际组织与国家都在积极进行电子商务立法活动。

9.1.1　电子商务法

1.电子商务法的定义

狭义的电子商务法，是调整以计算机网络进行数据电文传递的方式进行商务活动所产生的社会关系的法律规范的总称，其调整对象包括通过电子数据交换（EDI）形式而产生的社会关系和通过互联网、局域网或增值网的电子信息交换而产生的社会关系。而广义的电子商务法的调整对象除上述内容外，还包括以电报、电传、传真等电子信息传递形式发生的社会关系。

2.电子商务法律规范的特征

（1）法律主体的虚拟性和不确定性。

电子商务交易主体彼此无须见面，交易对象的身份无法即时确定，主体虚拟成网络上的数据信息。

（2）调整对象的多样性和广泛性。

电子商务法律规范调整的法律关系的客体既包括有形商品，又包括无形商品；既有商品，还有服务。随着网络公信力的不断提高，客体的种类和范围也将不断增加和扩大。

（3）法律规范的程式性和普适性。

电子商务立法的主要任务是对传统法律难以调整的问题做出补充性规定。如电子签名的形式和效力，电子交易中的认证规则，电子证据的效力及提交方式，税收征收管辖的确定等。

（4）法律规范的动态性和任意性。

动态性表现在电子商务法律规范将随着计算机和互联网技术的发展而逐步完善。电子商务主体的虚拟性和客体的广泛性要求电子商务法律规范强调意思自治原则。民事活动应当遵循自愿原则，当事人依法享有自愿订立合同的权利，任何单位和个人不得非法干预。

3.电子商务法的作用

电子商务法的作用主要体现在以下三个方面：

（1）为电子商务的健康、快速发展创造一个良好的法律环境。

随着信息高速公路和互联网技术的迅速普及，电子邮件和电子数据交换等现代化通信手段在商务交易中的使用正在急剧增多，且有望得到进一步的发展。然而，以非书面的电文形式来传递具有法律意义的信息，可能会因使用这种电文所遇到的法律障碍或这种电文法律效力或有效性的不确定性而受到影响。制定电子商务法的目的是要向电子商务的各类参与者提供一套虚拟环境下进行交易的规则，说明怎样消除此类法律障碍，如何为所谓的“电子商务”创造一种比较可靠的法律环境，克服电子商务所遇到的法律障碍。

（2）电子商务法是保障网络交易安全的重要手段。

一谈到交易安全，人们首先想到的是技术保障措施，如防火墙（Firewall）技术。但是，单纯靠技术仍难以完全保障电子商务的交易安全，更何况技术本身也需要法律规范。因此，电子商务安全仍然需要法律来保障。电子商务安全问题涉及两个方面：一个是交易安全，另一个是信息网络安全。这两个安全问题往往又交织在一起，没有信息网络安全，就没有交易安全。我国政府目前正在落实已颁布的有关交易安全和计算机安全的法律法规的执行，保护电子商务交易的正常运行，并在此基础上不断探索，逐步建立适合中国国情的电子商务法律制度。

（3）鼓励利用现代信息技术促进交易活动。

电子商务法律、法规的目标包括：促进电子商务的普及；平等对待基于书面文件的用户和基于数据电文的用户；充分发挥高科技手段在商务活动中的作用等。这些目标都是促进经济增长和提高国际、国内贸易效率的关键所在。从这一点讲，电子商务法的目的不仅要从技术角度来处理电子商务关系，而且要创立尽可能安全的法律环境，以便有助于电子商务参与各方高效率地开展贸易和服务活动。

4.电子商务法的实施

2019年1月1日，《中华人民共和国电子商务法》（以下简称《电子商务法》）正式实施。2019年，国务院及有关部门积极推动《电子商务法》的贯彻落实，推动《电子商务法》相关法律法规政策体系的完善，相关部门不断提高监管和执法能力，促进社会共治，推动电子商务治理能力和治理水平现代化，优化电子商务发展环境。贯彻落实《电子商务法》，是国家有关部门履行电子商务监管职责、维护电子商务秩序的有力抓手，对保护消费者和经营者等各方主体合法权益、维护电子商务交易环境和市场秩序、促进电子商务持续健康发展具有重要意义。

自《电子商务法》实施以来，国家和地方各级政府部门积极推动法律的贯彻和实施工作，将规模大、知名度高的电子商务平台企业作为普法重点对象，通过行政指导、行政约谈等方式宣传《电子商务法》，并深入电子商务园区、行业组织和相关企业等开展普法活动，为电子商务企业提供依法登记、亮照亮标、网络促销、广告发布等方面指导，引导其进一步落实法定主体责任。

2019年，国家市场监管总局针对春节前“双11”“双12”期间线上消费投诉举报热点情况，召集多家电子商务企业召开行政指导会，引导企业切实落实主体责任，并指出企业作为消费维权“第一责任人”，要建立完善首问和赔偿先付、消费纠纷和解等制度，积极妥善处理消费纠纷；尽快解决在产品质量、售后服务、履行合同等方面存在的问题，特别是要抓紧解决近期消费者高度关注的预付费“交费容易退费难”问题，主动维护消费者合法权益；要切实承担起平台主体责任，畅通维权渠道，加强对入驻平台经营者及商品的管理和审核，积极维护春节期间公平竞争的市场秩序。

在立法方面，《电子商务法》配套制度建设日臻完善。市场监管总局根据《电子商务法》对《网络交易管理办法》《网络食品安全违法行为查处办法》等规章进行修订，并对后续制度建设需求进行研究，及时清理废止不符合电子商务监管工作需要的相关规定，实现规章、规范性文件与法律有机衔接，增强监管执法的规范性、统一性和有效性；研究电子商务经营者市场主体登记辅助措施，落实登记有关的各项具体工作。同时，地方各级人民代表大会及政府部门还积极配合做好电子商务相关地方性法规、规章的制修订、完善和清理等各方面工作，切实提高立法立规的质量和依法行政水平。

2019年6月20日，国家市场监管总局等部门印发2019网络市场监管专项行动（网剑行动）方案的通知，开展专项行动。通知要求落实《电子商务法》，着力规范电子商务主体资格、营造良好准入环境；严厉打击网上销售假冒伪劣产品、不安全食品及假药劣药的违法行为，营造放心消费环境；严厉打击不正当竞争行为，营造公平竞争的市场环境；深入开展互联网广告整治工作，营造良好的广告市场环境；强化网络交易信息监测和产品质量抽查，营造良好的消费环境；落实电子商务经营者责任，营造诚信守法的经营环境；依法打击其他各类网络交易违法行为，有效净化网络市场环境。

在司法领域，各地司法机关依据《电子商务法》裁判的案例逐步增多，不断发布典型案例，推动《电子商务法》的实际运用。2019年1月2日，义乌市检察院启动全国首例侵害药品安全行政公益诉讼案件；2019年1月24日，杭州铁路运输法院适用《电子商务法》第42条关于恶意投诉的惩罚性赔偿条款，审理《电子商务法》实施后的首例恶意投诉案件；2019年5月，北京互联网法院对一起因刷流量产生的纠纷进行判决，对任何通过不正当方式提高流量数据的行为给出否定性评价。2019年8月，杭州铁路运输法院对首例平台管理者诉平台经营性用户不正当竞争纠纷案件作出宣判，探索网络平台治理的新型保护机制。随着各地法院适用《电子商务法》裁判案例的增多，《电子商务法》司法适用不断成熟和完善。

5.电子商务相关法律法规政策不断出台

《电子商务法》作为综合性的法律，需要相关法律、行政法规和政策的配套与衔接，以全面解决电子商务发展中存在的问题。随着相关法律法规、政策的出台与完善，不断推动和深化了《电子商务法》落实与适用，促进了电子商务法律法规政策体系的日益完善。

（1）电子商务相关法律不断完善

电子签名是电子合同成立的重要基础，但在立法时，考虑到互联网经济、电子商务发展实际情况，未允许土地、房屋等不动产权益转让活动使用电子签名。随着经济的发展，相关交易已经可以通过互联网进行，因此2019年4月23日，第十三届全国人民代表大会常务委员会第十次会议通过修改《中华人民共和国电子签名法》的决定，这次修正允许土地、房屋等不动产权益转让使用电子签名，以扩大电子合同在实践中的适用范围，为相关交易提供便利。

电子商务领域的不正当竞争问题是治理的重点之一。为了维护公平竞争的市场环境，2019年4月23日，第十三届全国人民代表大会常务委员会第十次会议决定对《中华人民共和国反不正当竞争法》进行修改，增加互联网不正当竞争条款，以适应互联网发展，规范电子商务交易、促进网络经济有序发展。

（2）国务院陆续出台电子商务相关法规政策

在促进农村电商发展方面，2019年5月16日，中共中央办公厅、国务院办公厅发布《数字乡村发展战略纲要》，在指出应加快乡村信息基础设施建设、发展农村数字经济、强化农业农村科技创新供给、推进乡村治理能力现代化、深化信息惠民服务、激发乡村振兴内生动力、统筹推动城乡信息化融合发展等重点任务的同时，提出要深化电子商务进农村综合示范、培育农村电商产品品牌。2019年8月27日，国务院办公厅发布《关于加快发展流通促进商业消费的意见》，以进一步推动流通创新发展，加快发展农村流通体系，扩大电子商务进农村覆盖面，优化快递服务和互联网接入，培训农村电商人才，提高农村电商发展水平，扩大农村消费。

为推动跨境电商规范快速发展，中共中央、国务院于2019年11月19日颁布《关于推进贸易高质量发展的指导意见》，意见提出，进一步推进跨境电子商务综合试验区建设，复制推广成熟的经验和做法；完善跨境电子商务零售进出口管理模式，优化通关作业流程，建立全口径海关统计制度；推进中欧班列、西部陆海新通道等国际物流和贸易大通道建设；发展“丝路电商”，鼓励企业在相关国家开展电子商务，推进商建贸易畅通工作机制。为进一步推动跨境电商政策法规的落实，2019年12月24日，国务院发布《关于同意在石家庄等24个城市设立跨境电子商务综合试验区的批复》，同意在石家庄等24个城市设立跨境电子商务综合试验区，提出有关省（自治区）人民政府要切实加强对综合试验区建设的组织领导，健全机制、明确分工、落实责任，有力有序有效推进综合试验区建设发展。国务院有关部门要按照职能分工，加强对综合试验区的协调指导和政策支持。

优化电子商务营商环境是推动电子商务高质量发展的重要基础。2019年，我国持续优化电子商务营商环境，国务院聚焦平台经济发展面临的突出问题，于2019年8月8日出台《关于促进平台经济规范健康发展的指导意见》，加大政策引导、支持和保障力度，创新监管理念和方式，落实和完善包容审慎监管要求，推动制定《电子商务法》实施中的有关配套规则和建立健全适应平台经济发展特点的新型监管机制，着力营造公平竞争市场环境。2019年10月23日，国务院出台《优化营商环境条例》，规定政府及其有关部门应当按照鼓励创新的原则，对新技术、新产业、新业态、新模式等实行包容审慎监管，针对其性质、特点分类制定和实行相应的监管规则和标准，留足发展空间，同时确保质量和安全，不得简单化予以禁止或者不予监管。随着法规政策体系的不断完善，营商环境持续优化，世界银行发布的《2020营商环境报告》显示，中国营商环境在全球190个经济体中排名第31位，较上一年度的第46位大幅提升。

6.国务院有关部门相关规章政策体系不断完善

在推进《电子商务法》的实施过程中，国务院各部门不断完善部门规章以及相关政策，大力促进电子商务高质量发展。

2019年，国家有关部门大力推进农村电商工作，以电子商务进农村综合示范为抓手，聚焦脱贫攻坚和乡村振兴，不断加强农村流通设施建设。2019年5月7日，财政部、商务部、国务院扶贫办发布《关于开展2019年电子商务进农村综合示范工作的通知》，对于提升公共服务水平，促进产销对接，探索数据驱动，打造综合示范“升级版”，构建普惠共享、线上线下融合、工业品下乡和农产品进城畅通的农村现代流通体系起到重要作用。

为促进平台经济生态发展，向经济发展提供新动能，2019年2月12日商务部等部门联合发布《关于推进商品交易市场发展平台经济的指导意见》。意见提出，要加快现代信息技术应用，提升流通创新能力，以流通创新带动产业升级，鼓励商品市场转变传统经营模式，在依法合规的前提下探索交易模式和规则创新，稳步推进平台经济发展。推动商品市场以信用数据的信息化、标准化、指标化为导向，完善信用记录、发布、披露、风险预警等制度，构建以市场信用评价为核心的平台经济共治体系。

在跨境电商领域，2019年2月23日，国家邮政局、商务部、海关总署发布《关于促进跨境电子商务寄递服务高质量发展的若干意见（暂行）》，意见提出，要打造更多跨境寄递服务通道平台，促进跨境寄递服务高质量发展，保障寄递安全，改进用户体验，降低物流成本，维护公平竞争，形成线上线下协同发展新格局。在跨境电商税收方面，2019年10月26日，国家税务总局发布《关于跨境电子商务综合试验区零售出口企业所得税核定征收有关问题的公告》。公告从核定征收范围、条件、方式、程序、优惠政策等方面对综合实验区内跨境电商企业核定征收企业所得税相关事项进行了规定，旨在为综合实验区内跨境电商企业提供更为便利的操作办法。

为促进和完善“互联网+”新业态发展，各有关部门陆续出台新政策措施。在医疗领域，2019年8月17日，国家医疗保障局印发《关于完善“互联网+”医疗服务价格和医保支付政策的指导意见》，支持“互联网+”在实现优质医疗资源跨区域流动、促进医疗服务降本增效、改善患者就医体验等方面发挥积极作用。意见提出，在依法合规的前提下，将线下已有医疗服务通过线上开展、延伸，提升医疗服务价格监测监管信息化、智能化水平，引导重构医疗市场竞争关系，探索新技术条件下开放多元的医疗服务价格新机制等主要思路。在社会服务领域，2019年12月6日，国家发展改革委、教育部、民政部、商务部等部门联合印发《关于促进“互联网+社会服务”发展的意见》，要求紧密围绕党的十九届四中全会对统筹城乡民生保障制度、满足人民日益增长美好生活需要的工作部署，推动“互联网+社会服务”发展，促进社会服务数字化、网络化、智能化、多元化、协同化，更好惠及人民群众，助力新动能成长。

为促进电子商务经营者、经营快递业务的企业数据管理和自身治理能力的全面升级，维护交易安全，保障经营者、消费者的合法权益，2019年6月12日，国家邮政局、商务部出台《关于规范快递与电子商务数据互联共享的指导意见》，意见提出，保障电子商务与快递数据正常传输，加强电子商务与快递数据管控，加强电子商务与快递数据互联共享管理，建立电子商务与快递数据中断通知报告制度，提高电子商务与快递数据安全防护水平，加强电子商务与快递数据政府监管。

为规范区块链行业发展，2019年国家互联网信息办公室发布《区块链信息服务管理规定》，明确了区块链信息服务提供者的信息安全管理责任，规范和促进区块链技术及相关服务健康发展，防范区块链信息服务安全风险，为区块链信息服务的提供、使用、管理等提供有效的法律依据。

9.1.2 电子商务交易的法律规范

1.数据电文的法律规范

（1）数据电文基本含义。

确立电子通信信息在交易中的法律效力，是狭义电子商务的重要任务之一。而达到该目的的第一步，就是要从法律上为电子信息赋予基本概念。数据电文是电子商务中用于表达意思的电子信息的总称，它本身是一个通信方面的专业术语，含义较为丰富。但是，作为电子商务法上的基本概念，它具有特定意义。

《电子商务示范法》采用“功能等价法”解决数据电文的“书面形式”问题。该方案的基本含义是，只要数据电文符合书面形式的“功能”，即认为符合法律规定的书面形式要求，不管它是“纸面的”还是“电子的”。

我国《民法典》在“数据电文”问题上借鉴了《合同法》，将数据电文列为“书面形式”之一，《民法典》第四百六十九条规定，以电子数据交换、电子邮件等方式能够有形地表现所载内容，并可以随时调取查用的数据电文，视为书面形式。《电子签名法》第五条规定，符合下列条件的数据电文，视为满足法律、法规规定的原件形式要求：

①能够有效地表现所载内容并可供随时调取查用。

②能够可靠地保证自最终形成时起，内容保持完整、未被更改。但是，在数据电文上增加背书以及数据交换、储存和显示过程中发生的形式变化不影响数据电文的完整性。

（2）数据电文的“收到确认”规则。

我国《电子签名法》关于“收到确认”的规定见于第十条：“法律、行政法规规定或者当事人约定数据电文需要确认收讫的，应当确认收讫。发件人收到收件人的收讫确认时，数据电文视为已经收到。”

《电子商务示范法》第十四条对“收到确认”规则做了比较详细的规定：

①当事人未商定“收到确认”的方法时，收件人可通过任何足以向对方表明该数据电文已收到的电讯或其他任何行为来确认收到。

②若发件人声明数据电文须以收到确认为条件，则在收到确认之前，该数据电文视为从未发送。

③如果发件人收到收件人的收到确认，即可推定该数据电文已被收件人收到。但该推定并不能表明收到的数据电文与发送的数据电文相符。

④如果“收到确认”指出数据电文符合事先约定的或现有标准中规定的技术要求，则推定为数据电文已满足技术标准要求。

（3）数据电文发送与接收的时间与地点。

《电子签名法》规定，数据电文进入发件人控制之外的某个信息系统的时间，视为该数据电文的发送时间。同时规定，收件人指定特定系统接收数据电文的，数据电文进入该特定系统的时间，视为该数据电文的接收时间。未指定特定系统的，数据电文进入收件人的任何系统的首次时间，视为该数据电文的接收时间。

关于数据电文发送与接收的地点，《电子签名法》规定，发件人的主营业地为数据电文的发送地点，收件人的主营业地为数据电文的接收地点。没有主营业地的，其经常居住地为发送或者接收地点。

（4）数据电文的保存。

《电子签名法》规定，符合下列条件的数据电文，视为满足法律、法规规定的文件保存要求：

①能够有效地表现所载内容并可供随时调取查用。

②数据电文的格式与其生成、发送或者接收时的格式相同，或者格式不相同但是能够准确表现原来生成、发送或者接收的内容。

③能够识别数据电文的发件人、收件人以及发送接收的时间。

（5）数据电文的归属。

确立数据电文的归属，目的在于确立数据电文的发出与其发出者之间的联系，这是在电子商务交易中确立当事人之间法律关系的前提。《电子签名法》规定，除当事人另有约定外，数据电文有下列情形之一的，视为发件人发送：

①经发件人授权发送的。

②发件人的信息系统自动发送的。

③收件人按照发件人认可的方法对数据电文进行验证后结果相符的。

（6）数据电文的法律效力。

①数据电文效力在合同订立上的体现。

②数据电文对当事人的约束。

③数据电文的证据效力。

2.电子签名的法律规范

交易安全是电子商务中所要解决的核心问题之一。具体而言，安全的电子商务系统应当达到信息的保密性、交易各方身份的认证、信息的防抵赖性、信息的完整性、信息的防篡改性，以满足其交易安全的需求。

电子商务中，交易双方当事人可能素不相识，如何对交易当事人的身份进行认证；再者，电子信息传送过程中的易改动性对电子信息的完整性也提出了挑战。如何消除电子交易带来的信任危机，正是电子签名（Electronic Signature）产生的原因。

从一定意义上讲，签名本身就是证明签署者的身份与文件内容被认可的一种信息。在以计算机网络为工具的电子商务中，信息的载体已变得无纸化，采用传统书面签名已不再可能，于是就研究开发了能执行传统签名功能的电子形式的签名。计算机网络、电子支付系统和自动化交易系统的广泛应用，使得电子签名问题显得越来越突出。因为在许多应用系统中，电子签名问题不解决，交易安全无法保障，实际上就不具有应用价值。这也是电子签名问题成为电子商务中重要的技术与法律问题的原因所在。

（1）电子签名的法律效力。

根据《电子签名法》，当事人约定使用电子签名的文书，不得仅因为其采用电子签名的形式而否定其法律效力，可靠的电子签名与手写签名或者盖章具有同等的法律效力。在电子签名合法使用的情况下，其效力主要表现在以下方面：

①电子商务交易当事人一旦以合法的方式签署了电子签名，便不得否认自己是数据电文的发送人。如果该数据电文是一项法律文件，他便是这项法律文件的签署人。

②电子签名的合法签署意味着签署人承认并证实了数据电文的内容。不得以电子签名为由否认其对法律文件内容的认可和证实。

③以电子签名方式签署的数据电文，应作为原件看待，即便它在传递中或者系统服务中有所变化。如果数据电文构成一项法律文件，那么，不仅在当事人间应被视为原件，它也可以作为原始证据向审判或仲裁机构提交。

④电子签名能充分满足法律对法律行为的书面签名形式的要求。使用电子签名的法律行为不会因电子签名方式本身遭效力否定。

（2）电子签名的可靠性。

《电子签名法》用列举的方式规定了电子签名可靠性的条件，这些条件包括：

①电子签名制作数据用于电子签名时，属于电子签名人专有。

②签署时电子签名制作数据仅由电子签名人控制。

③签署后对电子签名的任何改动能够被发现。

④签署后对数据电文内容和形式的任何改动能够被发现。

3.电子商务认证的法律规范

身份的确认是信用的起点。数据电文的商业化应用，除了需要以电子签名作为认证手段之外，在互联网等开放性网络环境下，认证机构的服务也是必不可少的。与此同时，调整认证关系的法律规范，将成为电子商务法律制度的基本内容之一。电子认证是以特定的机构对电子签名及其签署者的真实性进行验证的具有法律意义的服务。从性质上看，认证是种专业化的信用服务，并非一般的实现某种商品使用价值的服务。如同医生对于病人，认证机构对其客户，即利用数字证书进行交易的各方当事人，负有职业上的特殊义务。该种义务实际上是一种社会责任。

（1）电子认证机构的设立。根据《电子签名法》，提供电子认证服务，应当具备下列条件：

①取得企业法人资格。

②具有与提供电子认证服务相适应的专业技术人员和管理人员。

③具有与提供电子认证服务相适应的资金和经营场所。

④具有符合国家安全标准的技术和设备。

⑤具有国家密码管理机构同意使用密码的证明文件。

⑥法律、行政法规规定的其他条件。

（2）电子认证机构的权利和义务。电子认证机构的权利包括：

①要求申请人提供真实资料的权利。对个人申请人，一般要求提供个人的姓名、身份证号、联系电话、手机、通信地址、邮政编码、电子邮箱等资料；对单位申请人，除要求具体的申请人提供上述个人资料外，还要求提供单位名称、单位主页地址、单位营业执照号、工商税号、单位地址、单位电子邮箱、单位所属行业类别、电话、传真等资料；认证机构在遵循合法程序的条件下有权对上述内容进行调查、审核。

②收取费用的权利。认证机构有权向签署者收取费用。

电子认证机构的义务包括：

①颁发证书的义务。认证机构应向符合条件的申请者颁发证书，并将证书内容公

布于认证机构的存储器内。认证机构在向申请人颁发证书前应确认下列情况：列于即将颁发的证书中的人就是未来的签署者；而将颁发的证书中的信息是正确的；未来的签署者合法拥有私密钥，此私密钥与证书中所列的公开密钥构成功能性密钥对并且可以用来生成数字签名；证书中所列的公开密钥可以用来验证由签署者拥有的私密钥生成的数字签名；数字证书中所使用的公开密钥算法在现有技术条件下不会被攻破。

②中止证书的义务。在证书的有效期间内，收到签署者或其代理人的有关中止证书的申请后，认证机构应中止该证书，并在指定地点发布中止的通知。

③撤销证书的义务。在证书的有效期间内，在下列情况下，认证机构应撤销证书：收到撤销证书的申请，并证实申请是由签署者或其授权代理人发出；收到证实签署者已经死亡的证明复印件或其他有关证明；有关于签署者已经解散或不复存在的证明；证书中陈述的重要事实有虚假；不符合颁发证书的要求；认证机构的私密钥或可信赖系统存在严重影响证书可靠性的情况。在撤销证书时，认证机构须在指定地点发布撤销通知，一般都是在作废证书表中列明。

需要指出的是，电子认证合同的内容不仅包括发放证书，还包括管理证书，如中止证书和撤销证书，可以说，中止证书和撤销证书的义务是基于确保证书内容真实、准确性的义务而派生出来的。

④使用可信赖系统的义务。认证机构应该使用可信赖系统来完成上述证书的颁发、中止和撤销等项操作。所谓可信赖系统是指计算机的硬件、软件和程序，它们满足以下要求：是相当安全的，可防止侵扰和滥用；具有较高的可用性和可靠性，并提供了正确的操作；非常适合执行它们的固有功能；符合通常公认的安全程序。

⑤妥善保管自身私钥的义务。认证机构自身的私钥对于验证该认证机构作为颁发数字证书的机构之身份具有不可或缺的作用，一旦丢失，该认证机构所发出的所有数字证书都将作废，因此应妥善保管。

⑥信息发布的义务。认证机构应及时公布有关的信息，例如，自身的政策或认证业务声明，证书的颁发、中止及撤销的信息等。发布的方式应是醒目的、易发现的。

⑦制订及在特定情况下实施灾难恢复计划的义务。灾难恢复计划是指认证机构在遭到攻击，通信网络资源发生毁坏，计算机设备系统不能提供正常服务，软件被破坏，数据库被篡改等现象或因不可抗力造成灾难时，修复设备系统的计划。由于实践中黑客的活动十分猖獗，因此认证机构制订此灾难恢复计划是十分必要的。一旦出现上述灾难，认证机构应积极有效地实施灾难恢复计划。

（3）认证机构的法律责任。

①电子签名人或者电子签名依赖方因依据电子认证机构提供的电子签名认证服务从事民事活动遭受损失，电子认证机构不能证明自己无过错的，承担赔偿责任。

②未经许可提供电子认证服务的，由国务院信息产业主管部门责令停止违法行为；有违法所得的，没收违法所得；违法所得在三十万元以上的，处违法所得一倍以上三倍以下的罚款；没有违法所得或者违法所得不足三十万元的，处十万元以上三十万元以下的罚款。

③电子认证机构暂停或者终止电子认证服务，未在暂停或者终止服务六十日内向国务院信息产业主管部门报告的，由国务院信息产业主管部门对其直接负责的主管人员处一万元以上五万元以下的罚款。

④电子认证机构不遵守认证业务规则，未妥善保存与认证相关的信息，或者有其他违法行为的，由国务院信息产业主管部门责令限期改正；逾期未改正的，吊销电子认证许可证书，其直接负责的主管人员和其他直接责任人十年内不得从事电子认证服务。

4.电子合同的法律规范

以数据电文方式订立合同给商事交易带来了巨大的便利，同时，也为传统的合同制度与理论开辟了新的课题。电子合同与传统合同的根本区别不仅在于当事人传递意思表示的媒介发生了变化，还在于记载合同内容的方式或形式发生了变化。因此，必须确立通过互联网缔结合同的特殊规则，解决意思表示手段的改变所产生的特殊问题。

(1) 电子合同的概念。

电子合同是指双方或多方当事人之间通过电子信息网络以电子的形式达成的设立、变更、终止财产性民事权利义务关系的协议。通过上述定义可以看出，电子合同是以电子的方式订立的合同，其主要是指在网络条件下当事人为了实现一定的目的，通过数据电文、电子邮件等形式签订的明确双方权利义务关系的一种电子协议。

电子合同与传统合同的区别表现在：

①意思表示采用的形式不同。

②确认当事人身份的方式不同。

③确认合同行为法律要件的方式不同。无论手段、形式有何不同，电子合同本质上仍是当事人意思表示一致的结果，仍然属于民商事合同。

(2) 电子合同的分类。

①根据电子合同订立时信息传递方式的不同，可分为以电子数据交换方式订立的合同、以电子邮件方式订立的合同，以及电子格式合同。

②根据合同的标的不同，分为信息产品合同和非信息产品合同。

③根据合同的内容，可分为信息许可使用合同和信息服务合同。

(3) 电子合同当事人的意思表示的生效问题。

电子合同当事人的意思表示的内容与传统方式的合同无本质区别，两者的区别仅在于意思的传达、存储方式不同。

电子合同中的意思表示，多以电子记载方式存在，未被做成传统的文书。并且，许多信息需要特殊设备的解码才能显示并被理解。传统民商法理论中的书面形式要求，是以纸面媒介传递方式为前提的。而通过数据电文传递信息，是以计算机硬盘等记忆媒体来记录、传达意思表示的。

《民法典》第四百九十一条规定："当事人采用信件、数据电文等形式订立合同要求签订确认书的，签订确认书时合同成立。当事人一方通过互联网等信息网络发布的商品或者服务信息符合要约条件的，对方选择该商品或者服务并提交订单成功时合同成立，但是当事人另有约定的除外。”该条文明确了通过互联网购买商品或者服务时电子合同的成立时间即除约定外消费者提交订单成功时合同成立。

《民法典》中关于电子合同的成立时间沿用了《合同法》中的相关规定，并没有完全沿用《电子商务法》第四十九条，其中规定“电子商务经营者发布的商品或者服务信息符合要约条件的，用户选择该商品或者服务并提交订单成功，合同成立。当事人另有约定的，从其约定。电子商务经营者不得以格式条款等方式约定消费者支付价款后合同不成立；格式条款等含有该内容的，其内容无效”。该条文明确排除约定消费者支付价款后合同不成立的格式条款的有效性。

5.电子支付的法律规范

电子支付是指以电子计算机及其网络为手段，将载有特定信息的电子数据取代传统的支付工具用于资金流程，并具有实时支付效力的一种支付方式。电子支付也是银行信用中介功能的金融电子化表现，包括以电子商务为商业基础，以商业银行为主体，为网上交易的客户提供的电子结算手段，诸如电子货币、支票、票据等金融交易的无纸化作业。

（1）电子支付的安全性。

与传统支付方式相同，电子支付方式面临系统风险，即流动性风险、市场风险及信用风险。而有所不同的是，由于电子支付是以电子数据形式通过网络传输进行的，新兴的技术本身带来了新的交易风险，如系统侵入、虚假认证和传输错误等。此外，电子支付使传统交易纸面单据的形式进一步虚拟化，使主要调整纸面交易的传统法律规范需要变化、修正，由此也产生了新的法律风险：一是技术方面的安全问题，二是法律方面的安全问题。

（2）电子支付当事人之间的权利义务关系。

为了便于描述电子支付当事人之间的权利义务关系，可将银行、客户概念中所包含的多个当事人概括为三种：指令人、接收银行和收款人。指令人与接收银行的概念是相对而言的，付款人是付款人银行的指令人，付款人银行则为接收银行；而付款人银行是中介银行的指令人，中介银行则是付款人银行的接收银行，依此类推。

①指令人的权利。指令人有权要求接收银行按照指令的时间及时将指定的金额支付给指定的收款人，如果接收银行没有按指令完成义务，指令人有权要求其承担违约责任，赔偿因此造成的损失。

②指令人的义务。指令人一旦向接收银行发出指令后，自身也受其指令的约束，承担从其指定账户付款的义务；在必要的情况下，不仅接受核对签名，而且在符合商业惯例的情况下，接受认证机构的认证；按照接收银行的程序，检查指令有无错误和歧义；有义务发出修正指令，修改错误或有歧义的指令。

③接收银行的义务。按照指令人的指令完成资金支付，就其本身或后手的行为，向其前手和付款人承担法律责任。通常资金的支付从付款人开始，经过付款人银行、中介银行、认证机构、收款人银行等一系列当事人，每个当事人只接受其直接指令人

的指令，向其接受人发出指令并与他们存在合同上的法律关系。因此，当指令是由于接收银行自身或其后手的原因没有履行、迟延履行或不当履行时，付款人或指令人是无法依据合同关系直接向责任方主张权利的。为保护付款人或指令人的权益，只要接收银行或其后手存在违约行为，均应向其前手或付款人承担法律责任。

④接收银行的权利。要求付款人或指令人支付所下指令的资金并承担因支付而发生的费用；拒绝或要求指令人修正其发出的无法执行的、不符合规定程序和要求的指令。

⑤收款人的权利义务。在电子支付法律关系中，收款人虽然是一方当事人，但由于他与指令人、接收银行并不存在支付合同上的权利义务关系，因此收款人不能基于电子支付行为向指令人或接收银行主张权利，收款人只是基于和付款人之间基础法律关系与付款人之间存在权利义务关系。

(3) 电子支付中的法律责任。

在电子支付实践中，常出现因指令人或银行的过失致使资金划拨失误或延迟现象。作为指令人，一旦发送错误的指令，银行应向付款人进行赔付，除非在免责范围内。如果能够查出有过错的具体环节，则由具体的过错方向银行进行赔付。而在无法查清过错和未经授权支付的情况下，则应由当事人分担民事责任。

在电子支付中，可以根据参与主体的不同，区分承担法律责任的不同方式：

①银行承担责任的形式。

A.返还资金，支付利息。如果资金划拨未及时完成，银行便有义务返还客户资金，并支付从原定支付日到返还当日的利息。

B.补足差额，偿还余额。如果接收银行到位的资金数额小于支付指示中的数额，则接收银行有义务补足差额；如果接收银行到位的资金数额大于支付指示中的数额，则接收银行有权依照法律提供的其他方式从收益人处得到偿还。

C.偿还汇率波动导致的损失。由于银行的失误造成的汇率损失，网络交易客户有权向银行索赔，并且有权在本应进行汇兑之日和实际汇兑之日之间选择对自己有利的汇率。

②认证机构承担责任的方式。

A.采取补救措施。认证机构出现CA方密钥泄露、用户注册信息泄露等情况时，应立即采取有效措施，及时做出更正、修补，避免损失的扩大。

B.继续履行。认证机构出现系统和设备故障，导致认证操作出现问题、发布失效信息或证书发布不完善的，认证机构在修复系统和设备后，应立即发布正确、有效、完整的认证证书，以继续履行与用户之间的合同。

C.赔偿损失。认证机构对由于其过错导致的用户损失，应当予以赔偿。

③其他主体（如付款人、认证用户）承担责任的方式。

A.终止不当行为，采取挽救措施。当用户密钥丢失或泄漏，或发现所发出指令或提供的信息错误时，用户应及时通知接收银行或认证机构，以使接收银行或认证机构采取相应的防范措施，防止网络入侵、冒领等事件发生，或者避免其他参与主体因使用错误证书而蒙受损失。

B.及时通知，防止损失扩大。当用户发现银行执行指令出现错误，或发现认证机构发布的用户信息错误，或证书不完善时，应立即终止交易，并通知银行或认证机构修改错误。

C.赔偿损失。参与电子支付活动的付款人、认证用户等，如果因其过错造成其他当事人损失的，如密钥或个人信息泄露、非法使用证书、超限制额度交易，应当予以赔偿。

课堂讨论

未冲洗的照片

2020年6月20日，王某在某网站订购了一项数码相片冲洗服务，委托该网站将自己数码相机内的相片进行冲洗，支付方式为网上电子支付。王某选择了该网站指定的建行网上银行安全支付方式支付了全部款项103.5元，操作结束后屏幕显示交易成功。事后王某在建设银行打印的对账单也表明当日在其银行账户确实发生了该笔款项的支出。根据该网站交易规则，建行网上划款为实时，该网站应在客户支付款项到账后36小时内向客户提供服务。然而王某一直未能如愿，网站未对照片进行冲洗。8月14日，王某为此纠纷与一律师事务所签订委托代理合同并支付了律师费。16日，该网站向王某表示同意提供服务，由于此时原告已发生了律师费用，故原告要求该网站承担其损失即已发生的律师费用，但遭到该网站拒绝。

结合所提供的案例分析下列问题：

（1）本案中数码冲印服务合同是否成立？为什么？

（2）被告是否应该承担原告支付的律师费？为什么？

9.2 国内外电子商务立法概况

电子商务需要相应的法律规范加以调整，也就需要相应的立法。由于目前我国电子商务立法相对滞后于其他国家，因此，有必要了解和借鉴国际电子商务立法，从而推动我国电子商务的立法进程。

9.2.1 国际电子商务立法概况

1.电子商务早期立法时期

早期的国际电子商务立法主要是围绕着电子数据交换（EDI）规则的制定展开的。1979年，美国国家标准化委员会制定了ANSI/ASC/X12标准。1981年欧洲国家推出第一套网络贸易数据标准，即《贸易数据交换指导原则》（GTDI）。

1990年3月，联合国正式推出了UN/EDIFACT标准，并被国际标准化组织正式接受为国际标准ISO9735。UN/EDIFACT标准的推出统一了世界贸易数据交换中的标准，使利用电子技术在全球范围内开展商务活动有了实现的可能。此后，联合国又先后制定了《联合国行政、商业、运输业电子数据交换规则》《电子数据交换处理统一规则》（UN-CID）等文件。1993年10月，联合国国际贸易法委员会（简称贸法会）电子交换工作组第26届会议全面审议了《电子数据交换及贸易数据通信有关手段法律方面的统一规则草案》，形成了国际EDI法律基础。

电子商务发展的早期由于受网络技术发展的限制，国际电子商务立法只能局限于EDI标准和规则的制定，其影响有限。

2.电子商务法律框架形成时期

（1）联合国电子商务立法。

联合国从20世纪80年代开始研究和探讨电子商务法律问题，1982年联合国贸法会第15届会议正式提出了计算机记录的法律价值问题。此后，第17届会议又提出了计算机自动数据处理在国际贸易流通中引起的法律问题，并将其优先列入工作计划，自此，联合国贸法会全面开展了电子商务法研究工作。

1996年6月，联合国贸法会提出了《电子商务示范法》蓝本，并于同年12月在联合国大会上通过，1998年做了一次修订。《电子商务示范法》旨在为各国电子商务立法提供框架和示范文本，为解决电子商务法律问题奠定了基础，促进了世界电子商务的发展。2000年9月，联合国贸法会电子商务工作组完成了《电子签名统一规则》的制定工作。2001年，联合国贸法会审议通过了《电子签名示范法》，该法对电子签名的适用范围、定义、签名技术的平等对待、电子签名的要求、签字人的行为、验证服务提供商的行为、电子签名的可信赖性、依赖方的行为、对外国证书和电子签名的承认等问题做了详细的规定，为各国电子签名的立法奠定了很好的基础。联合国贸法会2005年通过了《电子合同公约》，2016年通过了《关于网上争议解决的技术指引》，目前正在制定《电子可转让记录示范法》。

（2）其他国际组织的电子商务立法。

世界贸易组织（WTO）成立后，围绕信息技术的谈判，在2007年先后达成了三大协议：一是《全球基础电信协议》，该协议于1997年2月15日达成，主要内容是要求各成员方向外国公司开放电信市场并结束垄断行为；二是《信息技术协议》（ITA），该协议于1997年3月26日达成，协议要求所有成员方自1997年7月1日起至2000年1月1日止将主要信息技术产品的关税降为零；三是《开放全球金融服务市场协议》，该协议于1997年12月31日达成，协议要求成员方对外开放银行、保险、证券和金融信息市场。在WTO历史上，一年之内制定三项重要协议是绝无仅有的，这三项协议为电子商务和信息技术的稳步发展扫除了不少障碍。世界贸易组织成员自1998年开始讨论电子传输及数字化产品的世贸规则如何适用等问题，目前就通过电子方式传输临时性免征关税达成一致。

国际商会于1997年11月发布了《国际数字化安全商务应用指南》，它由一系列在互联网上进行可靠数字化交易的方针构成，其中包括公开密钥加密的数字签名和可靠的第三方认证等。国际商会银行委员会拟定的《银行间支付规则草案》也与电子商务直接相关。

1998年10月，经济合作与发展组织（OECD）在加拿大召开了电子商务讨论会，会后公布了四个重要文件:《OECD电子商务行动计划》《有关国际组织和地区组织的报告：电子商务的活动和计划》《工商界全球商务行动计划》《电子商务税务政策框架条件》，作为OECD发展电子商务的指导性文件。其间还发布了三个宣言：《在全球网络上保护个人隐私宣言》《关于在电子商务条件下保护消费者宣言》《电子商务身份认证宣言》。

亚太经合组织（APEC）1998年发布《APEC电子商务行动蓝图》，并设立电子商务工作指导组，其成员经济体于2004年签署《APEC隐私保护框架》。

（3）其他国家和地区的电子商务立法。

在保障电子商务各方合法权益方面，目前已有30多个国家和地区制定了电子商务相关法律法规，从信息安全、知识产权、隐私保护等方面保障企业和消费者权益，防范和打击不法行为。美国制定了《互联网税收不歧视法案》《网络安全法案》。加拿大制定了《反网络诈骗法》。欧盟制定了《电子商务指令》《电子通信领域个人数据处理和隐私保护指令》《消费者纠纷网上解决机制条例》《一般数据保护条例》。英国制定了《电子商务条例》。

美国是世界上电子商务最发达的国家，其电子商务立法也相对健全。美国是一个联邦制国家，联邦和州政府都有立法权。就联邦立法而言，1997年9月美国联邦政府颁布的《全球电子商务纲要》分为三部分：背景、原则、问题及其相应战略。所探讨的问题十分广泛，涵盖了关税、电子支付、法律政策、知识产权、公民隐私和电子商务的安全等问题。此外，美国统一州法委员会拟定的《统一计算机信息交易法》和《统一电子交易法》也很有代表性。

经过近十年的立法实践，世界各国的国际电子商务立法都有了长足的进步，一些基本原则得到了广泛应用，在一些细节的处理上也已比较成熟。起步较早的国家在完成了针对电子签章和电子交易的相关立法之后，更多地把注意力转移到一些更具体的问题上，如完善交易规则、反欺诈、打击垃圾邮件和查处网络犯罪等，同时加大推广国际规则的力度。中国的电子商务立法起步较晚，还有大量的实际问题和法律技术问题需要解决，有很多的国际规则需要研究消化，而在“以信息化带动工业化”的战略任务面前，我们的时间是很有限的，所以及时研究、跟踪国际电子商务立法的发展进程及特点，掌握国际电子商务立法的发展趋势，促进中国国内电子商务立法研究，对于中国积极参与国际电子商务立法，防止大国对电子商务立法的控制具有重要意义。

9.2.2 中国电子商务立法现状

电子商务已成为我国经济增长的新动力，为了适应电子商务的发展，我国政府从1994年就开始着手解决电子商务领域的有关法律问题，虽然还没有出台专门的电子商务法，但也对一些法规做了一定的修改，并出台了一系列网络管理规则，把电子商务初步纳入健康的发展轨道。但是，我国的电子商务立法仍滞后于世界上电子商务发展较快的国家。

1.涉及电子商务的法律

1997年3月14日，第八届全国人大第五次会议通过的《刑法》，增加了有关计算机犯罪的规定。

1999年3月，我国颁布的新《合同法》第十一条规定："书面形式是指合同书、信件和数据电文（包括电报、电传、传真、电子数据交换和电子邮件）等可以有形地表现所载内容的形式。"将传统的书面合同形式扩大到了包含"数据电文"这一新的电子交易的形式。

2000年12月28日，全国人大常务委员会通过的《维护互联网安全的决定》，旨在促进我国互联网的健康发展，维护国家安全和社会公共利益，保护个人、法人和其他组织的合法权益。

2001年10月27日，修正并发布的《著作权法》中的"信息网络传播权"，明确了作品通过网络传播在著作权中的基本定位，使得电子商务的三个根本元素——物流、资金流、信息流的法律地位得到了相当程度的确认。

2004年8月28日，第十届全国人大常委会第十一次会议表决通过了《电子签名法》，并于2005年4月1日起施行。

2016年11月，全国人大通过《网络安全法》，明确了网络产品及服务经营者相关的责任义务，为我国网络信息安全保驾护航。

2013年12月，全国人大财经委牵头启动《电子商务法》起草工作，实行开门立法、民主立法，受到社会各界的广泛关注和热切期待。2016年12月，《电子商务法（草案）》提交全国人大常委会一审。草案对电子商务经营的主体责任、交易与服务安全、数据信息保护、消费者权益保护以及市场秩序、公平竞争等内容进行了规范。

2018年8月31日，第十三届全国人民代表大会常务委员会第五次会议通过了《电子商务法》，自2019年1月1日起施行。

2019年4月第十三届全国人民代表大会常务委员会第二十四次会议通过了《中华人民共和国商标法》（第四次修订）。

2.涉及电子商务的行政法规

由国务院发布的涉及电子商务的行政法规主要包括：

《计算机信息系统安全保护条例》（1994年2月18日）

《中华人民共和国计算机信息网络国际联网管理暂行规定》（1996年2月1日，中华人民共和国国务院令第195号发布，1997年5月20日修订）

《电信条例》（2000年9月25日）

《互联网信息服务管理办法》（2000年9月25日）

《信息网络传播权保护条例》（2006年5月10日中华人民共和国国务院令第468号发布，2013年1月30日修订）

《中华人民共和国商标法实施条例》（2002年8月3日中华人民共和国国务院令第358号发布，2014年4月29日修订）

《快递暂行条例》(2018年2月7日，国务院第198次常务会议通过，自2018年5月1日起施行)

3.涉及电子商务的部门规章

涉及电子商务的部门规章主要有：

《计算机信息网络国际联网出入口信道管理办法》(1996年4月9日，邮电部)

《中国公用计算机互联网国际联网管理办法》(1996年4月9日，信息产业部)

《中国互联网络域名注册暂行管理办法》(1997年5月30日，国务院信息化工作领导小组)

《中国公众多媒体通信管理办法》(1997年9月10日，邮电部)

《中华人民共和国计算机信息网络国际联网管理暂行规定实施办法》(1997年12月8日，国务院信息化工作领导小组)

《计算机信息网络国际联网安全保护管理办法》(1997年12月11日，国务院批准，1997年12月30日公安部发布)

《计算机信息系统保密管理暂行规定》(1998年2月26日，国家保密局)

《网上证券委托暂行管理办法》(2000年3月30日，中国证监会)

《计算机信息系统病毒防治管理办法》(2000年3月30日，公安部)

《软件产品管理办法》(2000年10月3日，信息产业部)

《互联网站从事登载新闻业务管理暂行规定》(2000年11月6日，国务院新闻办公室、信息产业部)

《互联网电子公告服务管理规定》(2000年11月7日，信息产业部)

《电信网间互联管理规定》(2001年5月10日，信息产业部)

《网上银行业务管理暂行办法》(2001年6月29日，中国人民银行)

《互联网医疗卫生信息服务管理办法》(2001年1月8日，卫生部)

《电信网间互联争议处理办法》(2002年1月1日，信息产业部)

《互联网上网服务营业场所管理办法》(2002年8月1日，文化部)

《中国互联网络域名管理办法》(2004年9月28日，信息产业部)

《非经营性互联网信息服务备案管理办法》(2005年1月28日，信息产业部)

《互联网IP地址备案管理办法》(2005年1月28日，信息产业部)

《电子认证服务管理办法》(2005年1月28日，信息产业部)

《网络著作权行政保护办法》(2005年4月30日，国家版权局、信息产业部)

《互联网新闻信息服务管理规定》(2005年9月25日，国务院新闻办公室、信息产业部)

《互联网电子邮件服务管理办法》(2005年11月7日，信息产业部)

《关于网上交易的指导意见（暂行）》(2007年3月，商务部)

《关于促进电子商务规范发展的意见》(2007年12月，商务部)

《电子商务模式规范》(2008年4月，商务部)

《关于加快流通领域电子商务发展的意见》(2009年11月，商务部)

《网络商品交易及有关服务行为管理暂行办法》(2010年6月，国家工商总局)

《非金融机构支付服务管理办法》(2010年6月14日，中国人民银行)

《关于规范网络购物促销行为的通知》(2011年1月，商务部)

《第三方电子商务交易平台服务规范》(2011年7月，商务部)

《关于促进快递服务与网络零售协同发展的指导意见》(2012年2月27日，国家邮政局、商务部)

《关于利用电子商务平台开展对外贸易的若干意见》(2012年3月12日，商务部)

《关于加强网络团购经营活动管理的意见》(2012年3月15日，国家工商总局)

《网络发票管理办法》(2013年3月，国家税务总局)

《无法投递又无法退回邮件管理办法》(2014年1月14日，国家邮政局)

《网络交易管理办法》(2014年2月13日，国家工商总局)

《寄递服务用户个人信息安全管理规定》(2014年3月，国家邮政局)

《支付机构网络支付业务管理办法（征求意见稿）》(2014年3月，中国人民银行)

《互联网食品药品经营监督管理办法（征求意见稿）》(2014年5月28日，国家食品药品监管总局)

《关于促进手机软件召车等出租汽车电召服务有序发展的通知》(2014年7月17日，交通运输部办公厅)

《关于跨境贸易电子商务进出境货物、物品有关监管事宜的公告》(2014年7月23日，海关总署)

《互联网保险业务监管暂行办法（征求意见稿）》(2014年12月，保监会)

《网络零售第三方平台交易规则制定程序规定（试行）》(2014年12月24日，商务部)

《互联网危险物品信息发布管理规定》(2015年2月5日，公安部、国家互联网信息办公室、工业和信息化部、环境保护部、国家工商行政管理总局、国家安全生产监督管理总局)

《网络购买商品七日无理由退货暂行办法》(2017年3月15日，国家工商行政管理总局)

4.涉及电子商务的司法解释

涉及电子商务的司法解释主要有：

《最高人民法院关于审理涉及计算机网络著作权纠纷案件适用法律若干问题的解释》

《最高人民法院关于审理涉及计算机网络域名民事纠纷案件适用法律若干问题的解释》

《最高人民法院关于审理扰乱电信市场管理秩序案件具体应用法律若干问题的解释》

《最高人民法院、最高人民检察院关于办理利用互联网、移动通讯终端、声讯

台制作、复制、出版、贩卖、传播淫秽电子信息刑事案件具体应用法律若干问题的解释》

5.中国互联网络信息中心有关电子商务的若干规定

中国互联网络信息中心有关电子商务的若干规定主要包括：

《网络信息中心域名注册服务机构认证办法》

《中国互联网络信息中心域名争议解决办法》

《中国网络信息中心域名争议解决办法程序规则》

《中国网络信息中心域名注册实施细则》

《关于CN二级域名注册实施方案的通告》。

6.涉及电子商务的地方性法规

涉及电子商务的地方性法规主要包括：

1999年1月，上海市颁布了《上海市国际经贸电子数据交换管理规定》，对国际贸易、通关、运输等环节的电子数据交换行为做出了具体规范。

2001年11月，上海市又颁布了《上海市数字认证管理办法》，专门规范电子商务交易中的数字认证行为及认证机构的行为。

2002年2月1日，广东省开始施行的《广东省电子交易条例》是我国第一部直接涉及电子商务交易的地方法规。

2000年4月，北京市工商行政管理局发布了《北京市工商行政管理局网上经营行为备案的通告》。

2000年5月，北京市工商行政管理局又发布了《关于对网络广告经营资格进行规范的通告》，针对网络广告的现状，对北京市网络广告经营者的经营资格做出规定。同时还发布了《关于对利用电子邮件发送商务信息的行为进行规范的通告》。此外，北京市工商局还通过了《网站名称注册管理暂行办法》《网站名称注册管理暂行办法实施细则》《经营性网站备案登记管理暂行办法》《经营性网站备案登记管理暂行办法实施细则》《关于网站名称异议中适用在先原则的规定》《关于缩短注册网站名称异议期的通告》《关于注册网站名称有关问题的补充通告》等。

2015年2月，杭州市政府审议通过了《杭州市网络交易管理暂行办法》，3月10日以杭州市政府令第282号颁布，自2015年5月1日起施行。

2016年10月26日，杭州市第十二届人民代表大会常务委员会第四十次会议通过了《杭州市跨境电子商务促进条例》，2016年12月23日，浙江省第十二届人民代表大会常务委员会第三十六次会议批准，2017年1月13日，杭州市第十二届人民代表大会常务委员会公告第78号公布，自2017年3月1日起施行）

7.电子商务法立法进展

按照现有的电子商务发展数据推算，我国将成为全球规模最大的电子商务市场，电子商务产业将成为最具发展潜力、最有国际竞争力的产业。与电子商务迅猛发展的实践相比，我国至今尚未对电子商务进行专门立法，实践中规范、指导电子商务发展主要依靠部门规章。电子商务现有法律法规亟待梳理、补充、修改和完善，促进电子商务持续健康发展迫切需要加强立法。

随着电子商务在国民经济发展中的重要性愈发突出，与之相匹配的法律条文也已经初露真容。我国于2013年年底正式启动《电子商务法》立法工作，该法案以促进发展、规范秩序、维护权益为立法的指导思想，列入了十二届全国人大常委会五年立法规划，2015年10月已经形成法律草案稿，2018年8月31日第十三届全国人民代表大会常务委员会第五次会议通过了《电子商务法》，并自2019年1月1日起实施。针对近年来电子商务在发展过程中频繁出现的假冒伪劣、虚假打折等现象，电商平台的连带责任问题以及数据信息的保护问题等都通过法律形式加以规范。

这部法律赋予可靠的电子商务法律效力，是我国电子商务发展的里程碑。它的颁布和实施将极大地改善我国电子商务的法制环境，促进安全可信的电子交易环境的建立，从而大力推动我国电子商务的发展。

小资料

2019年4月23日，第十三届全国人民代表大会常务委员会第十次会议通过关于修改《反不正当竞争法》的决定，这是继2017年11月后的再一次修改，主要对涉及商业秘密的四个条款进行了一次性集中修改，修改条款自决定公布之日即2019年4月23日起施行。

要点1：

首先，对侵犯商业秘密行为的定义更为完善。在传统的不正当获取商业秘密手段的基础上，将电子侵入纳入侵权手段之一。其次，将教唆、引诱、帮助他人获取商业秘密的行为也纳入侵犯商业秘密的行为之中。再次，将经营者以外的其他自然人、法人和非法人组织纳入侵犯商业秘密的主体。

要点2：

继2013年版《商标法》引入恶意商标侵权的惩罚性赔偿后，将恶意侵犯商业秘密的惩罚性赔偿也纳入《反不正当竞争法》规定，加大对恶意侵权的惩罚力度。另外，将违反《反不正当竞争法》第六条和第九条的侵权行为的法定赔偿额从300万元提高到500万元，进一步提高了反不正当竞争行为的赔偿标准。

要点3：

提高了行政执法部门针对侵犯商业秘密行为执法的罚款标准。针对情节严重的侵犯商业秘密行为，行政处罚的罚金最高可以达到500万元。

要点4：

增加了关于举证责任转移的条款。在侵犯商业秘密的民事诉讼程序中，商业秘密权利人仅需提供初步证据证明商业秘密被侵犯，且提供证明侵权情形符合新增的32条第二款的3种情形中任一情形，则举证责任将转至涉嫌侵权人，涉嫌侵权人需要举证证明其不存在商业秘密侵权行为。根据某统计数据，在2013年至2017年期间，法院审判的侵犯商业秘密的诉讼案件中，原告败诉率达到63.19%。商业秘密权利人作为原告，胜诉的难点大多在于难于举证。商业秘密的秘密性特征，使得窃取、泄露和非法使用商业秘密的侵权行为往往也是以秘密方式进行。因此，如果依据一般的民事诉讼“谁主张，谁举证”的规则，不能切实达到保护商业秘密的目的。此次修改，从一定程度上降低了商业秘密权利人的举证难度，增加了涉嫌侵权人的举证义务，从而加大了对商业秘密及商业秘密权利人的保护力度。

总结：

可以看出，《反不正当竞争法》本次虽然仅有四条修改，但无一不是旨在加大对反不正当竞争行为的打击力度。最大的亮点在于，将侵犯商业秘密的举证责任分配以法条的形式明确，减轻了商业秘密权利人在民事诉讼中的举证责任。

课堂讨论

116元的汽车

韩某有一天在网上浏览，发现一辆二手帕萨特汽车起拍价只有10元人民币，他想可能是网站在搞什么促销活动，就参加了竞拍。几轮下来他成功了，成交价是116元。网站通过电子邮件进行了确认，并给他发来了电子合同。韩某根据网站提供的电话与卖主联系，卖主是一家卖二手车的汽车经销公司，也收到了网站发来的那份电子合同，但是该公司坚决不同意交车，理由是这份合同无效。公司认为：第一，汽车的底拍价是10万元而不是10元，在网站上显示的10元底拍价是由于其工作人员输入失误造成的；第二，他们认为116元就把车卖了，这样一个合同是不公平的。韩某的手上有三份证据：第一份是网络公司给他发来的电子确认书，第二份是电子合同，另外还有一份是整个交易过程的证据。经多次交涉无果，韩某最后只好把汽车经销公司告到法院。

结合所提供的材料思考下列问题：

(1) 这个网上竞拍的电子合同是否有效？为什么？

(2) 本案反映出电子商务活动中的法律规范存在哪些问题？

9.3 电子商务中知识产权法律规范

互联网上的一些商业及非商业行为都会涉及公民、法人和其他组织享有的知识产权。这些商业及非商业行为包括了对知识产权的出售和许可使用。知识产权的权利人非常关心他们的知识产权有没有被盗取，因而网络知识产权法律问题就成为突出的问题，以保护信息为内容的知识产权的法律法规成为电子商务法律中的重要组成部分。

近几年，伴随着网络纠纷当事人的投诉，人民法院已开始受理一批涉及网络的知识产权案件；但这类案件如何适用法律，我国现行法律、法规等都规定得尚不具体。

9.3.1 网络著作权

1.网络著作权的内容和形式

著作权，也称版权，是基于文学、艺术和科学作品而产生的法律赋予公民和其他组织等民事主体的一种特殊的民事权利。网络著作权，是指著作权人对受著作权法保护的作品在网络环境下所享有的著作权权利。基于此，网络著作权包含了两层含义：第一层，相对于传统作品，是指传统作品被上传至网络时著作权人所享有的权利，这里特指"信息网络传播权"。第二层是指网上数字作品著作权人所享有的权利，如复制权、发表权、署名权、发行权等权利。

十三届全国人大常委会第二十三次会议于2020年11月11日上午在北京人民大会堂闭幕。会议经表决，通过了关于修改著作权法的决定。《全国人民代表大会常务委员会关于修改〈中华人民共和国著作权法〉的决定》自2021年6月1日起施行。该法第三条规定，作品是指文学、艺术和科学领域内具有独创性并能以一定形式表现的智力成果，包括：文字作品；口述作品；音乐、戏剧、曲艺、舞蹈、杂技艺术作品；美术、建筑作品；摄影作品；视听作品；工程设计图、产品设计图、地图、示意图等图形作品和模型作品；计算机软件；符合作品特征的其他智力成果。

因此，作品本身并不会因被数字化或者在互联网上传播而丧失"独创性"，能以一定形式表现智力成果的网络作品，并不会因为其形式和载体的不同而被排除在《著作权法》的保护范围之外。

2.网络著作权的权利

网络著作权中的经济权利主要包括：第一，复制权，即在网络上以特有的方式（如被网上用户访问或下载）将作品制作一份或多份的权利。第二，发行权，即在互联网上通过出售、出租等方式向公众提供一定数量的作品复制件的权利。第三，传播权，即著作权人控制其作品在互联网上传输的一种权利，包括《著作权法》中规定的著作权人的表演权；播放权；展览权；摄制电影、电视、录像权等。网络著作权中的精神权利指《著作权法》中所称的发表权、署名权、修改权和保护作品完整的权利。

《著作权法》规定了著作权归属的法定原则。该法规定了包括发表权、署名权、修改权、保护作品完整权、使用权和获得报酬权等著作权的各项权利内容。所以《著作权法》关于一般作品著作权归属和各项权利的规定也同样适用于数字化作品。作品数字化后不产生新作品，原作品被直接数字化后，改变的只是作品的存在形式，数字化过程本身并不具有独创性。因此，数字化作品的著作权仍由原作品的著作权人享有。

3.网络著作权涉及的主要法律问题

网络著作权涉及的主要法律问题有网上复制传播权的保护问题、网上新闻登载与著作权问题、网页著作权保护问题等。《最高人民法院关于审理涉及计算机网络著作权纠纷案件适用法律若干问题的解释》第二条第二项规定："著作权法第十条对著作权各项权利的规定均适用于数字化作品的著作权。将作品通过网络向公众传播，属于著作权法规定的使用作品的方式，著作权人有以该种方式使用或者许可他人使用作品，并由此获得报酬的权利。"

未经作者或者其他权利人许可而以任何方式复制、出版、发行、改编、翻译、广播、表演、展出、摄制影片等，均构成对版权的直接侵犯。根据其他国家和地区的经验，常见的网络侵犯著作权行为有以下九类：

（1）将网络上他人作品下载、复制成光盘并用于商业目的。

（2）图文框链接，此种行为使他人网页出现时无法呈现原貌，使作品的完整性受到破坏，侵害了著作权。

（3）通过互联网的复制与传输，行为人将他人享有著作权的文件上传或下载并非法使用。

（4）在图像链接中侵害图像著作权人的复制权。

（5）未经许可将作品原件或复制物提供给公众交易或传播，或者明知为侵害权利人著作权的复制品仍然在网上散布。

（6）侵害网络作品著作人身权的行为，包括侵害作者的发表权、署名权和保护作品完整权等。

（7）网络服务商的侵犯著作权行为。如经著作权人告知侵权事实后，仍拒绝删除或采取其他合法措施；其他与不法行为人有共同故意企图的共同侵权行为（引诱、唆使、帮助等行为）。

（8）违法破译著作权人利用有效技术手段防止侵权的措施行为。

（9）以故意删除、篡改等手段破坏网络作品著作权管理信息，使网络作品面临侵权危险的行为。

在我国的司法实践中遇到的网络著作权侵权行为主要有三种类型：

（1）传统媒体与网络站点间发生相互抄袭、未经许可使用、拒付报酬等行为。

（2）网络站点间发生相互抄袭、未经许可使用、拒付报酬等行为。

（3）网络使用者与著作权人间发生抄袭、未经许可使用、拒付报酬等行为，网络站点违反法律规定或行业经营义务作为或不作为地实施了导致前者的侵权行为的发生等。

4.网络著作权纠纷的法律适用

《民法典》第一千一百九十四条，网络用户、网络服务提供者利用网络侵害他人民事权益的，应当承担侵权责任。法律另有规定的，依照其规定。

《民法典》第一千一百九十五条，网络用户利用网络服务实施侵权行为的，权利人有权通知网络服务提供者采取删除、屏蔽、断开链接等必要措施。通知应当包括构成侵权的初步证据及权利人的真实身份信息。网络服务提供者接到通知后，应当及时将该通知转送相关网络用户，并根据构成侵权的初步证据和服务类型采取必要措施；未及时采取必要措施的，对损害的扩大部分与该网络用户承担连带责任。权利人因错误通知造成网络用户或者网络服务提供者损害的，应当承担侵权责任。法律另有规定的，依照其规定。

按照我国法律的规定，网络著作权的产生采取自动保护原则，即作品一经创作完成，网络著作权即告产生。因此，与专利、商标等其他类型的知识产权侵权认定不同，网络著作权侵权认定还涉及权利的有效性问题。一部拥有有效网络著作权的作品必须同时具备下述条件：属于网络著作权法保护的作品范围；具备独创性；能以某种有形形式复制。只要有任何一个条件不具备，原告作品就不受网络著作权法保护。这样，被告当然未侵权。如果原告作品同时符合上述条件，则该作品享受网络著作权法保护。

著作权包括以下权利：

（1）发表权，即决定作品是否公之于众的权利；

（2）署名权，即表明作者身份，在作品上署名的权利；

（3）修改权，即修改或者授权他人修改作品的权利；

（4）保护作品完整权，即保护作品不受歪曲、篡改的权利；

（5）复制权，即以印刷、复印、拓印、录音、录像、翻录、翻拍等方式将作品制作一份或者多份的权利；

（6）发行权，即以出售或者赠与方式向公众提供作品的原件或者复制件的权利；

（7）出租权，即有偿许可他人临时使用电影作品和以类似摄制电影的方法创作的作品、计算机软件的权利，计算机软件不是出租的主要标的的除外；

（8）展览权，即公开陈列美术作品、摄影作品的原件或者复制件的权利；

（9）表演权，即公开表演作品，以及用各种手段公开播送作品的表演的权利；

（10）放映权，即通过放映机、幻灯机等技术设备公开再现美术、摄影、电影和以类似摄制电影的方法创作的作品等的权利；

（11）广播权，即以无线方式公开广播或者传播作品，以有线传播或者转播的方式向公众传播广播的作品，以及通过扩音器或者其他传送符号、声音、图像的类似工具向公众传播广播的作品的权利。

9.3.2　域名的法律保护

互联网在区分所有与之相连的网络和主机时，采用了一种唯一、通用的地址格式，即每一个与互联网相连接的网络主机都被指派了一个独一无二的地址。互联网中的地址方案分为两套：IP地址系统和域名地址系统。这两套地址系统其实是一一对应的关系。由于IP地址是数字型的，使用起来不方便，因此又发明了另一套字符型的地址方案，即域名地址，来代替数字型的IP地址。每一个域名地址都有特定的IP地址与之对应，这样就允许各站点用户为自己的网络地址选择一个字符型名字来命名，这个字符型名字就是域名。

1.域名及其法律特征

从本质上来看，域名也是一种资源。域名作为一种在互联网上的地址名称，在区分不同的站点用户上起着非常重要的作用，同时域名的存在和登记规则也带来了一些问题，需要法律做出规定并进行解决。在互联网蓬勃发展的今天，域名由于其特有的商业价值，日益成为代表一个企业的无形资产，越来越受到人们的重视。法律对域名的保护也逐渐提上了议事日程，并被纳入知识产权保护的范畴。域名的法律特征在很大程度上取决于它的技术特征，其主要内容包括：

（1）标识性。在互联网上不同的组织和机构是以不同的域名来标识自身并相互区别的。

（2）唯一性。域名虽然可以极度相似，但每一个域名在全球范围内都是独一无二的，这是域名标识性的保障。

（3）排他性。互联网适用范围的广泛性决定了域名必须具有绝对的排他性。在互联网上申请域名注册要遵循“先申请先注册”的原则，即只有欲申请注册的域名不与已注册的所有域名相同才能获得有效注册，一旦获得注册，它就必须排斥此后欲申请注册的与此相同的域名。可见，域名的排他性是其唯一性的进一步延展的必要保证。域名的唯一性是全球范围的，因此其排他性也必须是全球性的、绝对的。

2.域名的商业价值

域名虽然与公司、商标、产品名称并无直接的关系，但由于域名在互联网上是唯一的，一个域名一经注册，其他任何机构就不能再注册相同的域名了。大部分机构、企业、事业单位都愿意采用自己单位名称的缩写或自己所有的商标来定义自己的域名，这样便于别人认识自己，消费者或者其他人在网上查找该单位也会很方便。在商业竞争激烈的时代，域名不仅是一个网络地址，还牵涉许多至关重要的商业机会。有人又把域名地址称为“网络商标”，认为域名是传统意义上的知识产权，域名使用人总希望选择登记的域名与自己的商标接近，因为这样的域名有让其转变为潜在商标的功能。商业实体在互联网上注册域名和设立网址，可以被全世界的用户随时访问、随时查询，如果域名能够使访问的用户联想到某一商家名称或者某一商品，则无异于在给商家或商品做广告。当所使用的域名与所使用的商标一致时，该权利人就比竞争对手处于更有利的地位。互联网域名就像网络空间的商标，潜藏着巨大的商业价值和广告效应。

3.域名与传统知识产权法律的冲突及域名的法律保护

常见的纠纷是由于互联网用户使用的域名恰好是另一公司的注册商标，更难处理的纠纷是同一商标的两个合法拥有者都在以他们的商标作为域名。网络用户与日俱增，每个域名不能重复，域名的需求也就与日俱增。当有限的供给与无限的需求发生矛盾时，一些投机者就以抢注来强占那些热门域名资源。

域名恶意抢注而引起的纠纷是指有些动机不纯的人专营抢注域名然后出卖给商标权人。行为人明知属于他人享有权利的知名商标、商号或其他标识的文字，却故意将他人的知名商标、商号涵盖的文字注册为自己的域名，再以高价将域名卖给该知识产权所有人。

而引发域名与知识产权法律的冲突的原因主要有以下几个方面：

（1）域名的全球性与知识产权的地域性。

（2）域名的唯一性和知识产权的多重性。

（3）域名极度相似和知识产权的相似禁止。

（4）域名系统及网络通信技术的复杂性。

（5）域名组织的不审查政策。

4.域名争议的解决机制

（1）网络域名争议。网络域名争议主要包括：第一类，企业的名称被他人以相同或者近似的名称抢先注册域名，因而发生的域名归属纠纷。第二类，专门注册他人公司的名称、商标为域名，并以此牟利的单位或个人的行为引发的域名纠纷。

目前，我国调整网络纠纷的法律法规主要是《中国互联网络域名管理办法》及《中国互联网络信息中心域名争议解决办法》。

（2）关于域名民事纠纷的法律解释。《最高人民法院关于审理涉及计算机网络域名民事纠纷案件适用法律若干问题的解释》第五条规定："被告的行为被证明具有下列情形之一的，人民法院应认定其具有恶意：为商业目的将他人驰名商标注册为域名的；为商业目的的注册、使用与原告的注册商标、域名等相同或近似的域名，故意造成与原告提供的产品、服务或者原告网站的混淆，误导网络用户访问其网站或其他在线站点的；要约高价出售、出租或者以其他方式转让该域名以获取不正当利益的；注册域名后，自己并不使用也未准备使用，而有意阻止权利人注册该域名的；具有其他恶意情形的。"

课堂讨论

人肉搜索

电子商务发展带来了方便，也引起了一系列法律问题。"人肉搜索"，一个令人不寒而栗的名词，正在成为中国互联网的"新宠"。近年来，从"网络虐猫事件"到"很黄很暴力"事件，从女白领的"死亡博客"到"赤裸特工"事件，成千上万的网民集体发起大规模的"人肉搜索"，在很短的时间内，就可以对这些事件的当事人进行"调查""审判"，结果往往是公布个人信息令其无所遁形，有时更伴随过激性攻击言辞与行为，令这些被"搜索对象"的身心遭受极大压力。

复旦大学社会学教授于海认为，越来越多的"人肉搜索"事件正在向私刑的性质发展，亟待接受法律的规范。"人人都可以作道德评价，但是不能人人都来当警察。"更多来自法律界、社会学界、互联网领域的专家呼吁，提供"人肉搜索"功能的网站应当自我约束，并承担起保护每一个上网公民隐私权的法律责任。

为了规范互联网信息服务活动，促进互联网信息服务健康有序发展，根据国务院令第292号《互联网信息服务管理办法》和信息产业部令第33号《非经营性互联网信息服务备案管理办法》规定，国家对经营性互联网信息服务实行许可制度（就是常说的经营性的ICP），对非经营性互联网信息服务实行备案制度（非经营性的ICP）。未取得许可或者未履行备案手续的，不得从事互联网信息服务，否则就属于违法行为。国家有关部门即将在全国范围内开展网站审查工作，对于没有办理经营许可证或非经营性互联网信息服务备案的网站，将予以罚款或关闭。

思考：

1. 电子商务法律如何确保知识产权和公民权利？

2. 法律应该从哪些方面约束电子商务行为？

本章小结

本章介绍了电子商务法的基本内容，包括：(1) 电子商务法的含义及基本概念。(2) 电子商务交易的法律规范。数据电文、电子签名、电子商务认证、电子合同、电子支付等交易法律规范内容。(3) 国内外电子商务法律法规概况。(4) 电子商务中知识产权的法律规范。引发域名与知识产权法律冲突的原因主要有：域名的全球性与知识产权的地域性；域名的唯一性和知识产权的多重性；域名的极度相似和知识产权的相似禁止；域名系统及网络通信技术的复杂性；域名组织的不审查政策。

基本训练

一、选择题（不定项选择）

1.《电子商务示范法》采用（　　）解决数据电文的“书面形式”问题。

A.功能等价法　　B.目标等价法　　C.过程等价法　　D.经济量化法

2.电子合同与传统合同的根本区别不仅在于当事人传递意思表示的媒介发生了变化，还在于记载（　　）的方式或形式发生了变化。

A.商务内容　　B.商业内容　　C.电子内容　　D.合同内容

3.《电子签名法》第五条规定，符合（　　）条件的数据电文，视为满足法律法规规定的原件形式要求。

A.能够有效地表现所载内容并可供随时调取查用

B.能够可靠地保证自最终形成时起，内容完整、未被更改

C.在数据电文上增加背书以及数据交换、储存和显示过程中发生的形式变化不影响数据电文的完整性

D.能够识别数据电文的发件人、收件人以及发送、接收的时间

4.电子认证机构的权利包括（　　）。

A.要求申请者提供真实资料的权利　　B.中止证书的权利

C.收取费用的权利　　D.撤销证书的义务

5.《著作权法》所称作品是指“文学、艺术和科学领域内，具有独创性并能以某种有形形式复制的智力创作成果”，其实质要件是（　　）。

A.标识性　　B.唯一性　　C.独创性　　D.可复制性

二、简述题

1.电子商务法律规范的特征有哪些？

2.电子商务法的作用有哪些？

3.电子签名的法律效力主要表现在哪些方面？

三、案例分析题

北京某公司抢注域名再次败诉

拥有一个与企业或商标名称等同的网络域名，对于企业的网上营销而言有着重大的战略价值。这意味着，企业的网下品牌资源可以充分在网上复制。而一旦域名被他

人注册，企业将有可能承受因“网上品牌缺失”而带来的巨大损失。北京某公司注册了“matrix”域名，而法国某公司享有“MATRIX”的注册商标专用权。因此，双方为域名的归属发生争议并诉至法院。

原告公司诉称，其于1999年6月8日注册了matrix.com.cn域名，并将matrix.com.cn升级为matrix.cn，用于公司的邮箱和即时通信，正当使用至今。2005年2月，法国某公司向中国国际经济贸易仲裁委员会域名争议解决中心提出诉讼，要求将两域名转移给该公司，仲裁委员会的专家组裁决支持了该公司。原告公司认为其注册行为完全符合中国相关的法律法规，被告公司的要求侵犯了其合法的域名权，为此起诉请求法院判令被告公司停止侵犯其公司享有的matrix.com.cn和matrix.cn域名权。

被告公司认为，“MATRIX”为美国发型师阿尼米勒（Arnie Miller）于1980年首创，“MATRIX”产品一直在同行业中占主导地位，具有相当高的知名度。北京某公司对“MATRIX”不享有任何在先权利，却将matrix注册为域名，造成相关公众的混淆和误认。北京某公司的行为属于恶意注册。

经查明，北京某公司于1999年6月8日在中国互联网络信息中心注册了matrix.com.cn域名，2003年3月17日，将matrix.com.cn升级为matrix.cn。1990年6月30日，美国马特里克斯基本用品有限公司在中国获得“MATRIX”注册商标专用权。2001年12月19日，法国某公司受让取得该商标专用权。

2005年2月28日，法国某公司就两域名问题向中国国际经济贸易仲裁委员会域名争议解决中心提出投诉，要求北京某公司将两域名转移给该公司，该中心专家组做出（2005）贸仲域裁字第0018号裁决，支持了该公司。

一中院认为，法国某公司依法受让获得他人在我国的“MATRIX”注册商标专用权，成为“MATRIX”注册商标专用权人，对涉案争议域名的主要部分享有合法有效的民事权益，且该注册商标专用权先于中国某公司注册的matrix.com.cn和matrix.cn两域名而存在。

同时，法院认为，北京某公司以“matrix”作为其域名，显而易见地构成与法国某公司“MATRIX”商标的近似，足以造成相关公众的误认。北京某公司作为商事公司，出于商用目的，注册、使用与法国某公司注册商标“MATRIX”字样相近的域名，属于法律规范予以禁止的行为，具有主观恶意。

据此，一中院做出驳回原告北京某公司诉讼请求的一审判决。

请对本案中的域名保护与争夺事件做出分析，阐述你的观点和依据。

第10章 跨境电子商务

学习目标

□知识目标：

1. 了解国际电子商务的发展格局；
2. 熟悉跨境电子商务在我国的发展状况；
3. 理解跨境电子商务的发展历程和现在面临的挑战。

□技能目标：

1. 能够掌握电子商务主流国家的相关数据；
2. 能够熟知我国跨境电子商务的发展历程；
3. 能够对当今跨境电商存在的问题及措施做出清晰的判断与准确的梳理。

【导入案例】

2020年跨境电子商务零售进口税收及政策调整

具体内容如下：

（1）将跨境电子商务零售进口商品的单次交易限值由人民币2 000元提高至5 000元，年度交易限值由人民币20 000元提高至26 000元。

（2）完税价格超过5 000元单次交易限值但低于26 000元年度交易限值，且订单下仅一件商品时，可以自跨境电商零售渠道进口，按照货物税率全额征收关税和进口环节增值税、消费税，交易额计入年度交易总额，但年度交易总额超过年度交易限值的，应按一般贸易管理。

（3）已经购买的电商进口商品属于消费者个人使用的最终商品，不得进入国内市场再次销售；原则上不允许保税进口商品在海关特殊监管区域外开展"网购保税+线下自提"模式。

（4）其他事项请继续按照《财政部 海关总署 税务总局关于跨境电子商务零售进口税收政策的通知》（财关税〔2020〕18号）有关规定执行。

（5）为适应跨境电商发展，财政部会同有关部门对《跨境电子商务零售进口商品清单》进行了调整，将另行公布。

随着新一代信息技术的快速发展和市场应用，电子商务产业作为电子信息技术与互联网平台两者结合的重要载体与商业形式如火如荼地迅猛发展，在深刻改变着企业经营与人们生活方式的同时，也正在迅速改变人们日常的生产和生活。

这些年，电子商务的发展犹如插上了翅膀的汗血宝马，一骑绝尘，飞速发展。美国、欧洲、中国成为电子商务发展的排头兵。

10.1　国际电子商务发展格局

全球电子商务快速发展，成为全球居民消费的重要渠道。据eMarketer估算，2019年全球零售交易额约25.038万亿美元，同比增长4.5%。2019年全球网络零售交易额为3.535万亿美元，同比增长20.7%，比全球零售交易总额增速高出16.2个百分点。同时，网络零售额占全球零售总额的比重不断上升，从2017年的10.4%上升到2019年的14.1%，预计到2023年这一比重将达到22%。随着全球电子商务的持续发展，网络购物已经成为全球居民的一种重要消费方式。

从区域看，亚太地区仍是全球电子商务发展的密集区，其中，发展中国家电子商务快速增长，中国仍是全球最大的电子商务市场。在网络零售额排名前10的国家中，有4个国家来自亚太地区，即中国、日本、韩国和印度，四国总额占前10个国家总和的近70%。

10.1.1　欧美国家电子商务飞速发展的因素

欧美国家电子商务飞速发展的因素有以下几点：

（1）欧美国家拥有电脑的家庭、企业众多，网民人数占总人口的2/3以上，尤其是青少年，几乎都是网民，优裕的经济条件和庞大的网民群体为电子商务的发展创造了一个良好的环境。

（2）欧美国家普遍实行信用卡消费制度，建立了一整套完善的信用保障体系，为电子商务的网上支付问题提出了解决方案。西方人普遍将信用看作自己的第二生命，谁也不愿贪小利失大义，当在网上购物时，他们会在点击物品后直接输入密码将信用卡中的电子货币划拨到网站上，商务网站在确认款到后，立即送货上门。

（3）欧美国家的物流配送体系相当完善、正规，而且近年来大型第三方物流公司的出现，使得不同地区的众多网民能在点击购物的当天或第二天就可以收到自己所购买的产品。

10.1.2 欧盟、美国、日本电子商务市场现状

1.欧盟

欧盟是欧洲电子商务发展较好的地区，电子商务交易规模持续增长。欧洲电子商务基金会发布的最新报告显示，到2019年底，欧洲电子商务营业额将达6 210亿欧元，同比增长13.6%。其中，意大利和罗马尼亚增速最快，达到24%，而法国、德国、瑞典等国的增速有所放缓，西班牙仍保持两位数增长（15%）。此外，移动端购物在欧盟各国普及率较高，各国移动购物比例大部分处于40%；丹麦是欧盟电商业务便利性最高的国家。

欧盟的主要在线零售商包括Amazon、Argos、Bonpr X、Curry、Debenhams、Decathlon、De chmann、Halfords、Homebase和House of Fraser。

欧盟国家电子商务发展的特点：

一是互联网普及率较高。欧盟各国的互联网普及率差距不大，基本都在80%左右。2019年，瑞典互联网普及率最高，达到94%；其次是德国，达到93%。

二是消费者网购倾向差异较大。2019年，网络购物比例最高的是瑞典，达到84%；最低的是罗马尼亚，比例为27%。

三是移动电商是网购的主要渠道。随着消费者在智能手机上停留的时间增加，以及基于应用程序的支付系统迅速扩展，通过移动设备进行网购成为欧盟在线消费的主要方式。其中，捷克是在移动设备上完成网购比例最高的国家，达到54%。

四是“信用卡+储蓄卡”为首选的网购支付方式，数字钱包使用量也逐渐增加。欧盟大部分国家网购支付方式以银行卡为主，其中，丹麦是银行卡支付占电子商务支付比例最高的国家，达到63.4%，英国为53%。

2.美国

美国电子商务发展保持快速增长态势。根据美国商务部统计，2019年美国网络零售交易额为6 020亿美元，是5年前的两倍，约占零售总额的11%，比2018年高出1.1个百分点；网络销售交易额同比增长14.9%，比2018年高出1.3个百分点。

美国电子商务发展起步早，拥有全球主要的电子商务平台，其中亚马逊在全球网

络零售中占有近40%的份额。eMarketer的调查数据显示，2019年，美国市场排名前十的电商零售商分别是亚马逊、eBay、沃尔玛、苹果、家得宝、百思买、梅西百货、Qurate零售集团（QVC、HSN、Zulily、BallardDesigns、Frontgate、GarnetHill和Grand-inRoad）、好市多以及Wayfair，其中有6家最初是美国标志性的实体商超。

美国电子商务发展的特点：

一是互联网基础设施健全，物流体系相对完善。世界银行的数据显示，在互联网基础设施方面，2019年全球包容性互联网指数排名中，美国在全球100个主要国家中位列第3。在物流建设方面，根据世界银行公布的物流绩效指数，2019年美国的物流绩效指数为3.89分（总分5分），在160个国家中排名第14。

二是互联网普及程度高。2019年美国互联网用户数量达到3.12亿CD，互联网普及率达到90%。随着互联网普及率的不断上升，美国在线购物者数量也继续增长。

三是最受消费者欢迎的产品种类是服饰和技术类。2019年Statista的数据显示，最受女性在线消费者喜爱的产品类别是服装类，71%的女性受访者在过去3个月内在网上购买了服装。最受男性在线消费者喜爱的产品类别是服装和技术类，49%的男性受访者通过互联网购买服装、技术类产品。

四是在线购物的主要支付方式是信用卡或借记卡。据第三方测算，2018年，美国62%的交易通过信用卡或借记卡完成，22%的交易通过在线支付服务商PayP-al完成。

五是网购者对于数字钱包的态度比较谨慎。Statista的数据显示，2018年，美国移动支付使用者认为数字钱包将代替实物钱包的比例很低，其中22%的Sam- sungPay使用者认为数字钱包将取代实物钱包，只有10%的App1ePay使用者认同这种观点。

六是通过移动设备购物日益普遍。据第三方测算，2018年，美国通过智能手机产生的移动零售收入为1 480亿美元。预计到2021年，该数值将达到3 450亿美元，并且所有零售电子商务中有53.9%将通过移动商务生成。同时，消费者也倾向于移动购物。

3.日本

近年来，日本国内B2C总体呈增长趋势。据eMarketer测算，2019年，日本网络零售总额为1 154亿美元，同比增长4%。日本经济产业省2019年的调查报告显示，2018年日本国内 B2C 市场规模扩大至17.98 万亿日元，同比增长了8.96% 。其中，制造品模块总交易额为9.30万亿日元，同比增长了8.12%；服务业模块总交易额为6.65万亿日元，同比增长了11.59%；电子及音像业模块总交易额为2.38万亿日元，同比增长了4.64%。日本近年来B2C电商化比率持续增长。2018年日本B2C市场电商化比率为6.22%，比2017年增长0.43个百分点。日本主要的电子商务平台包括日本乐天(Rakuten)、雅虎、亚马逊日本站等。

日本 B2B 市场规模也在持续增长。2018 年日本国内 B2B 市场规模达到344.23万亿日元，同比增长了8.1%。B2B市场规模增长速度较快的行业有精密仪器 （11%）、批发 （10.5%）、建设和不动产业 （10.4%）、铁和有色金属 （8.9%）。2018年日本广义B2B市场电商化率为30.2%，比上年同期增长了0.8个百分点。

日本电子商务的发展特点：

一是互联网基础设施健全，物流体系相对完善。世界银行的数据显示，在互联网基础设施方面，2019年全球包容性互联网指数排名中，日本在全球100个主要国家中（这100个国家GDP占到全球GDP的96%）位列第12。在物流建设方面，根据世界银行公布的物流绩效指数，2019年日本的物流绩效指数在160个国家中排名第5。

二是电子商务B2C非实物交易额快速增长。2018年日本B2C实物电子商务市场规模增速为8.96%，2017年为9.1%，连续两年低速增长；但非实物交易额同比增长了11.59%，比货物交易额高出3.47个百分点，比整体增速高出2.63个百分点。

三是跨境电商正成为拓展海外市场、提振经济的有力工具。尽管存在语言、法律法规、结算、物流等方面的问题，但日本跨境电商出口规模大、增速快，依旧是促进日本经济发展的重要动力。

10.1.3 全球电子商务发展趋势与展望

1.创新发展与合规监管互动协同

规范全球电子商务发展是政府监管与业态创新之间相互适应的过程，需要市场开放与商业创新的协同。一方面随着电子商务的蓬勃发展，各国出现了社交电商（微商）、视频电商、内容电商、外贸综合服务等电子商务新业态、新模式。各种业态也呈现出相互融合的趋势，如O2O、柔性化生产、智能化生产线等，这需要政府监管政策做出实时调整。另一方面为推动本国电子商务发展，各国政府纷纷出台电子商务相关政策。比如自2019年以来，全球掀起了新一轮“数字税”浪潮，其中较具代表性的是欧盟各国对数字服务征税，同时也限制数据在非欧盟区的流动。此外，东南亚地区也是开征数字税的重点区域，如马来西亚、印度尼西亚、新加坡等国。未来，各国还将随着电子商务的发展而不断调整和完善自身的监管政策。

2.区域电子商务合作将成为重点

在多双边协议框架内，各国的电子商务市场将相对开放，为全球统一数字市场奠定基础，其中跨境电子商务将是各国对外开放的重点领域。如2019年6月在G2日本峰会上达成了“大阪数字经济宣言”，启动了“大阪轨道”。

3.发展中国家的电子商务将逐渐崛起

发展中国家在电子商务领域的发展具有后发优势，其电子商务发展将逐渐崛起。一是发展中国家具有广阔的消费市场，是电子商务模式推广的天然土壤。如中国在电商领域的商业模式创新已经走在世界前列，中国模式已经成为许多国家效仿的榜样。二是许多发展中国家未完全工业化，无须更新以往的工业基础设施，而是直接进行新一代信息基础设施建设（5G），加快了数字化的脚步。三是发展中国家可以通过新一代信息技术来弥补在发展大规模工业生产时的缺陷（如社会诚信体系建设等），从而实现跨越式发展。四是发展中国家政府高度重视电子商务发展，促使电子商务成为吸引外资的重要领域，也成为推动本国电子商务发展的重要动力，如中国颁布了新的外资法，同时实行了设立自由贸易港、自由贸易试验区等创新举措，积极引导本国电子商务发展。

4.全球电子商务中的信息服务占比将持续增长

全球各行业加快数字进程，促进全球电子商务中的信息服务交易持续发展。一是云计算服务持续发展。Bond Capita1发布的2019年《互联网趋势报告》显示，截止到2019年第一季度，PaaS平台和LaaS平台的覆盖率分别为37%和49%，比上年都增加了10个百分点，云计算普及率大幅提高。同时，2019年第一季度，亚马逊、谷歌以及微软三巨头的云服务收入同比增长58%。二是全球新冠肺炎疫情加速了行业数字化步伐，改变了居民和企业的行为方式，拓宽了全球电子商务中信息服务领域。Bond-Capita1发布最新一期的互联网趋势报告《Our New Wor1d》显示，2020年第一季度，在居民消费方面，远程医疗开始增多，外出就餐被外卖送餐替代，家庭内的数字娱乐趋势越来越明显。在企业行为方面，企业CEO和CTO在云服务上的支出增加，大品牌开始加大线上宣传的投入，而线下服务则停滞不前。未来，按需提供的信息服务将成为全球电子商务的重要组成部分。

10.2 跨境电子商务在我国的发展

10.2.1 跨境电子商务概述

1.跨境电子商务的定义

跨境电子商务有广义和狭义之分。广义上的跨境电子商务是指分属不同的国家或地区的交易主体，通过互联网将传统的国际贸易中的商品展示、磋商和支付等环节电子化，实现产业链上各个主体的信息资源互通、互动，并通过跨境物流将商品送达，完成交易的新型贸易方式。

狭义的跨境电子商务在国际上基本等同于跨境零售，以海关的视角来定义则等同于在网上进行小额的买卖，通常是针对消费者。从严格意义上来说，随着跨境电商的发展，跨境零售消费者中也会含有一部分碎片化小额买卖的B类商家用户，但现实中B类商家和C类个人消费者很难区分，也很难对B类商家和C类个人消费者进行严格界定。因此，从总体上来说这部分针对B类商家的销售也归属于跨境零售部分，本书中所提到的跨境电子商务是指狭义的跨境电子商务，即跨境电商交易中的跨境零售部分。

跨境电子商务是基于网络发展起来的，网络空间相对于物理空间来说是一个新空间，是一个由网址和密码组成的虚拟但客观存在的世界。网络空间独特的价值标准和行为模式深刻地影响着跨境电子商务，使其不同于传统的交易方式而呈现出自己的特点。

2.跨境电子商务的特征（基于网络空间的分析）

（1）全球性（Global）。

网络是一个没有边界的媒介体，具有全球性和非中心化的特征。依附于网络发生的跨境电子商务也因此具有了全球性和非中心化的特性。电子商务与传统的交易方式相比，其一个重要特点在于电子商务是一种无边界交易，丧失了传统交易所具有的地理因素。互联网用户不需要考虑跨越国界就可以把产品尤其是高附加值产品和服务提交到市场。网络的全球性特征带来的积极影响是信息的最大程度的共享，消极影响是用户必须面临因文化、政治和法律的不同而产生的风险。任何人只要具备了一定的技术手段，在任何时候、任何地方都可以让信息进入网络，相互联系进行交易。美国财政部在其财政报告中指出，对基于全球化的网络建立起来的电子商务活动进行课税是困难重重的，因为：电子商务是基于虚拟的网络空间展开的，丧失了传统交易方式下的地理因素；电子商务中的制造商容易隐匿其住所而消费者对制造商的住所也是漠不关心的。比如，一家很小的爱尔兰在线公司，通过一个可供世界各地的消费者点击观看的网页，就可以销售其产品和服务。很难界定这一交易究竟是在哪个国家内发生的。

这种远程交易的发展，给税务当局制造了许多困难。税收权力只能严格地在一国范围内实施，网络的这种特性为税务机关对超越一国的在线交易行使税收管辖权带来了困难。而且互联网有时扮演了代理中介的角色。在传统交易模式下往往需要一个有形的销售网点的存在，例如，通过书店将书卖给读者，而在线书店可以代替书店这个销售网点直接完成整个交易。而问题是，税务当局往往要依靠这些销售网点获取税收所需要的基本信息，代扣代缴所得税等。没有这些销售网点的存在，税收权力的行使也会发生困难。

（2）无形性（Intangible）。

网络的发展使数字化产品和服务的传输盛行。而数字化传输是通过不同类型的媒介（例如数据、声音和图像）在全球化网络环境中集中而进行的，这些媒介在网络中是以计算机数据代码的形式出现的，因而是无形的。以一个E-mail信息的传输为例，这一信息首先要被服务器分解为数以百万计的数据包，然后按照TCP/IP协议通过不同的网络路径传输到一个目的地服务器并重新组织转发给接收人，整个过程都是在网络中瞬间完成的。电子商务是数字化传输活动的一种特殊形式，其无形性的特性使得税务机关很难控制和检查销售商的交易活动，税务机关面对的交易记录都体现为数据代码的形式，使得税务稽查员无法准确地计算销售所得和利润所得，从而给税收带来困难。

数字化产品和服务基于数字传输活动的特性也必然具有无形性，传统交易以实物交易为主，而在电子商务中，无形产品却可以替代实物成为交易的对象。以书籍为例，传统的纸质书籍，其排版、印刷、销售和购买被看作是产品的生产、销售。然而在电子商务交易中，消费者只要购买网上的数据权便可以使用书中的知识和信息。而如何界定该交易的性质、如何监督、如何征税等一系列的问题却给税务和法律部门带来了新的课题。

（3）匿名性（Anonymous）。

由于跨境电子商务的非中心化和全球性的特性，因此很难识别电子商务用户的身份和其所处的地理位置。在线交易的消费者往往不显示自己的真实身份和自己的地理位置，重要的是这丝毫不影响交易的进行，网络的匿名性也允许消费者这样做。在虚拟社会里，隐匿身份的便利迅即导致自由与责任的不对称。人们在这里可以享受最大的自由，却只承担最小的责任，甚至干脆逃避责任。这显然给税务机关制造了麻烦，税务机关无法查明应当纳税的在线交易人的身份和地理位置，也就无法获知纳税人的交易情况和应纳税额，更不要说去审计核实。该部分交易和纳税人在税务机关的视野中隐身了，这对税务机关是致命的。

电子商务交易的匿名性导致了逃避税现象的恶化，网络的发展，降低了避税成本，使电子商务避税更轻松易行。电子商务交易的匿名性使得应纳税人利用避税地联机金融机构规避税收监管成为可能。电子货币的广泛使用，以及国际互联网所提供的某些避税地联机银行对客户的“完全税收保护”，使纳税人可将其源于世界各国的投资所得直接汇入避税地联机银行，规避了应纳所得税。美国国内收入署（IRS）在其规模最大的一次审计调查中发现，大量的居民纳税人通过离岸避税地的金融机构隐藏了大量的应税收入。而美国政府估计大约有3万亿美元的资金因受避税地联机银行的“完全税收保护”而被藏匿在避税地。

（4）即时性（Instantaneous）。

对于网络而言，传输的速度和地理距离无关。传统交易模式，信息交流方式如信函、电报、传真等，在信息的发送与接收间，存在着长短不同的时间差。而电子商务中的信息交流，无论实际距离远近，一方发送信息与另一方接收信息几乎是同时的，就如同生活中面对面交谈。某些数字化产品（如音像制品、软件等）的交易，还可以即时清结，订货、付款、交货都可以在瞬间完成。

电子商务交易的即时性提高了人们交往和交易的效率，免去了传统交易中的中介环节，但也隐藏了法律危机。在税收领域表现为：电子商务交易的即时性往往会导致交易活动的随意性，电子商务主体的交易活动可能随时开始、随时终止、随时变动，这就使得税务机关难以掌握交易双方的具体交易情况，不仅使得税收的源泉扣缴的控管手段失灵，而且客观上促成了纳税人不遵从税法的随意性，加之税收领域现代化征管技术的严重滞后，都使依法治税变得苍白无力。

（5）无纸化（Paperless）。

电子商务主要采取无纸化操作的方式，这是以电子商务形式进行交易的主要特征。在电子商务中，电子计算机通信记录取代了一系列的纸面交易文件。用户发送或接收的是电子信息。由于电子信息以比特的形式存在和传送，整个信息发送和接收过程实现了无纸化。无纸化带来的积极影响是使信息传递摆脱了纸张的限制，但由于传统法律的许多规范是以规范“有纸交易”为出发点的，因此，无纸化带来了一定程度上法律的混乱。

电子商务以数字合同、数字时间戳取代了传统贸易中的书面合同、结算票据，削弱了税务当局获取跨国纳税人经营状况和财务信息的能力，且电子商务所采用的其他保密措施也将增加税务机关掌握纳税人财务信息的难度。在某些交易无据可查的情形下，跨国纳税人的申报额将会大大降低，应纳税所得额和所征税款都将少于实际所达到的数量，从而引起征税国国际税收流失。例如，世界各国普遍开征的传统税种之一的印花税，其课税对象是交易各方提供的书面凭证，课税环节为各种法律合同、凭证的书立或做成，而在网络交易无纸化的情况下，物质形态的合同、凭证形式已不复存在，因而印花税的合同、凭证贴花（即完成印花税的缴纳行为）便无从下手。

（6）快速演进（Rapidly Evolving）。

互联网是一个新生事物，现阶段它尚处在幼年时期，网络设施和相应的软件协议的未来发展具有很大的不确定性。但税法制定者必须考虑的问题是，网络与其他新生事物一样，必将以前所未有的速度和无法预知的方式不断演进。基于互联网的电子商务活动，也处在瞬息万变的过程中，短短的几十年中电子交易经历了从EDI到电子商务零售业的兴起的过程，而数字化产品和服务更是花样出新，不断改变着人类的生活。

而一般情况下，各国为维护社会的稳定，都会注意保持法律的持续性与稳定性，税收法律也不例外。这就会引起网络的超速发展与税收法律规范相对滞后的矛盾。如何将分分秒秒都处在发展与变化中的网络交易纳入税法的规范，是税收领域的一个难题。网络的发展不断给税务机关带来新的挑战，税务政策的制定者和税法立法机关应当密切注意网络的发展，在制定税务政策和税法规范时充分考虑这一因素。

跨国电子商务具有不同于传统贸易方式的诸多特点，而传统的税法制度却是在传统的贸易方式下产生的，必然会在电子商务贸易中漏洞百出。网络深刻地影响着人类社会，也给税收法律规范带来了前所未有的冲击与挑战。

10.2.2 我国跨境电子商务的发展历程

我国跨境电子商务总共经历了三个阶段，实现了从信息服务，到在线交易、全产业链服务的跨境电子商务产业转型。

1.跨境电子商务1.0阶段（1993—2003年）

这个阶段主要的商业模式，是网上展示、线下交易的外贸信息服务模式。这个时期跨境电商主要做的是两件事：一是网络渠道的搭建，另一个则是网络营销的推广。跨境电商竞争的焦点，就集中在全网营销渠道搭建的效率，以及网络营销推广的力度，网站建设、搜索引擎、网络黄页成了企业应用网络的三大热点。对于外贸企业来说，网络的应用极大地降低了中小企业业务运营成本，提供了与大企业平等竞争的机会，同时也是面向国际市场的新通道。

在跨境电子商务1.0阶段，以阿里巴巴国际网站及环球资源网为典型代表的平台为企业提供了向国外买家展示、推广企业和产品的机会，帮助它们拓展国际市场。

2.跨境电子商务2.0阶段（2004—2012年）

随着2004年敦煌网的上线，跨境电子商务2.0阶段拉开了帷幕。在这个阶段，虽然网络渠道和网络营销依然重要，但是已经不是企业要考虑的全部了，外贸企业开始借助电子商务平台将服务、资源进行有效的整合，线下交易、支付、物流等流程实现电子化，逐步形成在线交易平台。对收费模式进行了颠覆，免收注册费，取而代之以收取佣金及增值服务费为主要的盈利模式。

3.跨境电子商务3.0阶段（2013年至今）

2013年，随着大型工厂的上线订单比例大幅度提升、大型服务商加入和移动用户量的大爆发以及跨境电子商务平台的全面升级，跨境电子商务3.0“大时代”已经到来，赋予电商平台更多的机会与挑战，同时也给从事电商行业的人们以新的理念和方向。在这个阶段，跨境电子商务开始呈现出两个非常重要的特征：一是大外贸开始走上跨境电子商务平台，二是移动化趋势的凸显。

10.2.3　我国跨境电子商务发展的现状

我国跨境电子商务，是伴随着传统国际贸易增速逐渐下降而快速发展的。2008年金融危机的爆发，使得全球经济持续疲软，国际需求大幅下降，国际产业竞争白热化，贸易摩擦频频发生，加之人民币持续升值、劳动力和土地成本不断上升，对我国进出口贸易造成了很大冲击。2007年外贸进出口总值比上年增长184%，而2008年增长速度回落近10%，2009年更是出现了负增长。2016年一季度，我国货物贸易进出口总值为52万亿元人民币，进出口整体延续同比下降，走势比去年同期下降59%，其中，出口3万亿元，下降42%，进口22万亿元，下降82%，贸易顺差8 102亿元，增长85%。

2019年跨境电商继续保持蓬勃发展态势。海关总署发布的数据显示，2019年，通过海关跨境电子商务管理平台零售进出口商品总额达1 862.1亿元，同比增长38.3%；比2015年增长4倍，年均增速50.8%。其中，进口918.1亿元，同比增长16.8%；出口944亿元，同比增长68.2%。

在当前复杂严峻的外贸形势下，我国跨境电子商务的发展与传统进出口贸易形成鲜明的对比。《中国电子商务报告2019》公布的数据显示，通过海关跨境电商管理平台的进出口总额从2015年的360.2亿元增长到2019年的1 862.1亿元，年均增速达50.8%；2019年当年进出口增速为38. 3%（如图10–1所示）。根据艾瑞咨询的预测数据，未来几年跨境电子商务将继续保持平稳快速的增长。

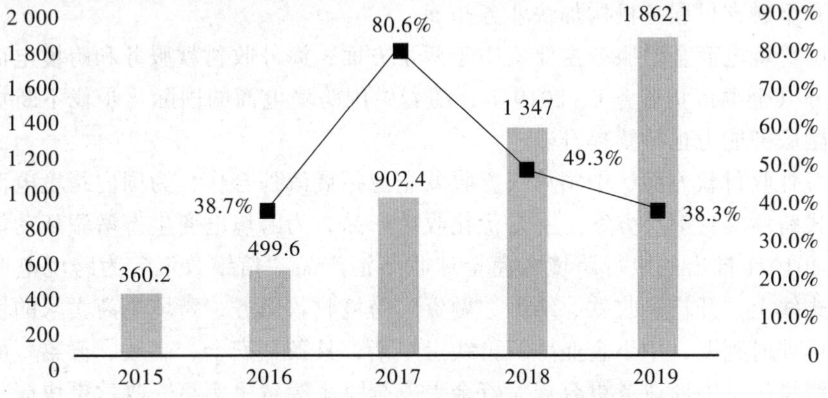

图10–1　2011—2019年中国跨境电商交易规模

数据来源：海关总署。

1.近年来跨境电子商务服务体系建设

(1)跨境电商物流企业加速海外布局

2019年以来，中国跨境电商领域的物流企业加快国际合作步伐，大幅提升了境外配送时效，全球智能物流网络逐步形成。一是与境外物流企业合作，优化全球供应链服务。截至2019年年底，菜鸟已经与俄罗斯邮政、西班牙邮政、英国皇家邮政、新加坡邮政、瑞典邮政等多个物流企业达成了深度合作。2019年12月菜鸟发布的全球运年度报告显示，一年来中国制造被送达全球超200个国家和地区，全球有近80个国家和地区的货品被运抵中国。同时，菜鸟数智技术也让进口当日达和出口当日达成为现实。二是增加国际配送航线，扩大跨境物流配送网络。如2019年1月11日，百世汇通在泰国全境正式运营，启动了覆盖首都曼谷与76府的快递业务。2019年11月底，圆通国际正式开通越南国际快递包裹业务。2019年12月18日，顺丰航空获得美国交通运输部批准，准许其运营中国与美国任意城市之间的定期或包机货运航班。三是打通境外“最后一公里”配送服务，全面提升物流服务体验。2019年4月底，菜鸟物流联同全球速卖通与法国B2C包裹运营商雷莱斯·科林斯公司（Relais Colis）签订了合作协议，雷莱斯·科林斯在法国的5 200多家线下网点将成为菜鸟的交付点。法国消费者在离家最近的线下网点即可自提中国包裹，加快了法国市场1~3日的收货时效，同时也降低了中国包裹的派送费用。四是扩大国内仓储面积，提升境内智能配送能力。如纵腾集团的云途东莞智慧物流园在2019年4月15日正式启用，园区建筑面积近4万平方米，新增了全自动分拣流水线，日均综合处理量提升至每天100万票。五是加速完善海外仓体系，提高境外配送时效。如2019年5月底，谷仓在美国佐治亚州的美南仓正式启动，面积近5万平方米，在美国市场形成三仓（美东、美西、美南）格局。据估算，三仓配置比双仓（美东、美西）运费节省6%~8%，平均时效提高1~1.4天。基于国内保税仓备货、海外直邮和海外仓备货模式以及数字技术的深度应用，中国跨境电商物流配送当日达已成为常态，全球智能物流配送服务体系已初步搭建，对中国跨境电商面向全球消费市场起到良好的支撑作用。

(2)金融支付服务机构加快业务拓展

中国跨境电商金融服务主要集中于两个方面：海外收付款服务和跨境电商供应链金融服务（金融信贷服务）。2019年，随着中国跨境电商的国际化步伐不断加快，相应的金融服务能力也持续提升。

在海外收付款方面，中国第三方收款企业拓展海外合作，为国内跨境电商出口提供一站式跨境支付解决方案。一是优化收款产品，为跨境电商生态增添新动能。中信银行在2019年推出的银行跨境电商全球收结汇产品“信银致汇”为跨境电商卖家提供一站式线上“开户、收款、结汇、融资”跨境收款服务，跨境电商卖家的境内外资金提现可即时到账，中小企业融资可线上申请，具备“安全、高效、普惠”的显著优势，使跨境出口电商业务更合规、资金更安全、手续费更实惠、收款更快捷、汇率更透明。2019年1月9日，连连支付开通跨境电商服务在线交易平台LianLian Linko。2019年4月10日，PingPong独立站收款正式上线，随后推出所有eBay卖家均可以全年提现零费率的活动。随着中国跨境电商的快速发展，为解决跨境电商企业发展难点，跨境收款服务将持续升级。二是拓展海外合作范围，赋能全球电商发展。2019年4月，PingPong与Shopify达成协议，开 展支付服务合作。2019年10月10日，PingPong上线亚马逊新加坡站收款业务。至此，PingPong已支持亚马逊旗下包括美国、加拿大、德国、英国、法国、意大利、西班牙、日本、墨西哥、澳大利亚、印度、新加坡在内的12大站点。2019年8月13日，连连支付正式获得泰国央行（BOT）颁发的“银行支付”和“授权支付”牌照。截至2019年年底，中国第三方收款企业已可支持美元、欧元、英镑、加元、澳元、日元、印尼盾、新加坡元、阿联酋迪拉姆、港元等币种收款服务，有力推动了全球电子商务市场的发展。

在供应链金融服务方面，传统金融机构和互联网金融企业依据自身优势融合创新，为国内跨境电商中小企业提供更系统、更稳定的信贷服务。一是传统金融企业创新跨境电商金融服务方式。中国银行在第二届中国国际进口博览会上推出跨境电商综合金融服务方案2.0版本，为跨境电商市场各参与主体提供全方位金融服务。二是互联网金融企业依托区块链技术，提升供应链金融服务。2019年，蚂蚁金服改造升级自身业务，力求完成首单区块链贷款业务。2019年11月，纵腾跨呗平台正式上线，旨在解决当前跨境电商经营中采购资金少、库存压力大等问题。三是传统银行与电商平台合作，创新电商信贷方式。2019年年底，敦煌网与中国建设银行合作，推出普惠信贷“电商贷”，让数据转化为真实的信用验证依据，精准帮扶小微跨境电商企业。

（3）贸易便利化水平持续提高

2019年，海关总署继续简化一体化通关流程，实施进口概要申报、完整申报“两步申报”通关模式改革，为企业提供多元化的通关服务，有效降低企业申报中的经济和时间成本，提高通关效率。2019年8月23日，全国首票进口货物“两步申报”改革试点业务在中国（浙江）自由贸易试验区落地。该票业务由舟山中外运报关有限公司申报进口，进口货物为冻鲤鱼。正常情况下，从企业准备申报到准予提货整个流程由原来的4小时缩短至1分28秒。新通关模式降低了企业成本，提高了效率。全国各地海关也在积极创新，如长沙海关积极应用最新科技成果“智能审图”，2019年1—5月其总体商品识别率为99.1%，由此提升全省进出口货物通关效率30%以上。以概要申报、完整申报为主要内容的进口货物“两步申报”通关模式，大大提升了通关服务效率，优化了营商环境。

2019年，中欧班列开行数量持续增多，沿线节点城市和边境口岸的通关便利化水平不断提升。2019年中欧班列开行8 225列，同比增长29%，发运72.5万标箱，同比增长34%，综合重箱率达到94%。在增开线路方面，义乌2019年中欧班列开行线路增至11条，沿线设立4个分支机构、5个物流分拨中心，连通亚欧大陆37个国家和地区；合肥2019年共开行17条线路，直达欧亚7个国家、20个节点城市。在通关服务方面，霍尔果斯口岸整列换装时间已由2017年的平均6小时缩减至2019年的约3.5小时；二连浩特口岸2019年有效压缩联运票据管理作业时间60%以上。

2.近年来跨境电子商务发展的主要特征

(1) 跨境电商成为国产品牌出海新通道

近年来，中国跨境电子商务快速发展，成为推动国内制造业转型升级的重要助力，为国内品牌的打造提供了新渠道。如Anker连续三年进入BrandZ™“中国出海品牌50强”榜前十强。2019年10月，Anker在纽约召开了“2019 Anker On Board发布会”，向全世界展示最新的产品和品牌形象。Anker发布的新产品覆盖充电、音频、家居、办公等多个品类，受到了众多海外科技媒体的关注。2019年，各主流平台也推出新一轮国货出海计划，众多国货成为海外畅销品。天猫新国货出海计划为国货老字号产品打开专属通道，并促使其在品牌维度上转型升级，成为“新国货”。其中，国货美妆品牌出海成效显著。2019年3月11日，美妆知名品牌膜法世家、一叶子、相宜本草等入驻速卖通，开启国货美妆出海新征程。随着国内具备品控和制造能力的工厂借助跨境电商持续塑造品牌，在海外平台上的国货销量也大幅提升。据Shopee公布的2019年“双11”成绩单，来自中国卖家的产品销量超过2018年同期的10倍，当天售出超过8 000万件商品。此外，服装行业的国货品牌如波司登、森马、李宁等，也将国内网络零售的成功模式复制到海外，助力“新国货”品牌出海。目前，在户外运动、家居用品、电子产品等在线消费领域，已有多个中国知名跨境电商品牌实现出海，国产品牌形象在国际上进一步提升。

(2) 丝路电商为跨境电商市场注入新活力

自2017年商务部正式提出“丝路电商”以来，丝路电商成为深化“一带一路”国际经贸合作的新渠道，并随着“一带一路”合作的深化而不断发展。2019年，中国与意大利、哥伦比亚、萨摩亚、瓦努阿图、乌兹别克斯坦等5个国家签署了双边电子商务合作谅解备忘录。截至2019年年底，与中国签署双边电子商务合作谅解备忘录并建立合作机制的国家达到22个，合作伙伴遍及五大洲。2019年，电子商务合作机制国家跨境电商进出口总额为245.7亿元，同比增长87.9%，其中，出口143.6亿元，同比增长207.1%，进口102.1亿元，同比增长21.5%。同时，在电商基础设施合作方面进展不断深化。2019年，中国加强与中东地区、东盟、南美等国家和地区开展电子商务领域合作，推动涵盖跨境电商、海外仓、大数据、物流建设等多个项目，并取得积极进展。“一带一路”成为中国跨境电商发展的新方向。

(3) 新型获客方式成为跨境电商发展的新动能

随着互联网技术的深度应用，创新获客方式成为跨境电商持续发展的关键，2019年以直播、社交为特征的新型获客方式成为跨境电商企业的“标配”。一方面，以直播为代表的获客方式给消费者带来更直观、更生动的购物体验，逐渐成为跨境电商发展的新动力。2019年，海淘直播逐渐成为跨境电商营销的重要方式。如洋码头在“黑五”期间借助海淘直播实现了流量转化的新高。据统计，洋码头“黑五”当天产生的销售额中50%来自直播间。海外直播通过打造场景化的购物体验，提升顾客的满意度，增强顾客对于平台和商品的信任度，有效拉动消费。此外，短视频平台也基于自身的优势在电商领域有所发展，如快手、抖音等的尝试。另一方面，以娱乐为主的社交分享模式促进跨境电商持续发展。2019年，中国主流跨境电商平台普遍加强了社交化的布局。如天猫国际在“双11”期间开展“全面开瞄铺”“盖楼大挑战”“分享愿望清单”等活动，通过用户之间相互邀请，完成任务，赚取瞄币，瓜分红包。京东国际在“6·18”期间推出社交魔方，包括“百万好货1元抢”“一元帮帮团”“边买边赚，瓜分千元红包”等趣味玩法，吸引用户关注并形成自传播。社交化是将私域流量向公域流量转换，有效地提高了传播速度；互动式的分享方式能增添购物的趣味性，达到了提升流量转化率的目的。

（4）跨境电商出海构建本土化服务体系

经历十多年的快速发展，中国电商积累了大量经验，这也成为电商成功出海的重要保障。如执御自成立以来，主打中东市场。2019年，执御深入实施本土化战略，POP平台开放计划大面积展开，吸纳沙特当地卖家入驻执御平台。这一模式将当地卖家在品牌、选品、发货时效等方面的优势与执御平台的品牌及流量优势充分予以结合。同时，执御携手当地伙伴开展物流合作，发起线上线下融合项目，提升本地采购水平，拓展与当地零售商及供应链合作空间。Fordeal在中东市场完成了本地化升级，建设本地仓并与当地物流商合作升级物流干线和最后一公里配送服务。此外，国内跨境电商企业也在海外开展O2O模式运营。如2019年8月25日，速卖通与国内通信零售连锁企业迪信通合作，在西班牙开设了第一家线下门店。随着国内跨境电商模式的复制出海，全球电商市场规模将持续扩大。

10.2.4 跨境电子商务发展的趋势

1.跨境电商成为对外贸易“新增长点”

2015年是中国跨境电商的转折年，激烈的价格战和同质化竞争，使传统跨境电商的经营模式和增长模式，受到严峻考验。以草根创业和价格战为特色的第一波跨境电商已经过去，未来一段时期，将迎来第二波跨境电商热潮。随着传统企业和品牌商的觉醒和爆发，中小制造型企业面对买家需求封闭、订单周期长、汇率风险高、利润空间低等传统外贸限制，对跨境电子商务的需求更为迫切。出口贸易企业在原来的基础上，更要抓住机遇发展自身，满足市场对新型跨境电商的需求。

2.产品品类和销售市场更加多元化

随着跨境电商的发展，跨境电商交易呈现新的特征：交易产品向多品类延伸、交易对象向多区域拓展。从销售产品品类看，跨境电商企业销售的产品品类，从服装服饰、3C电子、计算机及配件、家居园艺、珠宝、汽车配件、食品药品等便捷运输产品，向家居、汽车等大型产品扩展。

3.跨境进口电商将集中爆发

未来跨境进口电商将集中爆发，随着政策倾斜进入快速“成长期”，在“跨境交易”与“电子商务”双引擎的拉动下，跨境进口电商风生水起，先是天猫、亚马逊中国，继而是苏宁、聚美优品纷纷挤进跨境电商，2.0时代是产业信息化时代，即结合传统资源打造海外供应链多渠道运营（自营或招商的形式），拉开了品牌国际化战略的序幕。

商务大数据对重点跨境零售进口平台的监测显示，从进口地区来看，自亚洲进口的跨境电商零售额占比最高，达到36.0%，同比增长23.1%；其次为欧洲、北美洲和大洋洲，分别达20.8%、16.9%和14. 7%，同比分别增长26.6%、33.2%和21.1%（如图10-2所示）。

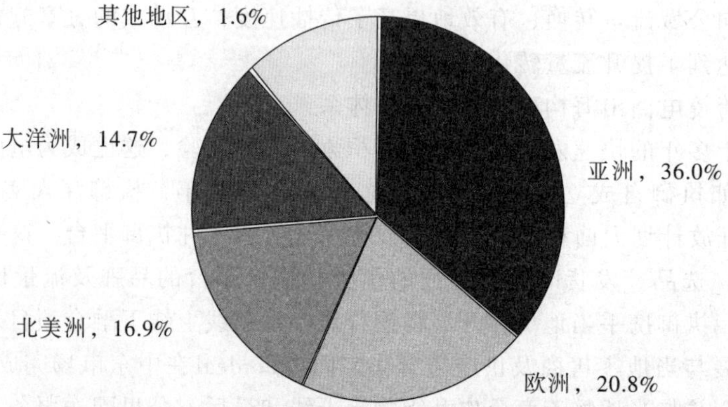

图10-2 2019年中国跨境网络零售进口各区域零售额占比

数据来源：李都也，李栋.商务部：2019年移动电商下沉用户占比过半［EB/OL］.［2020-10-28］. https：//www.sohu.com/a/405243943_114731.

4.品牌争夺战打响

各大电商平台开始盯上有限的品牌资源，中小电商也处在激烈的价格战中，意识到品牌的重要性，但品牌建立，需要一定的历史背景、市场条件等多种因素，中国跨境电商创牌之路，将会异常艰辛但机会尚存。例如，在新兴市场国家创牌就相对较易，比如M2C供销平台，供销品牌聚焦为各大电商卖家提供了更多机会，在技术日新月异的电子产品、智能产品方面，中国和发达国家处于同一起跑线，更加容易创牌成功，中国跨境电商的发展，已经到了一个非常关键的转折点。

小资料

地方跨境电商发展情况

从规模来看，东部沿海地区处于领先地位。2019年，中国跨境电商零售进出口总额排名前五的省市为：广东省、浙江省、河南省、上海市、天津市，其中广东省的总额远超过其他省市。从59个跨境电商综合试验区来看，2019年跨境电商零售进出口总额排名前五的城市为：东莞市、广州市、深圳市、宁波市、郑州市。从22个省会城市来看，2019年跨境电商零售进出口总额排名前五的城市为广州市、郑州市、杭州市、长沙市、南京市。

从增速来看，中西部地区跨境电商发展迅速。2019年，中国跨境电商零售进出口增速排名前五的省份为河北省、云南省、贵州省、湖南省、海南省，同时内蒙古自治区、辽宁省、黑龙江省、吉林省、广西壮族自治区和甘肃省等都出现成倍增长。从

59个跨境电商综合试验区来看，2019年跨境电商零售进出口增速排名前五的城市为唐山市、昆明市、贵阳市、海口市、厦门市，同时芜湖市、长沙市、赤峰市、武汉市等14个城市都出现成倍增长。从22个省会城市来看，2019年跨境电商零售进出口增速排名前五的城市为昆明市、贵阳市、海口市、长沙市、武汉市。

10.3 跨境电子商务的商业模式与分析

跨境电子商务是电子商务应用过程中的一种高级形式，是指不同国别或地区间的交易双方通过互联网及相关信息平台实现交易的过程。由于其涉及货币结算、进出口通关、国际货运、商品保险等特殊环节，使得跨境电子商务和境内电子商务有所区别。

自2014年开始，跨境电商成了传统电商津津乐道的话题，不仅有天猫、京东、亚马逊这样的巨头入局，不少主打跨境海淘的资深玩家也迅速布局，其商业模式各有不同。

当下的跨境电商有五大模式：M2C，C2C，B2C，特卖会，社交、导购类。

不同的模式各有其代表企业，它们各有不同，那么各自的瓶颈和优势是什么呢？

10.3.1 M2C代表：天猫国际、京东全球购

M2C模式是平台招商，也就是整个跨境电商的卖家通过平台串联在一起，整个模式是基于海外仓储的平台搭建起来的，因为只有基于海外仓储，才能将跨境电商的服务做到最好，其核心功能不再仅仅局限于产品的销售上，还要在物流、支付以及产品质量控制等各方面进行扩展。

实际上国内的很多电子商务企业，例如，京东全球购、天猫国际等，都在积极探索综合服务型电商模式，开放平台使国际品牌入驻，如京东全球购已建立自有物流配送体系，天猫国际除了延续阿里巴巴的支付宝支付平台之外，也在积极寻求建立自有物流体系。这两家公司，本质上都有商家入驻平台，交易由商家与消费者自己进行，平台主要解决支付和信息沟通问题。

优点：

模式简单，投入低。虽然没有盈利模式，但是由于跨境本身的特殊时效性，现金流的周转期非常长，手上可以沉淀大把现钞，怎么赚钱已经无所谓了。平台要做的实际就是成交量，无所谓赚不赚钱，京东10年亏本，但依旧成功上市。平台模式最重要的是将互联网本质发挥到最大，减少所有中间环节，这才是电子商务的本质。

缺点：

①无盈利点；

②对商品质量无法控制；

③售后服务差，跨境纠纷毕竟和国内不同，一旦有问题，退换货是个非常麻烦的事情。

做平台有一件事情是必须做的，那就是解决供应链问题，虽然电商本质上就是要

解决供应链问题，但是平台更加要做。本土电商很强大，是因为有那么多快递物流公司来解决供应链问题。跨境可没有一家做得成熟，所以天猫、洋码头都会自己建仓，打造物流，洋码头甚至有自己的转运公司，解决供应链的问题。

建议：

平台模式门槛放在那里，如果现在还有人想走平台的路线，就有点迟。除非你的运营团队和天猫一样，你的供应链解决方案有几大快递公司的运作能力，否则，还是不要碰为好。

10.3.2 C2C代表：全球购、洋码头扫货App、街蜜，以及各种各样的现场直播App

无可非议，洋码头是第一个做扫货App的，后面来的都模仿它。有几家的App连界面都抄袭得一模一样，当然是一开始抄袭，后面都有自己的发展方向。例如，街蜜以及海蜜就是走非标准化商品的路线。

优点：

相对于商家而言，买手数量更为庞大。在无法找到合适的商家之前，买手模式是最合适做平台的。商品问题容易解决，另外买手也会将自己圈子的客户引入平台，帮助平台营销。做得早的话，更是容易抢占市场，早期淘宝就是最好的例子，如果一开始就做商家，绝对做不起来，只有靠C2C才能慢慢过渡到商家，现金流沉淀大。

缺点：

①管理成本高，售后客诉量巨大；

②假货太多；

③后台功能如果做得不好，容易流失买手；

④物流时效性无法控制；

⑤同质化竞争过于激烈，商品重复太多；

⑥纯App的界面展示有限，会造成大量冗余信息，能否有效阻止好商品信息的展现是个需要思考的问题；

⑦无盈利模式。

10.3.3 B2C代表：京东、顺丰、各种传统行业转型做跨境电商的企业

越来越多的巨头开始加入跨境电商的行列，竞争可谓是异常激烈。B2C可不是一般的创业者可以做的，资金、团队、货源、物流，少一个环节都不行，强烈奉劝各位想做这个模式的跨境电商创业者考虑清楚。

如果你是做传统进口贸易的，你可要当心，电子商务的运作和传统企业根本不是一回事，上面4个条件在跨境B2C领域缺一不可。如果你是电商从业者，很遗憾，上述4个条件缺一个，依然无法成功。

跨境和国内电商不同，要解决的问题太多，你不光要做好本土的电商运营，还要解决物流仓储，货源采购，以及需要庞大的良性现金流，这些根本不是普通人能

具备的。

优点：

采购价格低，所以容易以便宜的价格吸引消费者，因为跨境海淘的本质就是“我要既便宜又好的商品”，便宜是很重要的一个特质。

①商品质量容易把控，售后难度不高，客诉率不高；

②由于物流统一，相对地在时效上更容易控制，以最短的时间到达消费者手里；

③由于有足够的资金支持，在品类上又可以横向铺开，比较容易丰富产品线。

缺点：

①投入大。

②盈利微薄。虽然有商品的利差，但是由于人员成本、物流成本，货款上面的资金过高，能够作平已经是非常难了，初期基本是靠烧钱抢市场。

③模式过重，门槛太高，所以可能是跨境电商未来阶段的模式，而不是现在适合去做的，只能由成熟的电商去做，创业者绝对不要去碰B2C。

10.3.4　特卖会代表：唯品会、考拉海购

考拉是网易系的电商项目，网易虽然不是传统电商公司，但是由于拥有庞大的资金、庞大的用户流量，以及网易这个上市公司的背景，无论在国内清关物流环节，还是在海外采购货源的优势方面，是除了天猫、京东，以及唯品会外，最强悍的公司了，跻身第一梯队绝对没问题。唯品会和考拉海购还有一点区别，考拉采用自营模式，而唯品会则是供应商压货。

优点：

①特卖会本身的性质符合海购的特征，海购本身的货源采购通常都是不确定的，正好符合特卖会的本质，卖完即结束；

②有钱可以拿到很低的折扣，有足够的利润空间；

③特卖会本身容易提高用户的回头率，每天都有新商品，新鲜感是互联网的营销核心；

④由于跨境海购的时效特殊性，所以基本上跨境的现金都是先收取然后再采购的，特卖会可以最大化地利用现金流，这才是跨境特卖模式的核心价值之一。

缺点：

①与B2C一样，无论你有多少资金，面对整个世界依然远远不够，所以开放平台是特卖会以及B2C都会做的事情。第一阶段的自营只会持续一小段时间，供应链的完善就是为后面渠道商接入服务。

②进入门槛低，谁都可以尝试，竞争激烈。

③小玩家容易被巨头碾压。

④物流成本高。

⑤需要有很强的企业背景或者海外货源背景，否则无法持续。

10.3.5 社交、导购类代表：小红书、小桃酱、什么值得买

有些人喜欢大而广的企业，有的却比较喜欢小而美的企业，尤其是App的创业企业。小而美的本质是细分市场，相信每个创业者都是有野心的，否则何必创业，即使没野心，投资人也有野心，鞭子抽着你做大。社交、导购类的优势就是继续社交的口碑效应、粉丝效应去强化品牌，很容易在人群中获取属于自己的忠实粉丝。

优点：

①团队小，模式简单，投入少；

②有品牌效应，用户忠诚度高，有权威；

③擅长炒作一些商品和打造爆款。

缺点：

①由于模式很轻，所以极度依赖外部供应商，并且供应链都需要外包，不容易把控数量及时效。

②即使找到合适的供应商以及供应链的外包公司，在可复制方面也很弱，商业模式的复制性不强，规模不容易快速扩大。

③中国的投资人没人会等你小而美，都希望你一夜走上巅峰。

④进入门槛不高，不容易形成壁垒，除非做得早。

建议：

小而美可以，但是很难坚持自身特色，而且大部分这类App，最后可能都是往C2C靠拢。

小资料

2020年实施新版《跨境电子商务零售进口商品清单》新增92类商品

2020年1月1日起，2019年版《跨境电子商务零售进口商品清单》正式实施。与2018年版相比，新版清单增加了92类商品，纳入了部分近年来消费需求比较旺盛的商品，包括冻海鲜、酒类以及家用电器。而医药类跨境电商也有新突破：2020年1月1日前北京“跨境医药电商试点”政策正式获得国家药监局批复，同意在京开展试点工作，这也是我国跨境电商政策在涉及医药产品方面的首次破冰。

冻海鲜、杜松子酒、伏特加酒、热水器、彩电等进口商品多为近年来消费需求比较旺盛的商品，在2020年1月1日起实施的新版《跨境电子商务零售进口商品清单》中，增加的92类商品就包括上述“爆款”。被纳入跨境电商进口商品的“正面清单”，意味着上述商品将以更快的速度进入中国消费市场。以“正面清单”中税则号为“0371190”的鲜活蚝为例，早上从日本海边采集的鲜活蚝，中午就能乘坐航班抵达北京，不需要再等两天或者更长的通关时间，晚餐时间之前就可以通过同城快递送至消费者的餐桌上。

如果说“正面清单”是一家餐厅的菜单，那么“1210”则是让餐厅上菜更快的运

营模式。“1210”是个海关监管模式的代码，全称是跨境电子商务网购保税。从2019年1月1日起，北京等22个城市对跨境电商零售进口商品不执行首次进口许可批件、注册或备案要求，而按个人自用进境物品监管，这便是“1210”的监管方式。因此，此次“正面清单”的更新，意味着新增的商品将不需要等待首次进口许可，并且将大大加速通关时间。“实施‘1210’后的变化，简单总结为一个字就是‘快’。”宏远控股集团有限公司相关人员告诉北京商报记者，“只要在跨境电商零售进口正面清单上的商品，都可以在几分钟内完成通关，在‘1210’以前，时间可要长得多。”另外，不仅仅是通关时间，更重要的是流程缩短，“1210”节省了首次进口的许可等审批流程。两相对比，此前一款首次进口的商品，获得进口许可的周期往往在2~6个月左右。

不断扩容的正面清单和不断增加的跨境电商综合试验区城市，正是中国消费市场进一步扩大开放的信号。2019年12月24日，《国务院关于同意在石家庄等24个城市设立跨境电子商务综合试验区的批复》发布实施。在石家庄市等24个城市设立的跨境电子商务综合试验区成为第4批跨境电商综试区，至此全国跨境电商综试区数量增至59个。根据海关统计数据，2019年1—11月，我国进出口总额达28.5万亿元，增长2.4%。而跨境电商零售进出口则增长了25%，是总体外贸额增速的10倍。

事实上，除了进口商品类目增多之外，医药类跨境电商也在北京迎来了破冰之旅。2018年12月，北京发布了《中国（北京）跨境电子商务综合试验区实施方案》（以下简称《实施方案》）。《实施方案》共明确了10项北京综试区建设的重点任务，其中最令人瞩目的是“探索利用跨境电子商务模式进口医药产品”。一年后，这一重点任务实现了全国范围内的“突破”。此前医药产品还是跨境电商的禁区，药品、医疗器械、特殊食品（包括保健食品、特殊医学用途配方食品等），需按照国家相关法律法规的规定执行进口审批。然而，消费者对海外医药商品的需求却十分旺盛。2019年亚马逊中国海外购数据显示，在此前的一年中，其平台品类销量排行中，“个护健康”类排名第二，而在其平台销量增长最快的10款单品中，有2款为医药保健品。

当然，《实施方案》也对药品管理作出了要求。根据该方案的规定，试点企业负有追溯义务，应当以“一物一码、物码同追”为基本原则建立跨境医药产品追溯体系，实现跨境医药产品境内最小包装单元可追溯、可核查。鼓励试点企业将跨境医药产品境外生产流通环节纳入追溯体系，并实行先行赔付制度。

本章小结

本章主要讲述以下内容：(1) 全球电子商务发展的格局，呈现三足鼎立的局面。(2) 跨境电子商务概述；我国跨境电子商务的发展历程；我国跨境电子商务发展的现状。(3) 跨境电子商务发展的趋势，跨境电商成为对外贸易的新增长点，产品品类和销售市场更加多元化。(4) 跨境电子商务多种模式并存：M2C，C2C，B2C，特卖会，社交、导购类。

基本训练

一、选择题（不定项选择）

1.纵观全球电子商务市场，各地区发展并不平衡，呈现出（ ）“三足鼎立”的局面。

A.中国、日本、美国　　B.美洲、欧洲、亚洲

C.中国、韩国、泰国　　D.美国、欧盟、亚洲

2.跨国电子商务的特征是（ ）。

A.全球性、无形性、匿名性　　B.即时性、无纸化、快速演进

C.海内外电商抢占市场　　D.方便快捷

3.以下（ ）类型属于跨境电子商务。

A.M2C　　B.C2C

C.B2C　　D.特卖会，社交、导购类

4.我国跨境电子商务总共经历了三个阶段，目前处于（ ）阶段。

A.跨境电子商务1.0阶段　　B.跨境电子商务2.0阶段

C.跨境电子商务3.0阶段　　D.混合阶段

5.跨境电商分为出口和（ ）跨境电子商务。

A.多边化　　B.直接化　　C.进口　　D.高频度

二、简述题

1.简述跨境电子商务的定义。

2.跨境电子商务的发展有哪些趋势？

三、案例分析题

海外代购保健品无中文标识，淘宝店主被判10倍赔偿

2020年2月13日，谢某在孟某开设的淘宝海外代购网店下单拍了30瓶Healthy Care辅酶Q10。这是一款澳大利亚保健产品，在孟某的淘宝店里，一瓶卖199元。获得46元优惠后，谢某拍下了实际总价为5 924元的商品。收到孟某邮寄的产品后，谢某以家里老人觉得太贵为由要求退货，孟某同意将上述货品进行退货。孟某没有料到的是，半个月后，他被谢某告上了法庭。

2020年3月2日，谢某以涉案产品无中文标签，含辅酶Q10为由起诉至成都市龙泉驿区人民法院，要求孟某赔偿谢某运费损失50元、赔偿货款10倍共59 700元。2020年4月17日，成都市龙泉驿区人民法院公开开庭审理此案。孟某称，在网页中有明确表明该产品是“澳大利亚本土货”，药品的相关描述已经在网站中做出了中文说明。

法院以涉案产品未加贴中文标签、作为普通食品违规添加辅酶Q10为由，支持了谢某的诉讼请求，判决孟某支付谢某赔偿金59 240元。

请阐述本案的最大争议是什么，原、被告双方各自的依据是什么。

主要参考文献

[1] 刘桓，高志坚. 电子商务基础与应用 [M]. 北京：人民邮电出版社，2017.

[2] 王忠元. 电子商务概论与实训教程 [M]. 2版. 北京：机械工业出版社，2017.

[3] 陈银凤. 网络支付与结算 [M]. 北京：电子工业出版社，2016.

[4] 柯新生. 网络支付与结算 [M]. 3版. 北京：电子工业出版社，2016.

[5] 马刚，李洪心. 电子商务支付与结算 [M]. 3版. 大连：东北财经大学出版社，2016.

[6] 帅青红. 电子支付与结算 [M]. 2版. 大连：东北财经大学出版社，2015.

[7] 张超. 电子商务支付与结算 [M]. 北京：机械工业出版社，2015.

[8] 纪琳. 网上支付与结算 [M]. 2版. 北京：机械工业出版社，2014.

[9] 臧良运. 电子商务支付与安全 [M]. 3版. 北京：电子工业出版社，2014.

[10] 宋文官. 电子商务概论 [M]. 3版. 北京：高等教育出版社，2013.

[11] 于巧娥. 电子商务基础 [M]. 北京：中国人民大学出版社，2013.

[12] 宋文官，徐继红. 电子商务概论 [M]. 大连：东北财经大学出版社，2011.

[13] 王冠宁. 电子商务实务 [M]. 北京：北京理工大学出版社，2010.

[14] 淘宝大学. 网店运营 [M]. 北京：电子工业出版社，2020.

[15] 汤兵勇，德里梅伦 FV，隆 S. 中国跨境电子商务发展报告（2018—2019）[M]. 北京：化学工业出版社，2020.

[16] 罗佩华，魏彦珩. 电子商务法律法规 [M]. 3版. 北京：清华大学出版社，2019.

[17] 商务部电子商务和信息化司. 中国电子商务报告2019 [R]. 北京：商务部，2020.

[18] 白东蕊. 电子商务基础 [M]. 2版. 北京：人民邮电出版社，2018.